THOMAS MAYER

DIE NEUE ORDNUNG DES GELDES

W0177399

Thomas Mayer

DIE NEUE ORDNUNG DES GELDES

WARUM WIR EINE GELDREFORM BRAUCHEN

Bibliografische Information der Deutschen Nationalbibliothek
Die Deutsche Nationalbibliothek verzeichnet diese Publikation in der Deutschen Nationalbibliografie;
detaillierte bibliografische Daten sind im Internet über **http://d-nb.de** abrufbar.

Für Fragen und Anregungen:
mayer@finanzbuchverlag.de

1. Auflage 2014

© 2014 by FinanzBuch Verlag
ein Imprint der Münchner Verlagsgruppe GmbH
Nymphenburger Straße 86
D-80636 München
Tel.: 089 651285-0
Fax: 089 652096

Redaktion: Jordan Wegberg
Korrektorat: Rainer Weber
Umschlaggestaltung: Pamela Machleidt
Umschlagabbildung: unter Verwendung von gettyimages-Bildern
Satz: FotoSatz Pfeifer GmbH, Gräfelfing
Druck: Konrad Triltsch GmbH, Ochsenfurt
Printed in Germany

ISBN Print 978-3-89879-840-2
ISBN E-Book (PDF) 978-3-86248-402-7
ISBN E-Book (EPUB, Mobi) 978-3-86248- 403-4

Weitere Informationen zum Verlag finden Sie unter

www.finanzbuchverlag.de

Beachten Sie auch unsere weiteren Verlage unter
www.muenchner-verlagsgruppe.de

Inhalt

Für Nina, Lisa und Renate

»I strongly feel that the chief task of the economic theorist or political philosopher should be to operate on public opinion to make politically possible what today may be politically impossible.«

F. A. von Hayek[1]

Einleitung

Mit dem Ausbruch der Finanzkrise im Jahr 2007 begann meine Mid-life-Krise als Ökonom. Schon beim Krach des Rentenmarkts im Jahr 1994, bei der Krise der Schwellenländer 1998 und natürlich beim Platzen der Technologieblase im Jahr 2000 war mir der Gedanke gekommen, dass an unserer modernen Makro- und Finanztheorie etwas faul sein könnte.

Ich bin von Hause aus Entwicklungsökonom und dachte zunächst, ich hätte etwas in der Makro- und Finanzökonomie verpasst. Also drückte ich mit Ende vierzig noch einmal drei Jahre lang die Schulbank. Die Prüfung in Finanzökonomik legte ich als Methusalem unter jugendlichen Kandidaten im Jahr 2003 ab. Seither darf ich mich als »Charterholder« des Chartered Financial Analysts Institute bezeichnen. Die Erleuchtung brachte diese Zusatzqualifikation allerdings nicht.

Meine Zweifel an der modernen Makro- und Finanzökonomik verdichteten sich zur Gewissheit, als dann 2007 die Kreditblase platzte und die Finanzkrise begann. Das gängige neukeynesianische/neoklassische Fusionsmodell, das als Grundlage für die Geldpolitik der Zentralbanken diente, und die These der rationalen Erwartungen und effizienten Finanzmärkte, die den Finanzsektor regierte, waren offensichtlich nicht mehr aufrechtzuerhalten. Dennoch machten die meisten Ökonomen und Praktiker weiter wie bisher.

Dies traf insbesondere auf die Zentralbanken und den akademischen Betrieb zu. Falls überhaupt, dann schenkte man der verhaltensorientierten Ökonomie ein bisschen mehr Beachtung und kehrte den Keynesianer der »Animal Spirits« in sich heraus. Im Großen und Ganzen aber blieb man beim Business as usual. Die Zentralbanken hantierten weiter fröhlich mit ihren Dynamic-Stochastic-General-Equilibrium-Modellen, nach denen die Finanzkrise nie hätte geschehen dürfen, und die Finanzindustrie schwelgte unverdrossen in den Verästelungen der modernen

Portfoliotheorie, als ob sie mit diesem Navigationssystem nicht gerade mit Vollgas gegen die Wand gefahren wäre.

Ich fand mich immer öfter in öffentlichen Podiumsdiskussionen unter sogenannten Experten wieder, bei denen heillose Verwirrung über die einfachsten Begriffe herrschte. Was ist Geld? Ein Schuldschein? Wenn ja, von wem ausgestellt? Oder ein Vermögenswert? Wie entsteht Geld? Doch wohl nicht mehr dadurch, dass Goldgräber die Früchte ihrer Arbeit gegen Banknoten eintauschen, wie es die Lehrbuchautoren noch immer zu glauben scheinen. Wie aber dann? Und wie kommt es unter die Leute? Was machen eigentlich die Banken? Nehmen sie Einlagen entgegen, um Kredite zu vergeben, wie es der akademische Betrieb lehrt? Oder vergeben sie Kredite, um Einlagen zu erzeugen, wie einige Häretiker behaupten? Was ist Zins? Eine Leihgebühr für Geld? Oder der Grenzertrag von Kapital? Eine Liquiditätsprämie? Ein Maß für Zeitpräferenzen? Oder einfach ein Überbleibsel aus kapitalistischen Zeiten, das in der ökologischen Post-Wachstumsökonomie abgeschafft gehört?

Fragen über Fragen. Traut man sich, sie als Bankvolkswirt zu stellen, so kommt dies einem Outing als Revolutionär oder als Konterrevolutionär gleich, je nach anwesendem Publikum. Die Hohepriester der Ökonomie in den Universitäten oder bei den Zentralbanken reagieren düpiert. Jetzt bloß nicht auch noch eine Grundsatzdebatte! Das ist doch alles längst geklärt. Aber ist es das? Wissen die hohen Vertreter der gültigen Lehre denn, was sie tun?

Ich denke, sie wissen es nicht. In ihrer komplizierten Modellwelt, die mit viel Mathematik verwissenschaftlicht werden soll, haben sie den Bezug zur Wirklichkeit verloren. Und weil sie sich über die elementaren Fragen im Unklaren sind, sind sie unfähig, unser Geldwesen richtig zu ordnen, den Euro nachhaltig zu stabilisieren und eine Geldkrise als Folge der Finanzkrise abzuwehren. Ich habe dieses Buch geschrieben, weil ich auf die elementaren Fragen erst klare Antworten finden musste, sodass ich mir die komplexeren Fragen beantworten konnte. Mit dem Schreiben kommt Ordnung in den Kopf.

Daher hat dieses Buch eine Vorgeschichte in Form einer früheren Veröffentlichung zum Euro und einer Monografie über das Elend der

modernen Makroökonomie, und es wird sicherlich auch eine Nachge-
schichte haben, weil ich mit dem Denken nie fertig werde.[2] In dem vorlie-
genden Buch habe ich aber meine Antwort auf die Frage nach einer ver-
nünftigen Geldordnung gefunden: Um zu einem stabileren Geldsystem
zu gelangen, brauchen wir eine Geldreform, die von der Vorstellung von
Geld als »Aktivum« ausgeht. Der Übergang von unserem gegenwärtigen
Passivgeld zum Aktivgeld muss dabei keine Geldkrise auslösen. Er ist in
einem evolutionären Prozess möglich, wenn man denn nur will.

Meine ökonomische Erkenntniskrise hat mich dazu gebracht, mich von
der konventionellen Ökonomie scheiden zu lassen. Unser Verhältnis ist
zerrüttet, ich habe die Achtung vor ihr verloren. Ohne Zweifel beruht
dies auf Gegenseitigkeit, soweit die konventionelle Ökonomie überhaupt
von mir Notiz nimmt. Meine neue Liebe gehört den Österreichern. Damit meine ich keineswegs Ökonomen mit österreichischem Pass, sondern
eine ökonomische Schule, die man wegen der Herkunft ihrer Begründer
die österreichische nennt. Ich bin durch meine Tätigkeit und praktischen
Erfahrungen in der Finanzindustrie zu einem Anhänger dieser Schule
geworden. Der Ökonometrie, die ich leidenschaftlich betrieb, und dem
mathematischen Modellbau, den ich nie wirklich beherrschte, habe ich
abgeschworen.

Jedoch gilt mein Interesse nicht der Verfeinerung der reinen österreichischen Lehre, der Abgrenzung von anderen Schulen oder der Ausgren-
zung von abweichenden Ansichten. Mein Interesse an den Österreichern
gründet auf ihrer Fähigkeit, mir bei der Beantwortung der einfachen Fragen zu helfen, die mich umtreiben. Die Antworten, die ich beim Schreiben dieses Buchs gefunden habe, sind meine eigenen. Wenn Österreicher
sie als die Ihrigen ansehen, so gebe ich ihnen gerne dafür den Kredit,
mich auf die richtige Spur gebracht zu haben. Wenn sie sie als abseits der
reinen Lehre betrachten, so will ich ihnen dennoch gerne die Inspiration
zugestehen.

Ich hätte dieses Buch nicht ohne die aktive oder passive freundliche Unterstützung zahlreicher Personen schreiben können. Besonderen Dank
schulde ich Philipp Bagus, Benedikt Fehr und Joseph Huber, die so
freundlich waren, eine frühere Fassung des Manuskripts sorgfältig zu

lesen und mir viele hilfreiche und mich zum genaueren Denken bringende Kommentare zu geben. Es versteht sich von selbst, dass verbleibende Fehler, Unklarheiten und Dummheiten allein mir selbst anzulasten sind.

Dank geht auch an die Teilnehmer meiner Lehrveranstaltungen an der Universität Witten-Herdecke, die mich durch kluge Fragen zu tieferem Nachdenken brachten. Inspiration waren mir des Weiteren die Vorträge zur »Ordnung des Geldes« am Center for Financial Studies der Goethe Universität Frankfurt, die ich organisieren und moderieren durfte.

Nicht zuletzt danke ich meinen früheren Kollegen bei der Deutschen Bank, die mir während meiner Tätigkeit als Berater der Bank den Freiraum ließen, meine Gedanken zu ordnen, die in diesem Buch zusammengefasst sind. Mein nun zum bescheidenen Preis dieses Buchs zu habender Rat an sie ist, über das Geschäftsmodell der Banken grundsätzlich nachzudenken. Denn die anderen tun dies längst.

Kapitel 1: Was ist Geld?

Ob wir es wollen oder nicht: Geld spielt in unser aller Leben eine herausragende Rolle. Haben wir als Kinder die ersten Rechenfertigkeiten erlernt, dann dauert es nicht lange, bis wir diese auf Geld anwenden. Und manch einer verwendet noch seine letzten klaren Gedanken darauf, wer das Geld, das er zu Lebzeiten angesammelt hat, nach seinem Tod bekommen soll. Entsprechend seiner Bedeutung für unser Leben haben sich die meisten Sozialwissenschaften mit Geld befasst.

In den Wirtschaftswissenschaften nimmt die Geldtheorie und -politik einen prominenten Platz ein. Man sollte daher meinen, wir wüssten, was Geld ist. Doch das ist, so unglaublich es klingt, nicht der Fall. Wie wir in diesem Kapitel sehen werden, gibt es zwei sehr unterschiedliche Auffassungen darüber, was Geld eigentlich darstellt. Für die einen ist Geld eine besondere Ware, die durch gesellschaftliche Konvention zu einem Mittel für den Tausch wirtschaftlicher Güter geworden ist. Für die anderen ist Geld nur ein Maß für die Schuld, in der wir Mitmenschen gegenüber stehen, die uns ein wirtschaftliches Gut überlassen haben.

Wie Wirtschaftsbeziehungen organisiert sind

In der Literatur lassen sich zur Natur des Geldes zwei unterschiedliche Auffassungen finden: eine anthropologisch-historische und eine ökonomische. Der bekannteste Vertreter der ökonomischen Auffassung des Geldes ist der schottische Moralphilosoph und Ökonom Adam Smith, der im 18. Jahrhundert das theoretische Gerüst für die heute gültige Lehre von der Ökonomie schuf. Einer seiner Herausforderer aus unserer Gegenwart ist der Anthropologe und Aktivist David Graeber, der heute an der London School of Economics and Political Science lehrt. In dieser ungleichen Auseinandersetzung stehen sich ein Klassiker der Nationalökonomie aus dem 18. Jahrhundert und ein zeitgenössischer Anthropologe, Kritiker unseres Finanzsystems und erklärter Anarchist gegenüber, was sie umso spannender macht. Werfen wir zunächst einen Blick auf die Protagonisten.

Adam Smith wurde 1723 in Kircaldy getauft und studierte schon ab seinem vierzehnten Lebensjahr bis 1740 an der Universität Glasgow. Danach ging er ans Balliol College der Universität Oxford, wo er bis 1746 Philosophie studierte. 1748/49 hielt er öffentliche Vorlesungen in Edinburgh. Im Jahr 1751 wurde er Professor für Logik und kurze Zeit später, im Jahr 1752, Professor für Moralphilosophie an der Universität Glasgow. Smith war mit dem Philosophen David Hume befreundet und lernte Voltaire sowie die französischen Physiokraten Jacques Turgot und François Quesnais kennen. Im Jahr 1776 erschien sein bedeutendstes Werk, *Der Wohlstand der Nationen. Eine Untersuchung seiner Natur und seiner Ursachen.*

Für Smith bestimmt Arbeit den Wert von Gütern und nicht natürliche Ressourcen wie bei den Physiokraten. Seine Lehre vom Arbeitswert der Güter floss sowohl in die ökonomische Theorie von Karl Marx als auch in die klassische und neoklassische ökonomische Theorie ein, wurde aber von den späteren Ökonomen der Österreichischen Schule, wie Carl Menger, Ludwig von Mises und Friedrich von Hayek, vehement abgelehnt.

Produktion kann nach Smith durch Arbeitsteilung gesteigert werden. Daraus folgt die Notwendigkeit zum Tausch:»Wie das Verhandeln, Tauschen und Kaufen das Mittel ist, uns gegenseitig mit fast allen nützlichen Diensten, die wir brauchen, zu versorgen, so gibt die Neigung zum Tausch letztlich auch den Anstoß zur Arbeitsteilung.«[3] Indem jedes Individuum unter Einsatz seiner speziellen Fähigkeiten und innerhalb der gesellschaftlichen Grenzen danach strebt, sein persönliches Glück zu steigern, wird über die»unsichtbare Hand« des Tauschs im Markt die gesamtgesellschaftliche Wohlfahrt erhöht. Der Einzelne»wird ... von einer unsichtbaren Hand geleitet, um einen Zweck zu fördern, den zu erfüllen er in keiner Weise beabsichtigt hat«.[4]

Der Herausforderer Smiths, David Graeber, wurde 1961 in New York geboren und ist nach eigenen Aussagen seit seinem sechzehnten Lebensjahr Anarchist. Er studierte an der State University of New York und der Universität von Chicago, wo er 1996 promovierte. Zwei Jahre später wechselte er an die Yale University, wo er als Assistant und Associate Professor tätig war. Im Jahr 2005 entschied der Fachbereich Anthropologie dieser Universität, Graebers Lehrauftrag nicht zu verlängern, sodass er keine ordentliche Professur erhalten konnte. Dies führte zu erheblichen Protesten von Studenten, Aktivisten und Fachkollegen, die jedoch keinen Erfolg hatten. Nach mehreren ehrenvollen Vorträgen erhielt Graeber 2007 einen Lehrauftrag am Goldsmith College der Universität von London, bevor er 2013 zum Professor an der London School of Economics ernannt wurde.

Graeber spielte eine herausragende Rolle in der Occupy-Wall-Street-Bewegung, die im Sog der Finanzkrise im September 2011 in New York City begann. Graebers bisher wichtigstes Werk ist *Schulden: Die ersten 5000 Jahre,* das im Jahr 2011 erschien und in dem er Adam Smiths These vom Tausch als Grundlage wirtschaftlicher Beziehungen infrage stellt.[5]

Graeber und andere Vertreter der anthropologisch-historischen Sicht betonen, dass in Urgesellschaften und in der Antike wirtschaftliche Beziehungen in Form von Kredit im Vordergrund standen. Tausch spielte vornehmlich dann eine Rolle, wenn nicht die Mitglieder einer Gesellschaft untereinander, sondern Mitglieder verschiedener Gesellschaften wirtschaftliche Beziehungen eingingen. Geld entstand daher nach Graeber nicht als Tauschmittel, wie von den klassischen Ökonomen behauptet, sondern als Maßeinheit für Kredit, oder auch Schuld, insbesondere gegenüber der Obrigkeit.

In seinem Buch zitiert Graeber als Kronzeugin für diese Auffassung seine Anthropologenkollegin Caroline Humphrey: »Nie wurde eine einfache und reine Tauschwirtschaft je beschrieben, und noch viel weniger die Entstehung von Geld daraus. Alle verfügbaren anthropologischen Studien widerlegen die Idee der reinen Tauschwirtschaft.«[6] Graeber verweist auf zahlreiche Studien primitiver Gesellschaften, in denen wirtschaftlicher Austausch in Form von »Geben und Nehmen«, oder eben Kredit und Schuld, und nicht als Tauschgeschäft beschrieben wird. Tausch kommt nur in dem besonderen Fall ins Spiel, wenn die beteiligten Parteien kein Vertrauen zueinander haben, also wenn zum Beispiel der Austausch zwischen Angehörigen unterschiedlicher Stämme und nicht zwischen denen des gleichen Stamms stattfindet. »Dies bedeutet natürlich nicht, dass Tauschhandel nicht existiert oder dass er nie von der Art von Leuten praktiziert wurde, die Smith ›Wilde‹ nannte. Es bedeutet nur, dass er beinahe nie von Angehörigen der Dorfgemeinschaft verwendet wird. Normalerweise findet er zwischen Fremden, um nicht zu sagen Feinden statt.«[7]

Graeber führt aus, dass »Geben und Nehmen« auch die dominante Form des Austauschs in den vorchristlichen Gesellschaften Mesopotamiens und Babyloniens war. »Geld« in unserem heutigen Sinne als universelles Maß und Tauschmittel gab es nicht. Wie Felix Martin in seiner »unautorisierten Biografie des Geldes« erklärt, wurden Transaktionen in Mesopotamien lediglich gebucht und verrechnet.[8]

Berühmt für ein auf Kredit basierendes Geldsystem wurde die Pazifikinsel Yap, nachdem der amerikanische Abenteurer William Henry Furness seine dort gemachten Beobachtungen 1910 in einem Buch beschrieb.[9] Die Leute von Yap, fand Furness heraus, bezahlten mit Steinmünzen, die so groß wie Mühlsteine waren. Diese Münzen konnten unmöglich physisch bei jeder Transaktion den Besitzer wechseln, weil sie einfach viel zu groß und schwer waren. Tatsächlich lagerten sie einfach in der Landschaft. Ja, einer dieser großen Mühlsteine war bei einem seltenen Transport übers Meer mitsamt dem Schiff vor der Küste von Yap gesunken. Obwohl der Stein auf dem Meeresgrund lag, tat dies der Zahlungsfähigkeit seines Besitzers keinen Abbruch, denn für die Leute von Yap waren die Steine keine Tauschmittel, die von Hand zu Hand wanderten, sondern Zeichen für die Kreditwürdigkeit des Besitzers. Transaktionen wurden getätigt, indem Kredite, die man sich einräumte, gegeneinander verrechnet wurden. Wenn sich die Transaktionen nicht ausglichen, jemand also netto Kreditgeber oder Schuldner war, so wechselte ein Teil des Steins virtuell den Besitzer, ohne dass er seine physische Lage verändert hätte.

Als Verrechnungseinheit kann Geld viele Formen annehmen, zum Beispiel Nutzvieh, Getreide, Nägel oder eben auch Edelmetalle. Im mittelalterlichen England vom 12. bis zum späten 18. Jahrhundert dienten spezielle Weidenstöcke, die an der Themse wuchsen, der Staatskasse zur Verrechnung von Einnahmen und Ausgaben. Die Transaktionen wurden auf die Weidenstöcke geschrieben und der Stock dann der Länge nach entzweigeschnitten, sodass beide Seiten, Gläubiger und Schuldner, einen Nachweis für die Transaktion hatten. Trotz des Gebrauchs dieser Stöcke über 600 Jahre sind heute leider nur noch wenige erhalten. Im Jahr 1782 schaffte das britische Parlament das System der »Kerbhölzer« ab.[10] Doch die Stöcke wurden noch viele Jahre benutzt und erst 1834 vollständig durch Papiernoten ersetzt. Im Gefühl, dass nun eine neue Zeit angebrochen war, entschloss man sich, die rückständigen Kerbhölzer in einem Ofen des Oberhauses zu verbrennen. Dabei ging man wohl ziemlich fahrlässig vor, denn die Täfelung des Sitzungssaals fing Feuer. Bald stand das ganze Oberhaus in Flammen, die dann auf das Unterhaus übergriffen. Beide Häuser des Parlaments brannten vollständig ab und wurden bis 1852 in der Form, wie wir sie heute kennen, wieder aufgebaut.

Geld verändert seinen Charakter als Maß für Kredit und Schuld und wird zum Tauschmittel erst dann, wenn das Vertrauen innerhalb einer Gesellschaft verloren geht und durch Machtverhältnisse ersetzt wird. So entstand nach Graeber Münzgeld vornehmlich aus militärischen Gründen: Herrscher gaben ihren »Soldaten« Münzen und verlangten, dass die Bauern ihre Steuern in eben diesen Münzen entrichteten. Besonders Soldaten konnten dafür sorgen, dass die Bauern ihrer Steuerpflicht auch nachkamen.

Dem so geschaffenen Geldangebot stand damit eine künstlich erzeugte Geldnachfrage gegenüber. Die Bauern mussten den Soldaten Waren gegen Münzen abtreten, die sie für die Zahlung ihrer Steuern benötigten, um von den Soldaten in Ruhe gelassen zu werden. So erfolgte die Versorgung der Armee wesentlich geordneter und damit auf weniger schädliche Weise für die Wirtschaft, als wenn die Soldaten ihren Bedarf direkt durch Ausplünderung der Bauern befriedigt hätten.

Wenn nun Geld seiner Natur nach vornehmlich ein Maß für die Schuld des Untertanen oder (später) des Bürgers an den Staat ist, so ist es folgerichtig, wenn der Staat das Geld emittiert, mit dem diese Schuld beglichen werden kann, wie es im obigen Beispiel der Herrscher mit den Münzen getan hat. Der Untertan oder Bürger entledigt sich seiner Schuld gegenüber dem Staat und erhält Geld als Quittung dafür. Im obigen Beispiel erkennt der Herrscher die Steuerschuld der Bauern als beglichen an, wenn sie ihm die Münzen zurückgegeben haben.

Der Bürger kann Geld aber auch bei einem Dritten gegen eine Ware oder Dienstleistung eintauschen, und dieser Dritte kann nun seine eigene Schuld gegenüber dem Staat mit dem Schuldgeld begleichen oder es an andere weitergeben, sodass es in der Wirtschaft zirkuliert, bis es der Staat endgültig wieder einfordert. Je weniger aktiv der Staat im Wirtschaftsprozess ist, desto mehr zirkuliert das vom Staat ursprünglich herausgegebene Geld unter den Wirtschaftssubjekten statt zwischen ihnen und dem Staat.

Nach Felix Martin ist Geld kein physisches Transaktionsmittel, sondern eine soziale Technik, die auf drei fundamentalen Elementen beruht. Das erste Element ist eine abstrakte Maßeinheit für Wert. Das zweite ist ein Kontosystem, in dem festgehalten wird, wer wem was schuldet, wenn eine Transaktion stattgefunden hat. Das dritte ist die Möglichkeit, dass der ursprüngliche Gläubiger die ihm zustehende Schuld auf einen Dritten überträgt, um damit eine eigene Schuld abzutragen.[11]

Im Gegensatz zu der Auffassung der Anthropologen heben die meisten Ökonomen in der Tradition von Adam Smith die Rolle des Geldes als Tauschmittel hervor. Nach dieser Lesart stand am Anfang aller wirtschaftlichen Beziehungen der Tausch von Ware gegen Ware. Adam Smith schreibt dazu:

> »Unter Jägern oder Hirten stellt beispielsweise ein Mitglied des Stammes besonders leicht und geschickt Pfeil und Bogen her. Häufig tauscht er sie bei seinen Gefährten gegen Vieh oder Wildbret ein, und er findet schließlich, dass er auf diese Weise mehr davon bekommen kann, als wenn er selbst hinausgeht, um es zu jagen. Es liegt deshalb in seinem Interesse, dass er das Anfertigen von Pfeil und Bogen zur Hauptbeschäftigung macht und somit gleichsam zum Büchsenmacher wird.«[12]

Damit der Waffenschmied jedoch seine Pfeile und Bögen gegen Vieh und Wild tauschen kann, braucht er einen Partner, der am Tausch in die andere Richtung interessiert ist. Findet er keinen Partner mit der ihm entgegengesetzten Präferenz, kann der Tausch nicht stattfinden. Das Problem wäre wesentlich einfacher zu lösen, wenn er die Transaktion in zwei Teile spalten könnte: den Tausch von Pfeil und Bogen gegen etwas anderes und dann den Tausch dieses anderen gegen Vieh und Wild. Dabei ist dieses andere nichts weiter als ein Mittel zum Tausch.

Um seinen Zweck zu erfüllen, sollte ein Tauschmittel von bekannter und standardisierter Qualität sein und nicht von denen hergestellt werden können, die es zum Erwerb eines anderen Gutes einsetzen. Wenn seine Qualität variiert, verliert es den Charakter eines universalen Gutes und nimmt wieder den eines spezifischen Gutes an, das nicht leicht gegen irgendein anderes Gut getauscht werden kann. Und wenn es leicht von denen hergestellt werden könnte, die es zum Kauf einsetzen, dann würde der Verkäufer zweifeln, ob es wirklich den Wert darstellt, den er zum Kauf eines anderen Gutes durch den Verkauf seines Gutes benötigt.

Daher ist klar, dass einige Güter sich besser zum Tauschmittel eignen als andere. Edelmetalle von genau definierter Qualität, die haltbar und knapp sind, eignen sich besonders gut. Um Menge und Qualität des Edelmetalls für jeden leicht erkennbar zu machen und damit seinen Wert als Tauschmittel zu erhöhen, kann ihm eine anerkannte Autorität, zum Beispiel ein bekannter und geachteter Goldschmied oder eine staatliche Instanz, sein Gütesiegel aufprägen. Noch bequemer für den Tausch ist es, wenn das schwere Edelmetall an einem sicheren Ort, zum Beispiel bei einer Bank, verwahrt wird und dem Besitzer dafür leicht zu transportierende Noten, eben Banknoten, ausgehändigt werden. Der Staat kommt hier ins Spiel, wenn er das Notenbankgeschäft regelt und beispielsweise privaten Geschäftsleuten gegen Gebühr ein Monopol zur Ausgabe solcher Noten einräumt.

Wie wir gesehen haben, kritisieren die Vertreter der anthropologisch-historischen Sicht die ökonomische Begründung des Geldes als unhistorisch. Sie verweisen auf Studien, die Adam Smith nicht bekannt waren und nach denen die Tauschwirtschaft der Kredit- und Schuldwirtschaft folgte. Dies mag durchaus so gewesen sein. Insofern wäre die historische Herleitung des Geldes als Tauschmittel in den gängigen volkswirtschaftlichen Lehrbüchern zu korrigieren.

Aber daraus lässt sich nicht ableiten, dass die Tauschwirtschaft und das Geld als Tauschmittel nur eine historische Übergangserscheinung wären und das staatliche Schuldgeld die natürliche Wirtschafts- und Geldordnung darstellen würde, wie Graeber gegen Ende seines Buches andeutet. Gegen eine solche Auffassung spricht Karl Poppers Kritik des Historizismus, nach der aus geschichtlichen Abläufen keine Gesetze dieser Abläufe und damit keine Prognosen hergeleitet werden können.

Die Geldordnungen nach Eucken

Ordnung bringt Walter Eucken in die Debatte. Er lebte von 1891 bis 1950 und war von 1927 bis 1950 als Professor an der Universität Freiburg tätig. Eucken gehörte zu den Gründungsvätern der ordo-liberalen Freiburger Schule.[13] Unabhängig von ihrer konkreten historischen Ausgestaltung unterscheidet er drei reine Geldsysteme, sozusagen Bausteine historisch vorhandener Geldordnungen.[14]

> ➤ Im ersten System entsteht Geld dadurch, dass eine Ware zu Geld wird. Dies entspricht der oben erwähnten Idee von Geld als Tauschmittel. Die Palette der Sachgüter, die als Geld dienen, reicht von Edelmetallen über Getreide zu Muscheln. Warengeld kann im Monopol (von einem Herrscher) oder in Konkurrenz (von Städten oder anderen Körperschaften oder sogar Privatpersonen, wie etwa von Münzmeistern im fränkischen Reich des 6. Jahrhunderts) erzeugt werden.

> ➤ Im zweiten System entsteht Geld bei Lieferung einer Ware oder Leistung einer Arbeit als Schuldschein. Beispiel hierfür ist die Ausgabe staatlicher Schuldscheine gegen Warenlieferungen von Babylonien im 3. und 2. vorchristlichen Jahrhundert bis hin zum Deutschland des 18. Jahrhunderts. In die Kategorie des Schuldgelds fällt auch die oben beschriebene Besoldung von Soldaten für ihre Dienste durch den Staat.

> ➤ Im dritten System schafft der Kreditgeber schließlich Geld, das bei der Rückzahlung des Kredits wieder vernichtet wird. Diese

Art der Schaffung von Kreditgeld wird von Zentralbanken betrieben, wenn sie zum Beispiel Staatsanleihen in Offenmarktgeschäften kaufen, aber auch von Privatbanken, wenn sie Kredit gewähren und die Kreditsumme dem Schuldner auf seinem Konto gutschreiben.

Das Konzept des Kreditgelds führt uns wieder zurück zu der anthropologischen Auffassung von Geld als Maß für Kreditbeziehungen. In der anthropologischen Literatur werden die Kreditbeziehungen einzelner Personen durch die Familie, den Stamm, das Dorf oder einen paternalistischen Staat geregelt. Sie können, müssen aber nicht in Geldeinheiten gemessen werden. Im Kreditgeldsystem werden die Kreditbeziehungen rechtlich geregelt, wobei das Recht die institutionalisierte Form der archaischen Beziehungen darstellt. In diesem System wird Kredit natürlich in Geldeinheiten gemessen und nicht auf Treu und Glauben vergeben.

Traditionell wurde auch Kreditgeld aufgrund persönlicher Beziehungen vergeben. Für den Bankier alter Schule war nichts so wichtig wie die Kenntnis der Person des Kreditnehmers und seiner Lebensumstände. Kredit war für ihn Vertrauenssache. In jüngerer Zeit wurde die persönliche, auf Vertrauen ruhende Beziehung zwischen Bankier und Kreditnehmer durch Finanztechnik ersetzt. Damit wurden die Beziehungen zwischen Schuldnern und Gläubigern entpersonalisiert und die natürliche Grenze in der Produktion von Kreditgeld aufgehoben. Mit den Mitteln moderner Finanztheorie sollte es möglich sein, Kredite auch minderer Qualität, die von den Bankiers alter Schule nie vergeben worden wären, durch Bündelung aufzuwerten. Die Zauberformel dafür war die Zusammenfassung vermeintlich unkorrelierter oder gar negativ korrelierter Einzelrisiken zu einem Kreditprodukt von angeblich geringem Risiko.

Graeber und andere weisen darauf hin, dass Schuldenerlasse Teil der archaischen Kreditgeldsysteme waren. Laut Michael Hudson fand in Babylonien zwischen 1880 und 1636 v. Chr. im Durchschnitt alle 16 Jahre ein Schuldenerlass statt.[15] Graeber und Hudson leiten daraus her, dass diese auch in unserem modernen Kreditgeldsystem ein elementarer Bestandteil sein sollten. Auf der Ebene der Wirtschaftsunternehmen und privaten Haushalte ist das auch durchaus so. Dort gibt es Insolvenzordnungen,

die mit Schuldenerlassen verbunden sind. Auf der Ebene der Nationalstaaten gibt es jedoch keine internationale Insolvenzordnung, und auch
im Bankensektor sind Insolvenzordnungen meist die Ausnahme und Insolvenzen rar. Möglicherweise hängt dies damit zusammen, dass das Kreditgeld auf einer schwachen Rechtsgrundlage steht. Jesus Huerta de Soto
argumentiert, dass ein Vertrag über die Einlage von Geld bei einer Bank
von unterschiedlicher rechtlicher Natur ist als ein Kreditvertrag.[16] Beim
Darlehensvertrag wird die gesamte Verfügbarkeit des geliehenen Geldes
für die Dauer des Vertrages übertragen. Bei der Bankeinlage liegt dagegen keine Eigentumsübertragung vor, sondern der Deponent kann über
sein Eigentum jederzeit verfügen. Eine Bank, die nur einen Teilbetrag der
Einlage verwahrt und den Rest weiter verleiht, macht sich nach Huerta de
Soto daher der Untreue schuldig. Im römischen Recht wurde folglich die
fraktionale Reservehaltung unter Strafe gestellt. Nach dem Untergang des
Römischen Reichs löste sich dieses Rechtsprinzip im Mittelalter auf und
die fraktionale Reservehaltung wurde zur Standardtechnik im Bankwesen.

Eucken stellt fest, dass alle vorhandenen Geldordnungen Mischformen
der reinen Geldsysteme sind, wobei diese mit unterschiedlichen Gewich-
tungen einhergehen. Sowohl Waren- als auch staatliches Schuldgeld kann
mit Kreditgeld kombiniert werden, wenn Banken durch Kreditvergabe
über den durch Waren- oder Schuldgeld gegebenen Deckungsstock hinaus privates Buchgeld schöpfen. Im Laufe der Zeit ist das dritte, auf
privater Kreditgewährung beruhende Kreditgeldsystem immer bedeuten-
der geworden, während die beiden ersten Systeme an Bedeutung verloren
haben.

Doch scheint Eucken das Kreditgeldsystem inhärent instabil. Eucken sah
daher die weitere Entwicklung unserer stark auf dem Kreditgeldsystem
beruhenden Geldordnung schon in den 1940er-Jahren recht skeptisch:
»Vielleicht wird die außerordentliche Unstabilität des Geldes, die in den
Währungen der Jahrhundertmitte herrscht, den Anstoß zu Währungsre-
formen geben, sodass in der Geldversorgung nicht mehr das dritte Geldsystem dominiert, sondern die Geldversorgung mit der Produktion wichtiger Waren verbunden wird.«[17] Eucken war ein Anhänger der im Jahr
1937 von Benjamin Graham vorgeschlagenen Warenreservewährung. In
diesem System soll die Geldmenge entsprechend der Preisentwicklung

wichtiger Rohstoffe gesteuert werden. Zu diesem Zweck hält die Zentralbank ein Rohstofflager. Bei einem Preisanstieg der ausgewählten Rohstoffe verkauft die Zentralbank einen Teil ihres Lagers. Das Rohstoffangebot
steigt und die Geldmenge schrumpft. Umgekehrt kauft die Zentralbank
Rohstoffe auf, wenn die Preise sinken. Das Rohstoffangebot sinkt und
die Geldmenge und Preise steigen.[18]

Euckens Systematisierung des Geldes hilft, den am Anfang dieses Kapitels vorgestellten Gegensatz der Charakterisierung von Geld als Tauschmittel oder als Maß für Schuld zu entschärfen. Den jeweiligen historischen gesellschaftlichen Verhältnissen entsprechend kann es das eine
oder das andere sein. Der Charakter von Geld ist also wandlungsfähig.

Zum noch besseren Verständnis des Charakters von Geld können wir Euckens Klassifizierung der Geldsysteme einen Schritt weiter vereinfachen
und zwischen Geld als »Aktivum« und »Passivum« unterscheiden. Hat
Geld den Charakter einer Ware, stellt es in der Bilanz der geldschaffenden
Institution einen Aktivposten dar. Eine Goldmine wird das geschürfte
Gold in ihrer Bilanz auf der Aktivseite und die für die Produktion aufge-
wendeten Finanzmittel auf der Passivseite aufführen. Schuld- oder Kreditgeld, auch das wie Eigenkapital auftretende Geld der Zentralbanken,
stehen jedoch als Passivposten in der Bilanz der geldschaffenden Institutionen. Sie sind Finanzinstrumente. Dies gilt für Banknoten, die mit
Forderungen an den Staat oder an andere Schuldner oder überhaupt nicht
gedeckt sind, ebenso wie für das durch die Vergabe von Kredit durch die
Banken geschaffene Giralgeld.

Im weiteren Verlauf des Buches werden wir daher Aktivgeld, Aktivgeld-
systeme und Aktivgeldordnungen von Passivgeld, Passivgeldsysteme und
Passivgeldordnungen unterscheiden (siehe Tabelle 1.1 für eine Übersicht). Aktivgeld entsteht durch gesellschaftliche Konvention als Teil der
spontanen Ordnung, die ohne staatliche Macht auskommt. Aktivgeld ist
mit dem Vertrauen der Nutzer ausgestattet, dass es von anderen Nutzern
als Tauschmittel akzeptiert wird.

Aktivgeldordnung	Passivgeldordnung
Warengeld	**Giralgeld**
Aus einer Ware durch gesellschaftliche Konvention entstandenes Tauschmittel, das entweder in seiner ursprünglichen Form oder als Verwahrschein für das eigentliche Tauschmittel zirkulieren kann	Von Banken mit staatlicher Lizenz über die Kreditvergabe emittiertes privates Schuldgeld
Aktivgeld	**Staatliches Zentralbankgeld**
Durch gesellschaftliche Konvention entstandenes virtuelles Tauschmittel	Von einer staatlichen Zentralbank aus dem Nichts geschaffenes gesetzliches Zahlungsmittel, das dem Eigenkapital einer Unternehmung ähnlich ist

Tabelle 1.1 Übersicht der Geldordnungen und Geldformen

Passivgeld ist dagegen ein Finanzinstrument, das den Charakter eines Schuld- oder Eigenkapitaltitels annehmen kann. Der Staat kann Passivgeld direkt ausgeben, um sich zu finanzieren. In diesem Fall handelt es sich um eine eigenkapitalähnliche Verbindlichkeit wie die Aktie eines Unternehmens, das damit sein Anlagevermögen finanziert. Der Staat kann aber auch private Banken dazu beauftragen, Passivgeld in Form von Kreditgeld zu schaffen. Dann handelt es sich um privates Schuldgeld. Da aber ein Kreditgeldsystem immer durch staatliche Lizenz legitimiert sein muss und eine staatliche Rückversicherung für den Fall von Liquiditäts- und Solvenzkrisen braucht, enthält privates Schuldgeld immer auch die Option auf Wandlung in staatliches Passivgeld. Zur Erhöhung seiner Akzeptanz kann staatliches Passivgeld mit Sicherheiten, zum Beispiel Gold oder Silber, teilweise gedeckt werden. Diese können dem Nutzer direkt in die Hand gegeben werden, wie beim Münzgeld, oder sie können per Gesetz als Deckungsstock für Papiergeld festgelegt werden, wie im Goldstandard. Staatliches Passivgeld kann aber auch nur durch das Versprechen gestützt werden, dass seine Kaufkraft durch den Staat erhalten werden wird, wie im »Fiat«-Geldsystem.[19] Um ein solches Versprechen glaubhafter zu machen, ohne das Geld mit hinterlegten Sicherheiten zu härten, kann der Staat den Auftrag zur Geldproduktion in die Hand einer Zentralbank legen, der er weitgehende Unabhängigkeit vom politischen Tagesgeschäft gibt.

Wie wir noch sehen werden, ist die Kaufkraft von Passivgeld ständig durch die übermäßige Anhäufung von Schuld bedroht. Deshalb entstehen in einer Passivgeldordnung eher inflationäre als deflationäre Tendenzen. Dies ist bei Aktivgeld anders. Hängt die umlaufende Menge an Aktivgeld an der Verfügbarkeit der als Tauschmittel dienenden Ware, kann es knapp werden und sein Preis steigen. Steigt der Preise des Geldes, dann fallen die in Geld gemessenen Preise der Dinge, die damit getauscht werden. Es kommt zur Deflation. Dieses Problem trieb einen Geldtheoretiker um, der sein Wissen über Geld nicht aus der Wissenschaft, sondern aufgrund seiner praktischen Arbeit erworben hatte.

Schwundgeld

Damit Geld seine Funktion als Tauschmittel erfüllen kann, muss es umlaufen. Wird es dem Wirtschaftskreislauf entzogen, gerät der Tausch ins Stocken, und die Wirtschaft leidet. Dieses Problem beschäftigte Silvio Gesell, einen deutschen Unternehmer und Sozialisten, sein ganzes Leben lang. Gesell wurde 1862 im heutigen Belgien geboren, das damals unter preußischer Herrschaft stand. Nach einer kurzen Zeit bei der Reichspost erlernte er bei seinem Bruder den Beruf des Kaufmanns und wanderte 1887 nach Argentinien aus, wo er medizinische Artikel verkaufte und damit Kliniken und niedergelassene Ärzte belieferte. Das brachte ihm zwar keinen Reichtum, machte ihn aber immerhin wohlhabend.[20]

Im Jahr 1890 fiel die argentinische Wirtschaft in die Krise. Der Grund war eine weltwirtschaftliche Rezession, die das Land mit sich riss. Wegen der Goldanbindung konnte weder der Wechselkurs abgewertet werden noch war eine monetäre Expansion möglich. Geld wurde knapp und das Land sank in die Deflation, wie es vier Jahrzehnte während der Großen Depression auch in den USA der Fall sein sollte. Gesells Geschäfte gingen schlecht, und er fing an, sich Gedanken über die gesamtwirtschaftlichen Gründe für die Krise der Wirtschaft und seines eigenen Unternehmens zu machen.

Dabei fiel ihm auf, dass alles vergänglich war, seien es seine medizinischen Vorräte oder seine Arbeitskraft – außer dem Gold, das den Geldwert bestimmte. Gold oder Geld konnte man aufbewahren, man bekam sogar Zinsen dafür, wenn man es verleihen konnte. Wo aber alles vergänglich ist außer Geld, das mit der Zeit wegen des Zinses sogar noch mehr wird, neigen die Menschen dazu, Geld zu horten. Gehortetes Geld, das unter der Matratze oder in Tresoren verschwindet, steht weder den Konsumenten für ihre Einkäufe noch den Unternehmen für ihre Investitionen zur Verfügung. Der Mangel an Tauschmitteln verringert die Möglichkeit zum Tausch und führt zur Schrumpfung der Wirtschaftskraft. Gesell sah nicht, dass die durch den Anstieg der Geldnachfrage ausgelöste Deflation die reale Kaufkraft des Geldes erhöht, sodass dadurch die reale Nachfrage stabil bleiben kann.

Für Gesell war daher klar: Das Geld musste seine außergewöhnliche Eigenschaft als einziges nicht vergängliches Wirtschaftsgut verlieren und mit der Zeit genau wie Warenvorräte, Maschinen oder Arbeitskraft an Wert verlieren. Nur dann würden die Menschen aufhören, es zu horten, statt es zum Erwerb von Gütern und Dienstleistungen zu verwenden. Man musste also das Geld »rosten« lassen. Da man Gold nicht künstlich mit dieser Eigenschaft versehen konnte, musste der Staat dafür sorgen, dass Geld mit der Zeit an Kaufkraft verliert. Zum Beispiel indem man staatlich ausgegebene Geldscheine regelmäßig mit kostenpflichtigen Wertmarken zu bekleben hatte, damit sie gültig blieben, oder indem die Scheine automatisch nach einem festgelegten Zeitplan an Wert verloren. Man brauchte also »Schwundgeld«, um die Gleichheit des Geldes mit Anlagen, Kapital oder Arbeitskraft herstellen zu können.

Was aber geschieht mit anderen Sachen, zum Beispiel Grund und Boden, die sich wie Geld nicht mit der Zeit abnutzen und deshalb auch nicht an Wert verlieren? Würden die Leute Boden kaufen und horten, anstatt Geld aufzubewahren? Gesell sah diese Gefahr und schlug vor, Grund und Boden gegen Entschädigung zu verstaatlichen. Die Besitzer könnten den Grund weiterhin nutzen, würden aber dem Staat eine entsprechende Pacht zahlen müssen. Dies erinnert zwar an die Nationalisierung von Grund und Boden in den ehemaligen sozialistischen Ländern, ist aber im Grunde näher bei dem britischen Modell des »Lease-hold«, in dem der Erwerber des Grunds staatlichen Instanzen (einschließlich dem Königshaus) einen Preis dafür zahlt, dass er das Objekt eine lange Zeit privat nutzen kann. Nach Ablauf der Mietzeit fällt das Objekt wieder an die staatliche Instanz zurück. In Deutschland wird diese Art des Immobilienerwerbs im sogenannten Erbbaurecht geregelt.

Neben der Förderung des Geldumlaufs war es Gesells Anliegen, die Bildung von privatem Vermögen und Produktivkapital zu verhindern. Anders als die Kommunisten und Sozialisten seiner Zeit wollte er dieses Ziel über eine besondere Ausgestaltung des Geldes erreichen. Der Markt sollte als Instrument zur Verteilung von natürlichen Ressourcen, Arbeit, Gütern und Dienstleistungen erhalten bleiben, aber die Bildung von Kapital durch die Hortung von Geld sollte unmöglich gemacht werden.

Gesell steht also in der zu Beginn dieses Kapitels vorgestellten Debatte ganz auf der Seite Adam Smiths, für den der Tausch die Grundlage wirtschaftlicher Beziehungen war und Geld das Mittel, den Tausch möglich zu machen. Gesell ging sogar noch einen Schritt weiter und wollte die Funktion des Geldes als Wertaufbewahrungsmittel abschaffen.

Dabei übersah er, dass damit Kreditbeziehungen, die in Geld gemessen werden, absterben. Wenn Geld mit der Zeit an Wert verliert, dann tut dies auch der in Geld gemessene Kredit. Da in Gesells Welt die Zinsen wegfallen, weil sie die Attraktivität des Geldes als Mittel zur Hortung widerspiegeln, wird der Verlust auch nicht über Zinserträge ausgeglichen.[21] Sparer haben daher keinen Anreiz, ihr Geld zu horten und zu verleihen. Sie stellen sich besser, wenn sie es für den Konsum verwenden. Unternehmer müssen dagegen selbst sparen, um neue Anlagen zu erwerben. Diese Anlagen müssen sehr hohe Erträge abwerfen, um den Verlust in der Ansparphase zu ihrem Erwerb auszugleichen, der durch den Schwund des Geldwerts entsteht.

Fazit

Wie ist nun die in diesem Kapitel gestellte Frage zu beantworten? Was ist Geld für uns heute? Es scheint, ein bisschen von alldem, was die hier vorgestellten Theorien behaupten. Wir zahlen mit Geld, um eine Ware zu kaufen, und verlangen es als Lohn oder Gehalt für unsere Arbeit. Es ist also Tauschmittel. Die Banken schaffen aber auch Geld durch die Vergabe von Krediten. Der Kreditnehmer benutzt dieses Geld, um damit eine Immobilie, eine Maschine oder sonst etwas zu kaufen. Also ist Geld auch ein Maß für Kredite, die von den Banken vergeben werden. Wer ein Gut gegen Geld an jemanden abgibt, der dieses Geld als Kredit von der Bank erhalten hat, geht auf indirekte Weise mit der Bank eine Kreditbeziehung ein, die das Geld geschaffen hat. Daraus folgt auch, dass das Geld seinen Wert verlieren kann, wenn der Schuldner den Kredit nicht zurückzahlt.

In den zwei Jahrzehnten bis zum Beginn der Finanzkrise im Jahr 2007 sind Kredite und das damit geschaffene Geld weltweit weit mehr gewachsen als die mit dem Bruttoinlandsprodukt gemessene Wirtschaftsaktivität. Dies deutet darauf hin, dass während dieser Zeit der Charakter des Geldes als Maß für Kreditbeziehungen immer wichtiger geworden ist. Denn hätten wir Geld nur als Tauschmittel benutzt, dann hätte sich unser Geldbedarf enger an der Entwicklung der Wirtschaftsaktivität orientiert, die globale Geldmenge wäre also nicht viel mehr als das globale nominale Bruttoinlandsprodukt gewachsen.

Eben diese Ausweitung der Kreditbeziehungen hat David Graeber motiviert, auf den Charakter des Geldes als Maß für Schuld und auf die historische Praxis des Schuldenerlasses zu verweisen. Wo übermäßig viel Kredit und Schuld aufgebaut wurde, sollte es auch Wege geben, diese Beziehungen auf ein langfristig erträgliches Maß zu reduzieren, könnte man meinen. Von daher wäre es weniger wichtig, den Wert des Geldes zu verringern, um seine Zirkulation zu erhöhen und dadurch den Tausch zu fördern, wie Silvio Gesell meinte, als vielmehr um eine übermäßige Schuld abzutragen.

Obwohl nur wenige der heute tätigen Ökonomen die Thesen von Gesell kennen, haben wir seine Idee des Schwundgelds längst verwirklicht. Dies mag zum Teil daran liegen, dass John Maynard Keynes Gesells Theorie sehr wohl kannte und sich davon beeinflussen ließ. So wirkt Gesell durch Keynes bis heute. Da der Wert unseres Gelds nicht mehr von der Menge des verfügbaren Goldes, sondern, wie wir noch sehen werden, von der Geldproduktion durch die Banken abhängt, verliert es ständig an Kaufkraft. Wer bei der Währungsreform 1948 sein Kopfgeld von 10 Mark aufbewahrt hat, hatte bei der Umstellung der D-Mark auf den Euro noch Geld mit einer Kaufkraft von 2,60 Mark in der Hand. Wer dann die für die 2,60 Mark eingetauschten 1,30 Euro in den Schrank gelegt hat, kann sich im Jahr 2014 damit nur noch Waren im ursprünglichen Wert von rund 1,00 Euro kaufen.

Obwohl wir in der Bundesrepublik keine Währungsreform mit ausdrücklicher Entwertung des Geldes hatten und obwohl sowohl die Bundesbank als auch die ihr nachfolgende Europäische Zentralbank nicht müde werden zu betonen, dass sie die Kaufkraft des Geldes stabil halten, hat sich die Kaufkraft unseres Gelds über die letzten sechs Jahrzehnte um sage und schreibe 95 Prozent verringert. Silvio Gesell wäre mit einem solchen Geldsystem am Ziel seiner Wünsche gewesen. Er lebte aber in einer Aktivgeldordnung, die keinen natürlichen Hang zur Geldentwertung hatte. Dagegen leben wir heute in einer Passivgeldordnung, der die Tendenz zur Überschuldung und Geldentwertung innewohnt.

Kapitel 2: Wie entsteht Geld?

Im vorangegangenen Kapitel haben wir zwei verschiedene Konzeptionen von Geld kennengelernt: Geld als Aktivum, wie es zum Beispiel eine zu Geld gewordene Ware verkörpert, und Geld als Passivum, wie es durch die Ausgabe staatlicher oder privater Schuldscheine entsteht. In diesem Kapitel werden wir sehen, dass Waren- oder Aktivgeld durch fraktionale Reservehaltung der Banken zu privatem Passivgeld transformiert werden kann.

Studenten der Volkswirtschaftslehre wird im Grundstudium beigebracht, dass auf diese Weise unser Geld geschaffen wird. Damit werden sie jedoch in die Irre geführt. Die Transformation von Warengeld durch fraktionale Reservehaltung zu privatem Schuldgeld geschah im Goldstandard. Heute entsteht Geld ausschließlich über die Passivseite der Geschäftsbanken. Im Gegensatz zum Geld unter dem Goldstandard, das durch fraktionale Reservehaltung zu einer Mischung wurde, ist unser heutiges Geld hundertprozentiges Passivgeld, das oft auch als Fiat-Geld oder (nicht ganz zutreffend) als Papiergeld bezeichnet wird.

Das Passivgeld der Banken

Die Volkswirtschaftslehre ist weitgehend von der Vorstellung Adam Smiths vom Geld als zum Tauschmittel gewordener Ware beherrscht. Immerhin nimmt man jedoch zur Kenntnis, dass wir heutzutage nicht mehr mit Gold- oder Silbermünzen und immer weniger mit Papiergeld bezahlen. Der weitaus größte Umfang an Zahlungen wird über Banken abgewickelt. Doch was sind Banken in den Büchern prominenter Lehrer der Wirtschaftswissenschaften? »Geschäftsbanken sind eine Art von Finanzintermediären«, liest man dort.[22]

Und was heißt das auf Deutsch? »Geschäftsbanken erhalten Einlagen von Privatpersonen und Unternehmen. Sie werden entweder direkt eingezahlt oder ihrem Sichtguthaben gutgeschrieben (zum Beispiel bei einer

Gehaltsüberweisung).« Was machen sie nun mit den Einlagen? »Einen Teil dieser Einlagen behalten sie als Reserve; den Rest verwenden sie, um Kredite zu vergeben und Wertpapiere zu kaufen.« Und war das schon immer so? »Die Verwendung von Mitteln aus Einlagen zur Finanzierung von Krediten ist seit Jahrhunderten die normale Praxis von Banken.«[23]

Die Lehrbuchautoren geben gerne zu, dass die Banken die ihnen anvertrauten Einlagen über die Vergabe von Krediten vermehren. Zum Beispiel so: Die Bank erhält von einem Kunden eine Bareinzahlung von 1.000 Euro. Davon behält sie 1 Prozent, also 10 Euro, als Reserve und vergibt einen Kredit von 990 Euro. Auf der Passivseite ihrer Bilanz hat die Bank nun Verpflichtungen in Höhe von 1.000 Euro gegenüber dem ursprünglichen Einleger. Auf der Aktivseite stehen eine Forderung von 990 Euro an den Kreditnehmer und ein Bargeldbestand von 10 Euro.

Aus der Sicht der Bank ist das Bargeld eine Forderung an die Zentralbank, die diese entsprechend als Verpflichtung auf der Passivseite ihrer Bilanz verbucht. Die Frage, wie die Zentralbank diese Verpflichtung durch eine Forderung auf der Aktivseite ihrer Bilanz ausgleicht, stellen wir für den Moment zurück.

Nun hat unser Kreditnehmer 990 Euro in bar auf der Hand. Nehmen wir mal an, er kauft sich dafür einen Computer, der ihm bei seiner Arbeit von Nutzen ist. Dadurch, dass ihm der Computer hilft, Einkommen zu erwirtschaften, kann er den Kredit mit Zins und Zinseszins über die Zeit zurückzahlen. Der Verkäufer des Computers zahlt nun die 990 Euro auf sein Konto bei unserer Bank ein. Nun hat die Bank schon Einlagen in Höhe von 1.990 Euro, die sie auf der Passivseite ihrer Bilanz ausweist. Auf der Aktivseite müssen natürlich auch 1.990 Euro stehen, die aus dem Kredit über 990 Euro und Bargeld von 1.000 Euro bestehen. Der Bargeldbestand setzt sich aus den ursprünglich als Reserve einbehaltenen 10 Euro und den von dem Verkäufer des Computers eingezahlten 990 Euro zusammen.

Unsere Bank geht nun in die zweite Runde und behält von den 1.990 Euro an Einlagen wieder 1 Prozent, also 19,90 Euro, als Reserve zurück und verleiht die übrigen 980,10 Euro an den nächsten Kreditnehmer. Dieser macht ähnliche Geschäfte wie der erste, und die 980,10 Euro kommen wieder als Bargeldeinzahlung zu unserer Bank zurück.

Diese beiden Stufen der Kreditvergabe eines sich viele Male wiederholenden Prozesses können wir in Tabelle 2.1 zusammenfassen. Mit »fraktionaler Reservehaltung« wird dort der Umstand bezeichnet, dass die Bank immer nur einen Teil des eingezahlten Bargelds als Reserve behält und den größeren Rest wieder verleiht. Wie man sieht, führt die Zirkulation der ursprünglichen Bareinlage von 1.000 Euro zwischen Kredit und Einlage zu einer immer höheren Kredit- und Einlagensumme. Allerdings steigen die Einlagen bei jeder Stufe um einen abnehmenden Betrag an, also um 990 Euro in der ersten Stufe und um 980,10 Euro in der zweiten. Dies liegt daran, dass unsere Bank immer 1 Prozent der Einlage als Barreserve zurückhält. Dadurch muss jeder neu vergebene Kredit immer kleiner sein als der vorangegangene.

In unserem Beispiel konnte die Bank zuerst noch 990 Euro als Kredit vergeben, im nächsten Schritt aber nur noch 980,10 Euro. Bei zunehmender Zahl der Schritte nehmen neue Kredite und damit neue Einlagen immer mehr ab, bis sie schließlich nach tausend Schritten bei null angelangt sind.[24] Dagegen steigt die zurückgehaltene Reserve stetig an, bis sie den Wert der ursprünglichen 1.000 Euro erreicht. Bei diesem Prozess erreicht die Einlage schließlich einen Wert von 100.000 Euro. Durch Kreditvergabe konnte unsere Bank also die ursprüngliche Einlage verhundertfachen. Der Hebel von 100 ergibt sich direkt aus der hier gewählten Reservehaltung von 1 Prozent. Denn allgemein gilt:

Reserve = gesamte Einlage × Reservesatz

Woraus folgt:

Gesamte Einlage = Reserve ÷ Reservesatz

In unserem Beispiel:

EUR 100.000 = EUR 1.000 ÷ 0,01

Stufe	Aktion	Kredit	Barreserve	Einlage
0	Einzahlung 1.000,00		1.000,00	1.000,00
1	Kreditvergabe 990,00	990	10,00	1.000,00
1	Einzahlung 990,00	990	1.000,00	1.990,00
2	Kreditvergabe 980,10	1970,10	19,90	1.990,00
2	Einzahlung 980,10	1970,10	1.000,00	2.970,10
...	...	...	...	...
1.000	0	0	1.000,00	100.000,00

Tabelle 2.1 Die Entwicklung von Einlagen und Kredit bei fraktionaler Reservehaltung

Die von den Banken selbst geschaffenen Einlagen haben ebenso den Charakter von Geld wie das von der Zentralbank ausgegebene Bargeld. Schließlich versprechen die Banken, diese Einlagen jederzeit zum Nennwert in Bargeld umzutauschen. Weil jeder daran glaubt, kann man Rechnungen unbar per Überweisung zahlen, braucht also nicht erst das Bargeld abzuheben und dem Gläubiger auszuhändigen. Die Einlagen wurden jedoch von den Banken selbst geschaffen, während das Bargeld von der Zentralbank ausgegeben wird. Um das Geld nach seinem Entstehungsprozess zu unterscheiden, nennen die Lehrbücher das von den Banken geschaffene Geld »Innengeld« und das von der Zentralbank ausgegebene »Außengeld«.

In unserem Beispiel haben die Einleger nur Innengeld, und zwar in Höhe von 100.000 Euro. Alles Außengeld liegt als Reserve bei der Bank. Unsere Bank muss sich nun darauf verlassen, dass ihre Kunden die weitaus meisten Zahlungen mit Innengeld, also bargeldlos, abwickeln. Sie kann ohne Mühe Barabhebungen bis zu 1.000 Euro befriedigen. Danach wird es für unsere Bank aber eng. Wollen die Kunden mehr als die 1.000 Euro abheben, muss sie ihre Schalter schließen. Das ist der GAU für jede Bank.

Es wäre daher verständlich, wenn der Leser die Reservehaltung unserer Bank für ziemlich unverantwortlich hielte und ihr empfehlen würde, mehr als 1 Prozent der Einlagen für den Fall vorzuhalten, dass die Leute Bargeld sehen wollen. Doch ist der einprozentige Reservehaltungssatz nicht ohne Bedacht gewählt. Es ist der Satz, den die EZB den Banken im Euroraum als Mindestreserve vorschreibt und den sie unter normalen Umständen auch tatsächlich anwenden.[25] Wie wir jedoch gleich sehen werden, bringt dies die Banken nicht in Gefahr, weil die Zentralbank den Banken so viel Zentralbankgeld, einschließlich Bargeld, zur Verfügung stellt, wie sie brauchen, um ihre Verpflichtungen erfüllen zu können.

Das Passivgeld der Zentralbank

Wenn die Schaffung von Innengeld wie beschrieben vor sich geht, dann setzt die Bereitstellung von Außengeld der Möglichkeit, Innengeld, also Einlagen zu schaffen, klare Grenzen. Bei einem Reservesatz von 1 Prozent und anfänglichem Außengeld von 1.000 Euro liegt diese Grenze bei 100.000 Euro, wie wir gesehen haben. Hätten wir mit einem Außengeld von 10.000 Euro begonnen, so hätten wir Einlagen in Höhe von 1 Million Euro produzieren können. Wir hätten aber auch in unserem ursprünglichen Beispiel einen anderen Reservesatz, sagen wir 10 Prozent, annehmen können. Dann hätten wir mit dem Außengeld von 1.000 Euro Einlagen von nur 10.000 Euro schaffen können.

Es ist daher nicht verwunderlich, wenn die meisten Lehrbücher bei der Schaffung von Geld das Heft in der Hand der Zentralbank sehen. Je nachdem, wie diese Außengeld bereitstellt oder den Reservesatz festlegt, kann sie den Umfang des Innengelds bestimmen. Das war die Situation im Goldstandard, als das Zentralbankgeld zumindest prinzipiell voll mit Gold unterlegt, seinem Charakter nach also Aktivgeld war.

Leider sieht die Wirklichkeit heute anders aus als in den Lehrbüchern dargestellt.[26] Tatsächlich nehmen die Banken eben nicht Bareinlagen entgegen und benutzen sie als Außengeld, um Innengeld über Kreditvergabe zu schaffen. Sie schaffen dagegen Innengeld, indem sie Kredite vergeben, und fragen Reserven, also Außengeld, davon abgeleitet nach. Die Zentralbank bietet das Außengeld auch nicht aus eigenem Antrieb an, sondern sie befriedigt lediglich die Nachfrage der Banken. Eben weil die Banken Außengeld von der Zentralbank bekommen, wann immer sie es wollen, können sie mit Reserven von nur 1 Prozent ihrer Einlagen auskommen. Wenn sie mal Bargeld als Einlage annehmen, dann handelt es sich lediglich um den Rücklauf von Geld, das sie zuvor wie beschrieben geschaffen und ausgegeben haben.

Wie der Prozess der Geldschöpfung in Wirklichkeit abläuft, wollen wir uns schematisch in den Tabellen 2.2 bis 2.6 anschauen. In der Ausgangssituation hat unsere Bank 99 Geldeinheiten an Kredit (K) vergeben. Sie hält 1 Einheit (genau genommen 0,95 Einheiten) in Reserve (R). Dem gegenüber stehen 95 Geldeinheiten an Einlagen (D), 1 Einheit hat sie bei der Zentralbank geliehen (ZBC), und 4 Einheiten besitzt sie als Eigenkapital. Die Reserve R an Außengeld dient zur Erfüllung der Pflicht zur Haltung einer Mindestreserve an Zentralbankgeld. Das Eigenkapital dient als Puffer, um mögliche Kreditausfälle abzufangen. In beiden Bereichen ist unsere Bank recht eng aufgestellt: Sie kann einen Ausfall an Krediten von höchstens 4 Einheiten verkraften, bevor sie insolvent wird. Zumindest bis zur jüngsten Bankenkrise war die Kapitalausstattung der Banken tatsächlich nicht viel üppiger als in unserem Beispiel.

Tabelle 2.3 zeigt die Bilanz der Zentralbank. Diese hält die Reserve der Bank als Einlage in Verwahrung und hat der Bank in diesem Umfang einen Kredit gegeben. Im Gegensatz zu der Lehrbuchdarstellung, die nicht weiter darauf einging, wie der erste Einleger zu dem bei der Bank deponierten Bargeld gekommen war, sehen wir hier, dass sich die Bank das Außengeld über einen Kredit bei der Zentralbank beschafft hat.

Aktiva	Passiva
99 K	95 D
1 R	1 ZBC
	4 EK
100	100

Tabelle 2.2 Bankbilanz in der Ausgangssituation

Aktiva	Passiva
1 ZBC	1 R
1	1

Tabelle 2.3 Zentralbankbilanz in der Ausgangssituation

Nun vergibt unsere Bank einen Kredit über 10 Geldeinheiten, die wir in Tabelle 2.4 unter den schon vergebenen Kredit über 99 Einheiten eintragen, sobald der Kreditvertrag unterschrieben ist. Diese 10 Einheiten schreibt die Bank dem Kunden auf seinem Girokonto gut. Damit hat die Bank aus eigenem Antrieb und ohne einen Anstoß von außen in Form einer Einlage von Außengeld das Innengeld um 10 Einheiten vermehrt. Nun hat sie Kredite in Höhe von 109 Geldeinheiten ausstehen und hält dafür Einlagen in Höhe von 105 Einheiten.

Dafür erscheint die Reserve von 1 Einheit allerdings zu gering. Schließlich schreibt die EZB unserer Bank ja vor, dass sie 1 Prozent der Einlagen als Reserve in Form von Außengeld hinterlegen soll. Ein Prozent von 105 sind 1,05, gerundet also 1,1 Geldeinheiten. Deshalb leiht sich die Bank nun von der Zentralbank 0,1 Geldeinheiten Außengeld und deponiert diese wieder auf ihrem Konto bei der Zentralbank. Wie in Tabelle 2.5 gezeigt, erhöhen sich nun die Bestände und Schulden der Bank in Außengeld auf 1,1 Geldeinheiten. Ihre Bilanzsumme steigt auf 110,1 Geldeinheiten. Entsprechend erhöhen sich die Forderungen und Verpflichtungen der Zentralbank um 0,1 Geldeinheiten auf insgesamt 1,1 Einheiten, wie in Tabelle 2.6 gezeigt.

Aktiva	Passiva
99 K	95 D
10 K	**10 D**
1 R	1 ZBC
	4 EK
110	110

Tabelle 2.4 Bankbilanz bei Kreditvergabe

Aktiva	Passiva
99 K	95 D
10 K	**10 D**
1,1 R	**1,1 ZBC**
	4 EK
110,1	110,1

Tabelle 2.5 Bankbilanz nach abgeschlossener Kreditvergabe

Aktiva	Passiva
1 ZBC	1 R
0,1 ZBC	0,1 R
1,1	1,1

Tabelle 2.6 Zentralbankbilanz nach abgeschlossener Kreditvergabe

In der Wirklichkeit entspricht der zeitliche Ablauf bei der Schaffung von Einlagen und der Unterlegung mit Reserven ziemlich genau unserem Beispiel. Am Ende eines Monats stellt die EZB die Höhe der reservepflichtigen Einlagen bei den Banken fest und berechnet mittels des Reservesatzes die notwendige Reservehaltung. Zu Beginn des übernächsten Monats beginnt die EZB dann, die Reservehaltung täglich abzufragen. Am Ende dieses Monats nimmt sie den Durchschnitt der täglichen Reservehaltung.

Die Bank hat ihre Pflicht zur Reservehaltung erfüllt, wenn dieser Durchschnitt der notwendigen Reservehaltung entspricht. Auf die Mindestreserve zahlt die EZB Zins. Liegt die tatsächliche Reservehaltung darüber, bekommt die Bank auf die Überschussreserve keinen Zins. Die Bank hat dann aus Unachtsamkeit oder gewollt mehr Reserven als vorgeschrieben gehalten und die Möglichkeit zur Erzielung von Zinserträgen durch Ausleihungen der Überschussliquidität an andere Banken oder durch die Nutzung der Einlagenfazilität der EZB nicht voll ausgeschöpft. Liegt die Reservehaltung dagegen darunter, muss die Bank Strafzins bezahlen und bei wiederholten Verstößen mit ernsteren Sanktionen rechnen.

Nun spielen wir einmal den Fall durch, dass die Einleger einen Teil ihrer Einlagen gegen Bargeld eintauschen wollen. Bekommt unsere Bank ein Problem, wenn mehr als 1,1 Geldeinheiten, die als Reserve bei der Zentralbank vorgehalten werden, in bar abgehoben werden? Keineswegs. Die Bank leiht sich einfach das Bargeld von der Zentralbank in der gewünschten Höhe. Peinlich wird es nur dann, wenn die Geldtransporter im Verkehr steckenbleiben und den Geldautomaten das Bargeld ausgeht. Deshalb halten Banken in Wirklichkeit natürlich Vorräte an Bargeld.

Schauen wir uns die Buchungen für den Fall, dass 5 Geldeinheiten in bar abgehoben werden, in den Tabellen 2.7 bis 2.9 näher an (und vernachlässigen mal den Bargeldvorrat). Im ersten Schritt leiht sich die Bank

5 Geldeinheiten Bargeld (BR) über einen Kredit der Zentralbank (ZBC) (Tabelle 2.7). Entsprechend weitet sich die Bilanz der Zentralbank aus (siehe Tabelle 2.8). Dann tauschen die Kunden 5 Geldeinheiten ihrer Einlagen in Bargeld, sodass auf der Aktivseite der Bank der Bargeldbestand wieder verschwindet und auf der Passivseite die Einlagen um 5 Einheiten fallen (siehe Tabelle 2.9).

Aktiva	Passiva
99 K	95 D
10 K	10 D
1,1 R	1,1 ZBC
5 BR	**5 ZBC**
	4 EK
115,1	115,1

Tabelle 2.7 Bankbilanz vor der Abhebung von Bargeld

Aktiva	Passiva
1 ZBC	1 R
0,1 ZBC	0,1 R
5 ZBC	**5 BR**
6,1	6,1

Tabelle 2.8 Zentralbankbilanz

Aktiva	Passiva
99 K	**90 D**
10 K	10 D
1,1 R	1,1 ZBC
0 BR	**5 ZBC**
	4 EK
110,1	110,1

Tabelle 2.9 Bankbilanz nach der Abhebung von Bargeld

Halten wir also noch einmal fest: Der in den meisten Lehrbüchern dargestellte Geldschöpfungsprozess wird durch die Bereitstellung von Außengeld, in den Beispielen immer Bargeld, angestoßen. Sind die Parameter in Form von Höhe des Außengelds und Satz für die Reservehaltung einmal gesetzt, dann ist die Schöpfung von Innengeld durch die Banken, also die Schaffung von Einlagen, strikt begrenzt.

In Wirklichkeit schaffen die Banken aber Einlagen, indem sie Kredite vergeben. Erst dann borgen sie sich die notwendigen Reserven von der Zentralbank. Wollen die Kunden einen Teil ihrer Einlagen in Bargeld tauschen, borgen sich die Banken auch diese Form des Außengelds von der Zentralbank und geben es an die Kunden gegen eine Abbuchung bei ihrer Bankeinlage ab. Im Gegensatz zu dem Modell in den Lehrbüchern gibt es in der Realität keine strikte Begrenzung der Schöpfung von Geld. Innengeld, das heißt Einlagen, wird über die Kreditvergabe von Banken in Eigenregie produziert, während die Zentralbank das zur Haltung von Reserven und Befriedigung der Nachfrage nach Bargeld notwendige Außengeld entsprechend der Nachfrage der Banken bereitstellt. Dies wirft zwei Fragen auf: Wie produziert die Zentralbank Außengeld? Und sind den Banken bei der Produktion von Geld überhaupt keine Grenzen gesetzt?

Seit Richard Nixon im Jahr 1971 die Anbindung des US-Dollars an Gold mit dem von Franklin Delano Roosevelt im Jahr 1934 festgesetzten Preis von 35 US-Dollar pro Unze Gold gelöst hat, sind die Zentralbanken in der Produktion von Außengeld nicht länger an die vorhandenen Goldbestände gebunden. Wie aus der vorangegangenen Diskussion und insbesondere aus Tabelle 2.6 ersichtlich geworden ist, hängt die Schaffung von Außengeld, für das die Bezeichnung Zentralbankgeld gebräuchlich ist, von der Kreditgewährung der Banken ab. Für jede Summe an vergebenen Krediten und den damit geschaffenen Einlagen wird eine dem Reservesatz entsprechende Menge Zentralbankgeld erzeugt. Die Erzeugung erhöht sich, wenn die Bankkunden ihre Einlagen gegen Bargeld tauschen.

Um die Qualität des Zentralbankgelds zu sichern, vergibt die Zentralbank jedoch nicht die zum Erwerb der Reserven notwendigen Kredite einfach so an die Banken, sondern verlangt, dass die Banken die Zentralbankdarlehen mit den von ihnen über Wertpapierkäufe vergebenen Krediten absichern. Dabei müssen die verpfändeten Wertpapierkredite bestimmten Qualitätsanforderungen der Zentralbank genügen. Schaffen die Banken es nicht, Wertpapierkredite zu vergeben, die diesen Qualitätsanforderungen entsprechen, bekommen sie auch keinen Kredit von der Zentralbank zur Reservehaltung. Da sie aber zur Reservehaltung verpflichtet sind, können sie nur Wertpapierkredite vergeben, die von der Zentralbank als Sicherheit für die Finanzierung der Reservehaltung akzeptiert werden. Dies soll der Abenteuerlust der Banken Grenzen setzen.[27]

Damit ist die Antwort auf die zweite Frage aber bei Weitem nicht vollständig. Qualitätsanforderungen der Zentralbank an die von den Banken vergebenen Kredite spielen eine Rolle, sind aber nicht das eigentliche Instrument, um die Kreditvergabe der Banken einzuschränken. Dazu bedient sich die Zentralbank heute des Zinssatzes auf ihre Kredite an die Banken. Dieser Zins ist nicht nur wichtig, weil sich die Banken zu ihm Zentralbankgeld leihen müssen, um ihre Verpflichtung zur Reservehaltung zu erfüllen. Er hat auch einen sehr starken Einfluss auf den Zins, den sich die Banken untereinander für Kredite berechnen. Kredite zwischen Banken sind enorm bedeutsam, weil Einlagen, die von einer Bank über die Kreditvergabe geschaffen wurden, an eine andere Bank abfließen können. Dann muss sich die erste Bank diesen Betrag wieder von der zweiten zurückborgen. Schauen wir uns dies anhand der Tabellen 2.10 bis 2.13 etwas genauer an.[28]

In Tabelle 2.10 fließt die von der Unternehmerbank durch einen Kredit geschaffene Einlage ab und beschert der Bank ein Ungleichgewicht in ihrer Bilanz. Sie hat einen Kreditüberschuss oder Finanzierungsdefizit. In Tabelle 2.11 fließt die Einlage durch Überweisung der Kunden der Arbeitnehmerbank zu. Sie hat nun einen Einlagenüberschuss oder ein Kreditdefizit. Gleichgewicht wird wiederhergestellt, wenn die Arbeitnehmerbank der Unternehmerbank die Einlage in Form eines Interbankkredits (IBC) wieder zurückleiht.

Aktiva	Passiva
99 K	95 D
10 K	**10 D fließen ab**
1,1 R	1,1 ZBC
	4 EK
110,1	100,1

Tabelle 2.10 Unternehmerbank vergibt Kredit und verliert Einlage

Aktiva	Passiva
99 K	95 D
	10 D fließen zu
1,1 R	1,1 ZBC
	4 EK
100,1	110,1

Tabelle 2.11 Arbeitnehmerbank gewinnt Einlage

Aktiva	Passiva
99 K	95 D
10 K	**10 IBC**
1,1 R	1,1 ZBC
	4 EK
110,1	110,1

Tabelle 2.12 Unternehmerbank erhält Kredit von Arbeitnehmerbank

Aktiva	Passiva
99 K	95 D
10 IBC	**10 D**
1,1 R	1,1 ZBC
	4 EK
110,1	110,1

Tabelle 2.13 Arbeitnehmerbank vergibt Kredit an Unternehmerbank

Solange wir es nur mit zwei Banken zu tun haben, können Finanzierungs-(Einlagen-)defizite und -überschüsse schnell und unbürokratisch beseitigt werden. Man kann sich ja kurz anrufen und den Kredit unter Kollegen am Telefon vereinbaren. Kompliziert wird es, wenn viele Banken aktiv sind und der einzelne Bankmanager nicht gleich weiß, wohin seine Einlage abgeflossen ist und wen er anrufen soll, um sie zurückzuleihen.

Zur Vermeidung dieses Problems ist ein Geldmarkt unter Banken entstanden, in den die Zentralbank eingebunden ist. Sollten sich die richtigen Partner nicht finden, steht die Zentralbank bereit, überschüssige Einlagen vorübergehend aufzunehmen und Finanzierungsdefizite mit

Zentralbankkredit auszugleichen. Die Zinssätze, zu denen die Zentralbank diese Geschäfte erledigt und zu denen sie den Bedarf der Banken zur Deckung ihrer Reserveverpflichtungen befriedigt, üben einen entscheidenden Einfluss auf die Sätze am Geldmarkt aus.

Ihren Einfluss auf die Geldmarktzinsen nutzt die Zentralbank, um die Kreditzinsen und damit die Kreditnachfrage zu beeinflussen. Wie ist es aber möglich, dass die sehr kurzfristigen Sätze am Geldmarkt die Zinsen für langfristige Kredite steuern können? Die Antwort ist einfach: Wie jede lange Wanderung aus vielen einzelnen Schritten besteht, kann auch jeder langfristige Zins in eine Abfolge kurzfristiger Zinsen zerlegt werden.

Hier ein Beispiel: Liegt der Zins für Termineinlagen mit einjähriger Laufzeit bei 0,5 Prozent und der Zins für Sechsmonatsgeld bei (aufs volle Jahr gerechnet) 0,3 Prozent, so beträgt der in sechs Monaten erwartete Zins für Sechsmonatsgeld rund 0,7 Prozent. Die Probe aufs Exempel ist einfach: Sechsmonatsgeld einmal zu 0,3 Prozent und zum zweiten Mal zu 0,7 Prozent angelegt rentiert im Schnitt mit rund 0,5 Prozent aufs Jahr.

Die Reihe kann man nun weiter herunterbrechen. Wird zum Beispiel heute für Dreimonatsgeld 0,2 Prozent bezahlt, so muss der Satz für Dreimonatsgeld in drei Monaten bei 0,4 Prozent liegen, um mit einem Satz von 0,3 Prozent für Sechsmonatsgeld konsistent zu sein. Danach gilt ein Satz für Sechsmonatsgeld von 0,7 Prozent, der mit Sätzen für Dreimonatsgeld von 0,6 und 0,8 Prozent übereinstimmt.

Wenn sich nun der Satz für Dreimonatsgeld mit den Leitzinsen der Zentralbank für den Geldmarkt verändert, so ergibt sich für die beschriebene Zinsstruktur die Erwartung, dass die Zentralbank ihren Leitzins drei Mal um 0,2 Prozent erhöht. Eine Übersicht über den Zusammenhang der Zinsen in diesem Beispiel gibt Tabelle 2.14. Die Fristigkeit der Zinsen habe ich nur der Einfachheit halber auf zwölf Monate begrenzt. Es ist nicht schwer, die Reihe zu verlängern und die in langfristigen Zinsen enthaltenen Erwartungen für kurzfristige Zinsen auf Jahre hinaus zu berechnen.

Monats-anfang	Dreimonatszins	Sechsmonatszins	Zwölfmonatszins
Januar	0,2	0,3	0,5
April	0,4		
Juli	0,6	0,7	
Oktober	0,8		

Tabelle 2.14 Der Zusammenhang zwischen kurz- und längerfristigen Zinsen

Die Zentralbank kann nun die längerfristigen Kreditzinsen dadurch beeinflussen, dass sie den Geldmarktsatz unter Banken mit ihren eigenen Kredit- und Einlagenzinsen steuert und den Akteuren auf den Kreditmärkten bei der Bildung ihrer Erwartungen für künftige Zinsen für Zentralbankgeld hilft. Diese Hilfe kann darin bestehen, dass die Zentralbank genau erklärt, wie sie ihre Zinsen in Abhängigkeit von der Entwicklung der Wirtschaft setzt. Dann können die Akteure auf den Kreditmärkten aus ihren eigenen Wirtschaftsprognosen eine Prognose für den Zins für Zentralbankgeld ableiten und entsprechend die Zinsen für länger laufende Kredite bilden. Oder die Zentralbank kann ganz konkret beschreiben, wie sie selbst die Entwicklung ihrer Zinsen in der mittelfristigen Zukunft sieht.

Im ersten Fall ergibt sich der Kreditzins aus der Prognose der zukünftigen Zentralbankzinsen, die aus der Reaktionsfunktion der Zentralbank und einer Prognose der relevanten Wirtschaftsdaten abgeleitet wird, zuzüglich einer Risikoprämie für Fehleinschätzungen und einer Prämie für die längerfristige Bindung des ausgeliehenen Geldes. Im zweiten Fall bilden die Marktteilnehmer den Kreditzins direkt aus der künftigen Entwicklung des Zentralbankzinses nach Einschätzung der Zentralbank, wieder mit einer Risikoprämie dafür, dass die Zentralbank möglicherweise ihre Meinung über die künftige Zinsentwicklung ändert und einer Prämie für die längerfristige Bindung.

Haben sich die Zinsen für Kredite auf den Geldmärkten bis hin zu solchen mit ganz langen Laufzeiten gebildet, passt sich die Kreditnachfrage ihnen an. Wie wir aber eingangs gesehen haben, bestimmt die Kreditvergabe den Umfang der Einlagen. Die Antwort auf die zweite oben gestellte Frage ist also: Die Zentralbank setzt der Produktion von Einlagen durch die Banken dadurch Grenzen, dass sie über ihre Zinsen für Zentralbankgeld die Kreditnachfrage beeinflusst, aus der sich die Herstellung von Einlagen speist. Darüber hinaus kann sie auch die Anforderungen an die Qualität der Kredite verändern, die die Banken verpfänden müssen, um Zentralbankkredit zu erhalten.

Der Kreditzins, der durch die Zentralbank gesteuert wird, ist in unserem heutigen Geldsystem der wichtigste Faktor zur Bestimmung der Geldschöpfung durch die Banken. Daneben gibt es noch einige weitere Faktoren von geringerer Bedeutung. So halten die Banken Eigenkapital, um einen Puffer für mögliche Kreditausfälle zu haben. Erhöht die Bank diesen Puffer aus Angst vor Kreditausfällen oder weil sie durch die Regulierungsbehörde dazu gezwungen wird, so verringert dies ihre Möglichkeit, Kredit zu vergeben und Geld zu schöpfen.

Des Weiteren mag es der Bank riskant erscheinen, Abflüsse von Einlagen hinzunehmen und durch die Aufnahme kurzfristiger Kredite am Geldmarkt zu ersetzen. Dadurch entsteht eine Diskrepanz zwischen der längeren Laufzeit der Kredite und der kürzeren Fälligkeit der Finanzierung, die eine laufende Refinanzierung notwendig macht. Das birgt Risiken, weil sich die Bank nicht darauf verlassen kann, dass die Finanzierung auch immer möglich ist, und nicht weiß, zu welchen Zinsen sie sich refinanzieren kann.

Einlagen, die in der Regel länger bei der Bank verbleiben, mögen da sicherer erscheinen. Um aber Einlagen zu halten, muss die Bank einen attraktiven Zins bieten, was wiederum ihre Fähigkeit einschränkt, die Kreditnachfrage durch niedrige Zinsen zu stimulieren. Auch dadurch kann die Geldschöpfung gebremst werden. Schließlich ist es möglich, dass die Empfänger von ursprünglich mit Krediten geschaffenen Einlagen mit diesen Kredit zurückzahlen, sodass sich unterm Strich nichts an der Summe der ausstehenden Kredite und geschaffenen Einlagen ändert. Wie gesagt, diese Faktoren können die Geldschöpfung der Banken beeinflussen, sind aber im Gegensatz zu den Kreditzinsen dafür nicht wirklich entscheidend.[29]

Das Passivgeldsystem und der Kapitalmarkt

Bisher haben wir uns auf das klassische Kreditgeschäft der Banken beschränkt. Banken emittieren aber auch Anleihen für den Staat und für Unternehmen. Es leuchtet unmittelbar ein, dass sie damit ebenso wie mit Krediten Geld schöpfen können, wenn sie diese Papiere auf ihrer Bilanz halten. Der einzige Unterschied zum klassischen Kredit ist dann die Verpackung des Kredits als Anleihe. Was passiert aber, wenn die Banken die emittierten Anleihen nicht selbst behalten, sondern an Nichtbanken verkaufen?

Verfolgen wir das Geschehen Schritt für Schritt. Im ersten Schritt erwerben die Banken die Anleihe und schreiben dem Emittenten den Betrag auf seinem Konto gut. Wie im klassischen Kreditgeschäft wird dadurch Geld geschöpft. Der Emittent möchte das Geld nicht behalten, sondern ausgeben, um beispielsweise Investitionsgüter zu kaufen. Nun geht das Geld durch viele Hände, bis es schließlich zu einem Akteur kommt, der es spart, um Finanzvermögen zu bilden. Er wird nun das gesparte Geld dazu verwenden, der Bank die Anleihe abzukaufen. Die Bank erhält das Geld, das für sie eine Schuldverpflichtung darstellt, zurück und gibt dafür die Anleihe ab. Ihre Bilanz schrumpft wieder auf die Ausgangsposition zurück.

Wenn sie also die Anleihe platziert, statt sie selbst zu halten, findet keine Geldvermehrung statt. Am Ende hat der Sparer das aus seiner Sicht überschüssige Geld an den Emittenten geliehen und dafür die Anleihe als Kreditvertrag bekommen. Die Bank hat also zwischen Emittent und Anleger vermittelt, wie es sich die Lehrbücher vorstellen.

Eine Bank, die sich so verhält, betreibt jedoch nicht klassisches Kreditgeschäft, sondern klassisches Investmentbankgeschäft. Der Übergang ist fließend. Behält die Bank die Anleihe auf ihrer eigenen Bilanz, entspricht dies einem Kreditgeschäft und führt zu einer Steigerung der Innengeldmenge. Verkauft sie die Anleihe, wird das ursprünglich geschaffene Innengeld wieder vernichtet. Eine Ausweitung der Bilanz der Bank kann aber auch dadurch entstehen, dass die Bank immer mehr Anleihen mit wachsendem Volumen vermittelt. Dann übersteigt der Geldzufluss an die

Emittenten tendenziell den Geldrückfluss von den Anlegern, und Bilanz und Innengeldmenge wachsen.

Die oben beschriebene Produktion von Außen- und Innengeld ist abhängig von der Kreditvergabe der Banken. Was aber, wenn die Banken aus irgendwelchen Gründen auch bei niedrigen Zinsen keine Kredite vergeben oder bei hohen Zinsen einfach nicht aufhören wollen? In diesen Fällen kann die Zentralbank das Heft selbst in die Hand nehmen. Schaffen die Banken zu wenig Kredit aus eigenem Antrieb, kann sie Wertpapiere gegen von ihr geschaffenes neues Zentralbankgeld aufkaufen.

Üblicherweise kauft die Zentralbank nur Papiere höchster Qualität, was im Allgemeinen für Staatsanleihen gilt. Hat der Käufer selbst keine Banklizenz, dann wickelt eine Bank das Geschäft ab. Die Zentralbank gibt der Bank den Auftrag, die Anleihe für sie zu kaufen, und überweist ihr dafür Zentralbankgeld. Die Bank kauft nun die Anleihe, indem sie dem Verkäufer eine entsprechende Summe an Bankeinlagen gutschreibt. Die Anleihe selbst gibt sie an die Zentralbank weiter. Diese hat nun auf der Aktivseite ihrer Bilanz die Anleihe und auf der Passivseite das neu geschaffene Zentralbankgeld. Die Bank hat auf der Aktivseite ihrer Bilanz Zentralbankgeld und auf der Passivseite eine Einlage in gleicher Höhe. Der Verkäufer hat anstelle der Anleihe nun eine Bankeinlage. Die Außen- und Innengeldmengen sind um den gleichen Betrag gestiegen.

Allerdings wurde bei der Transaktion kein neuer Kredit an ein Unternehmen oder einen privaten Haushalt geschaffen, der zu zusätzlichen Investitionen und damit einem Anstieg der Wirtschaftsaktivität führen würde. Ob es dazu kommt, hängt davon ab, ob der Kauf der Anleihe durch die Zentralbank zu einem Anstieg der Preise für Anleihen und damit zu einem Rückgang der Kapitalmarktzinsen geführt hat. Ist dies der Fall, dann könnte der Verkäufer der Anleihe sein Bankdepot gegen die Anleihe eines Unternehmens eintauschen, das mit dem geliehenen Geld ein Investitionsvorhaben finanziert.[30] Aber sicher ist dies nicht.

Um sicherzugehen, dass das neu geschaffene Außen- und Innengeld auch in Umlauf kommt, kann die Zentralbank dem Staat die Anleihe direkt abkaufen. Beim Kauf schreibt sie dem Staat den Betrag auf seinem bei der

Zentralbank liegenden Konto gut. Der Staat verwandelt das Außengeld in Innengeld, wenn er von diesem Konto Beträge auf andere Bankkonten überweist, um beispielsweise Rechnungen zu bezahlen. Natürlich müssen die Banken, die die Überweisungen erhalten, für die aufgestockten Einlagen höhere Reserven halten, die sie wie oben beschrieben über Zentralbankkredite finanzieren können.

Eine solche Aktion der Zentralbank erhöht also ebenfalls das Innengeld und davon abgeleitet das Außengeld. Im Unterschied zu dem oben beschriebenen Fall kann die Zentralbank sicher sein, dass der Staat das Geld auch ausgibt. Allerdings handelt es sich dabei um eine direkte monetäre Finanzierung von Staatsausgaben. Aufgrund schlechter historischer Erfahrungen ist dies den meisten Zentralbanken verboten.

Sollte für den Geschmack der Zentralbank zu viel Innengeld im Umlauf, die Einlagen also zu hoch sein, kann die Zentralbank die Operation auch umkehren. Sie kann Wertpapiere des Staates verkaufen und von den Käufern Innengeld einsammeln und damit vernichten. Die Zentralbank gibt die Anleihe an eine Bank ab, die dafür mit Reservegeld bezahlt. Die Bank verkauft die Anleihe im zweiten Schritt und verringert die Bankeinlage des Käufers um den Kaufbetrag. Der Käufer hat auf der Aktivseite nun eine Anleihe statt einer Einlage stehen. Außen- und Innengeld sind um den gleichen Betrag gefallen.

Fazit

Halten wir am Ende dieses Kapitels fest: Geld entsteht durch die Kreditvergabe der Banken, die von der Zentralbank beeinflusst wird. Es handelt sich um eine öffentlich-private Partnerschaft zur Geldschöpfung, in der die Zentralbank die Aufgabe der Steuerung und die Banken die der Produktion innehaben. Unter außergewöhnlichen Umständen kann die Zentralbank auch mal selbst Hand an die Produktion – oder Verschrottung – von Geld anlegen.

Das von den Banken über die Kreditvergabe geschaffene Innengeld entspricht privatem Schuldgeld, ist also Passivgeld. Die Bank verpflichtet

sich, dieses Geld auf Verlangen jederzeit in Bargeld, also Zentralbankgeld, zu tauschen. Sie kann dieses Versprechen ohne große Bedenken
geben, denn die Zentralbank befriedigt die Nachfrage der Banken nach
Bargeld immer in vollem Umfang.

Obwohl Bargeld, das Teil der Zentralbankgeldmenge ist, keine direkte
Schuldverpflichtung wie das Innengeld der Banken darstellt, ist es Passivgeld. Die Zentralbank schafft es in Abhängigkeit von der Kredit- und
Geldschöpfung der Banken. Zentralbank und Banken bilden also eine
echte Symbiose: Die Banken schaffen privates Schuldgeld, das durch die
Deckung mit Zentralbankgeld bei Bedarf seinen offiziellen Charakter
bekommt.

Dafür versucht die Zentralbank durch Manipulation der Geldmarktsätze
und Beeinflussung der Kapitalmarktzinsen die Kreditvergabe und Geldschöpfung der Banken zu steuern. Was die Banken und die Zentralbank
bei der Geldproduktion noch alles zu beachten haben, wollen wir im
nächsten Kapitel diskutieren.

Kapitel 3: Was machen Banken?

In der öffentlichen Wahrnehmung dominiert die Vorstellung von den Banken als Vermittler zwischen Sparern und Investoren. Dabei wird die Kreditvergabe an private Haushalte und Unternehmen meist als das nützliche traditionelle Bankgeschäft gesehen, während die Aktivitäten der Banken auf den Kapitalmärkten argwöhnisch betrachtet werden. Deshalb haben Vorschläge, das »riskante Kapitalmarktgeschäft« vom »sicheren Kreditgeschäft« abzutrennen und möglicherweise in getrennte Unternehmen zu überführen, heute Konjunktur.

Wie wir aber im vorangegangenen Kapitel gesehen haben, spielen Banken die wesentliche Rolle bei der Schaffung von Geld, das durch die Vergabe von Krediten entsteht. Nimmt man dies zur Kenntnis, kommt man zu dem der öffentlichen Meinung entgegengesetzten Schluss: Das Kreditgeschäft ist riskant, weil mit ihm die Schaffung von Einlagen, oder anders gesagt, die Schöpfung von Giralgeld verbunden ist. Dagegen ist das Kapitalmarktgeschäft sicherer, weil es sich im Kern mit der Vermittlung zwischen Anlegern und Investoren befasst.

Das Missverständnis und die Folgen

Folgt man dem konventionellen Verständnis der Banken als Vermittler zwischen Sparern und Investoren, dann sieht man das Bankgeschäft fünf großen Risiken ausgesetzt:

1. Unstimmigkeit in der Dauer der Bindung von Mitteln bei den Krediten und den Einlagen verbunden mit geringen Zentralbankreserven kann zu Liquiditätsproblemen führen.
2. Ebenso kann ein zu hohes Defizit an Einlagen, das durch Interbankkredite ausgeglichen werden muss, zu Liquiditätsproblemen führen, wenn andere Banken die Finanzierung verweigern.
3. Geringes Eigenkapital relativ zu der Summe der vergebenen Kredite kann zu Insolvenz führen, wenn ein unerwartet hoher

Teil der vergebenen Kredite faul wird und abgeschrieben werden muss.

4. Ebenso können riskante Spekulationen auf den Kapitalmärkten zu Insolvenz führen, wenn sich der durch das Eigenkapital gegebene Puffer für Verluste als zu gering erweist.

5. Je ungleicher die Vergabe von Krediten und das Einsammeln von Einlagen unter den Banken verteilt ist, je mehr sich die Banken also zur Finanzierung eines Einlagendefizits auf den Interbank- oder Kapitalmarkt verlassen, desto größer ist die Gefahr der Ansteckung der Banken untereinander und damit das Risiko für das gesamte Banken- und Finanzsystem.

Diese fünf großen Risiken werden durch kleinere Risiken weiter gesteigert:

1. Je höher das Ziel für die Eigenkapitalrendite einer Bank gesetzt wird, desto geringer ist das Eigenkapital und desto höher sind die Verschuldung und damit das Insolvenzrisiko.

2. Je mehr die Vergütung der für Geschäftsentscheidungen verantwortlichen Bankmanager an den Aktienpreis und damit die Eigenkapitalrendite der Bank gekoppelt ist, desto riskanter sind die Aktivitäten der Bank und desto höher ist ihr Grad der Verschuldung.

Aus dieser Risikoanalyse wird dann eine Reihe von administrativen Eingriffen in das Bankgeschäft abgeleitet:

1. Den Banken wird auferlegt, zusätzlich zur vorgeschriebenen Reserve in Zentralbankgeld weitere liquide Mittel zu halten.

2. Die Anforderungen an die Eigenkapitalquote werden erhöht.

3. Das »sichere Kreditgeschäft« wird vom »riskanten Kapitalmarktgeschäft« abgetrennt und Banken werden verkleinert.

4. Die Abwicklung von Banken wird geregelt und ein Fonds zur Finanzierung von Abwicklungen eingerichtet, der in guten Zeiten von den Banken selbst aufgefüllt werden soll.

Die einzelnen Maßnahmen, die im Rahmen des als Basel III bekannten internationalen Abkommens für die Neuregulierung der Banken vereinbart wurden und in den kommenden Jahren regional oder national umgesetzt werden sollen, sowie die verschiedenen Vorschläge zur Trennung der Bankgeschäfte,[31] reflektieren die vier oben genannten Arten von Eingriffen in die Aktivitäten der Banken. Will man das Finanzsystem an den in der Finanzkrise aufgetretenen Bruchstellen verbessern ohne das System grundlegend zu verändern, erscheinen die vorgeschlagenen und schon ergriffenen Maßnahmen logisch. Fraglich ist allerdings, ob man dadurch das System nicht so verbiegt, dass es seine Aufgabe nicht mehr erfüllen kann. Es ist, als ob man einen Tiger als Hauskatze halten wollte. Gelingt die Operation, ist der Tiger nicht mehr Tiger, sondern zur Hauskatze geschrumpft. Misslingt sie, ist die nächste Katastrophe vorprogrammiert.

Schon die Große Depression in den frühen 30er-Jahren des letzten Jahrhunderts entfachte eine intensive Diskussion unter Ökonomen über die Rolle der Banken vor und in der Krise. Frank Knight, Professor an der Universität Chicago und einer der führenden Ökonomen dieser Zeit, sein Kollege Henry Simons und eine Gruppe weiterer Volkswirte, unter ihnen Irving Fisher, setzten sich kritisch mit der Praxis der Banken auseinander, mit Krediten Einlagen zu schaffen. Sie sahen eine Ursache der Instabilität des Banken- und Finanzsystems darin, dass die Banken Kredite und Einlagen weit über das Maß hinaus schaffen konnten, das damals durch den im Finanzsystem vorhandenen Goldbestand, der die Höhe des Bestands an Zentralbankgeld bestimmte, vorgegeben war.

Das Aufblähen von Kredit- und Innengeldmenge mit der Technik des fraktionalen Reservebankgeschäfts über ein langfristig gesundes Maß hinaus legte den Samen für die danach folgende Vernichtung. Der Ausfall von Krediten führte zur Verringerung von Innengeld und Preisdeflation. Der Rückgang der Preise führte zu einem Anstieg ausstehender Schulden in realen Größen bei gleichzeitigem Absturz von Produktion und Einkommen. Die daraus entstehende Spirale von Bankrotten, dem Fall wirtschaftlicher Aktivität und dem Verfall der Preise nannte Irving Fisher »Schuldendeflation«.

Die Ökonomen um Knight, Simons und Fisher schlugen daher im Januar 1933, kurz nach der Übernahme des Amts des Staatspräsidenten durch Franklin Delano Roosevelt, vor, als Präventivmaßnahme gegen zukünftige Krisen das System der fraktionalen Reservehaltung zu verbieten. Banken sollten Einlagen zu 100 Prozent durch Reserven bei der Zentralbank absichern. Dadurch, so die Überlegung, wäre es ihnen nicht mehr möglich, auf eigene Faust Kredit und Geld zu kreieren. Die Hoheit zur Schaffung von Geld würde dann ausschließlich bei der Zentralbank liegen, die diese zusammen mit der Regierung ausüben könnte.

Die Aufgabe von Banken wäre es, den bargeldlosen Zahlungsverkehr über die vollgedeckten Girokonten abzuwickeln und unter Aufsicht über Spareinlagen, die durch Überweisung aus den Girokonten gefüllt werden, Kredite zu finanzieren. Investment Trusts sollten von den Sparern Geld einsammeln und es der Wirtschaft in Form von Eigenkapital zur Verfügung stellen. Kredit und Geld würde nicht länger aus dem Nichts entstehen. Banken wären nur noch Mittler im Zahlungsverkehr und Vermittler zwischen Sparern und Investoren. Bevor eine Investition finanziert werden könnte, müssten Sparer auf Konsum verzichten und das gesparte Geld in ein Anlagekonto eines Investment Trusts oder eine Einlage einer Bank einzahlen, von dem es die Investoren gegen Gewinnbeteiligung an ihren Projekten oder Zins erlangen könnten.[32]

Die unter dem Namen Chicago Plan bekannte Idee wurde nie verwirklicht. Stattdessen entschied sich die Regierung Roosevelt, das Kredit- und Einlagengeschäft vom Kapitalmarktgeschäft zu trennen. Durch den Glass-Steagall Act vom 16. Juni 1933 entstanden so Kredit- und Investmentbanken, die unterschiedliche Geschäftsmodelle verfolgen sollten. Die fraktionale Reservehaltung der Kreditbanken wurde nicht abgeschafft, aber ihre potenziell desaströsen Wirkungen sollten durch die Errichtung einer staatlichen Einlagenversicherung, der Federal Deposit Insurance Corporation, eliminiert werden.

Im Fall von Bankzusammenbrüchen wegen hoher Kreditabschreibungen sollten die Einlagen nicht vernichtet, sondern durch die Einlagenversicherung ersetzt werden. Dadurch sollte die von Fisher beschriebene Schuldendeflation in Zukunft vermieden werden. Die Investmentbanken sollten auf den Kapitalmärkten Anleger und Investoren zusammenbringen. Da die Anleger Informationen über die Investoren brauchten, denen sie ihre Ersparnisse in Form von Anleihen anvertrauten, wurden die heute noch bekannten Ratingagenturen für Anleihen gegründet. Anleger sollten aber das Risiko ihrer Anlage selbst tragen. Eine Anlageversicherung stand für diese Institute nicht zur Diskussion. Da die Investmentbanken keine Einlagen annehmen oder Kredite vergeben würden, sondern nur als Vermittler tätig sein sollten, wurde ihnen auch kein Zugang zu den Kreditfazilitäten der Zentralbank gewährt.

Statt für den Systemwechsel, wie ihn Knight, Simons und Fisher gefordert hatten, entschied sich die Regierung Roosevelt also zur Zähmung des Systems der fraktionalen Reservehaltung. Mit der Federal Reserve als Kreditgeber der letzten Instanz in Liquiditätskrisen und der Federal Deposit Insurance Corporation als Auffangbecken bei Insolvenz sollten die über Kreditvergabe der Banken erzeugten Einlagen sicher gemacht werden. Um eine dynamische Versorgung der Unternehmen mit Kredit und Eigenkapital sicherzustellen, wurde das gezähmte System der fraktionalen Reservehaltung durch auf dem Kapitalmarkt tätige Investmentbanken ergänzt.

Die Reaktion heute auf die Finanzkrise von 2008/2009 ist der der 1930er-Jahre nicht unähnlich. Das System der fraktionalen Reservehaltung wird nur von einigen akademischen Außenseitern infrage gestellt. Politik, Wissenschaft und Publizistik konzentrieren sich auf die Zähmung des Systems. Nicht unbedeutend ist dabei der Umstand, dass diese Kreise kein grundlegendes Problem im System der fraktionalen Reservehaltung erkennen können, da sie von der traditionellen Vorstellung von Banken als Vermittler zwischen Einlegern und Investoren ausgehen, wie wir sie in Kapital 2 beschrieben haben, und die Gefahr einer unkontrollierbaren Vermehrung von Einlagen durch die Kreditschöpfung des Bankensektors nicht sehen.

Deutlich wird der perspektivische Unterschied zwischen Kritikern *des* Systems und Kritikern *am* System bei der Frage, ob und wie hoch Kredite der Banken mit Eigenkapital unterlegt werden sollen. In ihrem viel beachteten Buch mit dem Titel *Des Bankers neue Kleider* fordern Adnat Admati und Martin Hellwig eine deutliche Erhöhung der Eigenkapitalquote von den in Basel III angestrebten maximal 10,5 Prozent auf 30 Prozent.[33] Aufgrund eines eher kursorischen Rückblicks in das 19. und frühe 20. Jahrhundert halten sie 30 Prozent für besser als 10 Prozent oder gar darunter. Weniger als auf die genaue Zahl kommt es ihnen darauf an, dass eine Erhöhung der Eigenkapitalquote nicht mit einer Verteuerung der Kreditkosten für die Kreditnehmer der Realwirtschaft, also den Unternehmen und den privaten Haushalten verbunden ist.

Zur Untermauerung dieser These verwiesen sie auf das von Miller und Modigliani aufgestellte Theorem der konstanten Kapitalkosten. Danach bleibt der gewichtete Durchschnitt der Kapitalkosten einer Unternehmung auch dann konstant, wenn diese die Eigenkapitalquote senkt und mehr billiges Fremdkapital zur Finanzierung der Aktivposten ihrer Bilanz heranzieht. Der Grund dafür ist, dass die vom Markt geforderte Risikoprämie auf Eigenkapital mit zunehmender Verschuldung ansteigt. In dem Umfang, in dem also der Anteil des billigeren Fremdkapitals an der Unternehmensfinanzierung steigt, erhöht sich auch die von den Aktionären geforderte Rendite auf das Eigenkapital, sodass sich am gewichteten Durchschnitt aus Fremd- und Eigenkapitalkosten nichts ändert. Wenn dem so sei, so die Autoren des Buchs, dann ist es nur der Gier der Banker zuzuschreiben, dass sie den Verschuldungsgrad der von ihnen geführten Banken so hoch schrauben. Die hohe Eigenkapitalrendite steigert den Aktienpreis, an den ihre Vergütung gekoppelt ist, während die dafür eingegangenen Risiken auf die Allgemeinheit abgewälzt werden.

Das Argument der Autoren ist nachvollziehbar, wenn man die wesentliche Aufgabe der Banken in der Vergabe von Krediten sieht. Dann fragt man sich, inwieweit die vergebenen Kredite mit Einlagen und Eigenkapital finanziert werden sollen. Der Mix wird ungesund, wenn die Gemeinschaft den Einlegern das Ausfallrisiko abnimmt, denn dann haben die Bankmanager keine Mühe, ihre Geschäfte mit einem sehr hohen Anteil von Einlagen zu finanzieren. Den Einlegern ist es egal, wenn das Risiko eines Bankrotts der Bank durch eine hohe Verschuldungsquote steigt. Sie sind ja versichert. Gehen die Geschäfte schief, braucht es sie nicht zu bekümmern, denn sie werden vom Staat vor möglichen Verlusten bewahrt.

Die Aktionäre mögen zwar ihr investiertes Kapital verlieren, aber dies ist für Bankmanager nicht notwendigerweise eine Katastrophe. Wenn der Staat das Institut mit öffentlichen Geldern rekapitalisiert, werden sie wahrscheinlich nicht einmal ihre Stellung verlieren. Man kann schwerlich auf die Leute verzichten, die die Geschäfte der Bank bis in alle Einzelheiten verstehen. Daher stehen die Chancen für die Bankmanager nicht schlecht, dafür bezahlt zu werden, die Probleme zu beheben, die sie zuvor verursacht haben. Vielleicht wird das Gehalt nicht mehr so hoch wie vorher sein. Aber sie haben natürlich die ihnen in der Vergangenheit, in besseren Zeiten, als Bonus zugeteilten Aktien längst verkauft und in sicheres Bargeld umgewandelt, sodass sie eine Gehaltskürzung gut verkraften können. Was also liegt angesichts dieser Umstände näher, als den Banken eine höhere Eigenkapitalquote vorzuschreiben und die Boni zu deckeln, insbesondere, wenn sich dadurch nicht einmal die Kreditkosten für die Realwirtschaft verteuern? Jeder, der dies fordert, kann sich des Beifalls des Publikums gewiss sein.

Übersehen wird dabei allerdings, dass eine höhere Eigenkapitalquote das System nur ändert, aber nicht abschafft. Obwohl sich die Verfechter einer solchen Maßnahme, wie Anat Admati und Martin Hellwig, als Kritiker der Banken verstehen, verteidigen sie in Wirklichkeit doch nur das Privileg der privaten Geldschöpfung der Banken und den damit verbundenen Gewinn, die Seigniorage. Bei höherer Eigenkapitalquote fällt dieser Gewinn geringer aus, aber er bleibt dennoch erhalten. Eigentlich sollten die Banker diesen Kritikern dankbar sein, dass es ihnen nur um eine Verringerung der Seigniorage und nicht um deren Abschaffung geht.

Keine Frage, in den Zeiten des Kreditbooms haben sich viele Banker Exzesse geleistet und damit die Verachtung verdient, die ihnen jetzt entgegengebracht wird. Aber waren es wirklich nur Staatsgarantien und die Gier der Banker, die die Eigenkapitalquote im Bankensektor über die Zeit nach unten gedrückt haben? Das ist zwar für die Mehrheit der Leute einleuchtend, geht aber am wirklichen Problem vorbei.

Wenn wir die irreführende Vorstellung von der Rolle der Banken als reine Vermittler zwischen Sparern und Investoren ablegen und sehen, dass die Banken durch die Vergabe von Krediten Einlagen produzieren, also Geld schöpfen, wird klar, dass es systemische Gründe für die hohe Fremdverschuldung der Banken gibt. Das soll nicht heißen, dass Gier keine Rolle spielte, sondern dass sie nicht der entscheidende Faktor war. Sie war die

unappetitliche Begleiterscheinung eines systemischen Fehlers, die diesen
Fehler in der öffentlichen Wahrnehmung nun zu verdecken droht. Gehen
wir die Beweiskette für diese Behauptung Punkt für Punkt durch.

Erstens: Die eigentliche Aufgabe von Banken ist nicht die Vergabe von
Krediten, sondern das Angebot von Giralgeld, also Einlagen. Kredite
können auch von Investmentfonds vergeben werden. Diese können Unternehmensanleihen oder sekuritisierte Kredite kaufen und den Kauf mit
der Ausgabe von Fondsanteilen finanzieren. Investmentfonds schaffen
kein eigenes Geld, sondern erwerben von den Banken geschaffenes Geld
gegen die Ausgabe von Anteilen und geben es an die Nachfrager nach Ei-
gen- oder Fremdkapital gegen Aktien oder Anleihen weiter. Der Preis der
Anteile schwankt mit dem Wert der Anlagen und ist nicht im Verhältnis
$1:1$ an Zentralbankgeld gekoppelt. Investmentfonds sind die wirklichen
Vermittler zwischen Sparern und Investoren.

Zweitens: Je niedriger die Eigenkapitalquote einer Bank ist, desto effizienter ist ihre Produktion von Einlagen. Um diesen Punkt zu verstehen ist
es hilfreich, sich die Zerlegung der Eigenkapitalrendite eines Unternehmens nach der altehrwürdigen Dupont-Formel in Erinnerung zu rufen.[34]
Demnach kann die Eigenkapitalrendite (Gewinn ÷ Eigenkapital) eines
Unternehmens folgendermaßen erklärt werden:

$$\textbf{Gewinn} \div \textbf{Eigenkapital} = \textbf{(Gewinn} \div \textbf{Umsatz)} \times \textbf{(Umsatz} \div \textbf{Kapital)} \times \textbf{(Kapital} \div \textbf{Eigenkapital)}$$

Der erste Ausdruck in Klammern auf der rechten Seite der Gleichung
misst die Profitmarge des Unternehmens. Der zweite Ausdruck ist ein
Maß für die operationale Effizienz des Unternehmens und gibt an, wie
viel Umsatz mit einer Einheit Kapital erzielt werden kann. Schließlich ist
der dritte Ausdruck der Kehrwert der Eigenkapitalquote und misst den
Verschuldungsgrad des Unternehmens.

Ein Unternehmen der Realwirtschaft hat laut der Formel drei Möglichkeiten, seine Eigenkapitalrendite und damit seinen Aktienpreis zu steigern. Erstens kann es seine Profitmarge erhöhen, indem es zum Beispiel
seine Produkte so attraktiv gestaltet, dass sie einen höheren Preis am

Markt erzielen. Zweitens kann es seine operationale Effizient erhöhen, indem es bei gegebenem Kapitalstock mehr absetzt. Drittens kann es seine Verschuldung erhöhen. Da die Erhöhung der Verschuldung auch das finanzielle Risiko vermehrt, versuchen die meisten Unternehmen, ihre Eigenkapitalrendite über die Profitmarge und operationale Effizienz zu steigern. Vielen reicht dies auch und sie entschließen sich, ganz ohne Verschuldung auszukommen.

Nun wenden wir diese Formel auf Banken an, die keine Produkte, sondern Einlagen anbieten. Es gilt:

Gewinn ÷ Eigenkapital = Gewinn ÷ Einlagen × Einlagen ÷ Kapital × Kapital ÷ Eigenkapital

Da Einlagen recht homogene Produkte sind, kann eine Bank nur schwer ihre Eigenkapitalrendite steigern, indem sie die Profitmarge erhöht. Sie kann aber ihre operationale Effizienz anheben, indem sie für eine gegebene Kapitalausstattung mehr Einlagen produziert. Steigt die operationale Effizienz, dann erhöht sich aber auch die Verschuldung. Nun könnte man sagen, die Banken sollten sich doch mit einer niedrigeren Eigenkapitalrendite zufriedengeben, wenn dadurch das Geschäft sicherer wird. Banken stehen aber mit anderen Unternehmen im Wettbewerb um Eigenkapital und müssen ihre Eigenkapitalrendite an derjenigen der Konkurrenz ausrichten. Je härter diese ist, desto größer der Druck auf die Banken, ihre Eigenkapitalrendite zu erhöhen, indem sie die operationale Effizienz steigern.

Dabei erweist sich der Anstieg der Verschuldung als eine Art Turbobeschleuniger. Die höhere Verschuldung verstärkt die Effekte einer erhöhten operationalen Effizienz, aber sie ist nicht notwendigerweise ein eigenständiges Ziel. Wenn es die Aufgabe von Banken ist, Einlagen über Kreditvergabe zu schaffen, dann ist die damit verbundene Verschuldung durch das System bedingt und nicht ausschließlich der Gier der Bankmanager geschuldet.

Der skeptische Leser kann hier eine Gegenprobe anstellen: Wenn das Theorem der konstanten Kapitalkosten auf die Banken angewendet werden kann, dann muss es den Banken freistehen können, ihre Kredite in einem beliebigen Verhältnis von Eigen- zu Fremdkapital zu finanzieren. Wenn die Banken aber die Finanzierung ausschließlich durch Eigenkapital wählen würden, wie es viele Unternehmen der Realwirtschaft tun, dann könnten sie keine Einlagen mehr produzieren und würden aufhören, Banken zu sein. Wir müssten dann von Investmentfonds sprechen.

Verschuldung liegt also im System der fraktionalen Reservehaltung im Wesen von Banken. Man kann ihnen die Verschuldung begrenzen oder gar verbieten, aber dann verändert man ihr Wesen oder schafft sie gleich ganz ab. Aber darum geht es den Kritikern ja gar nicht. Sie wollen die Banken nur ein bisschen zähmen, ihnen aber das Privileg der Geldschöpfung und den damit verbundenen Gewinn lassen. Wohl dem, der solche Kritiker hat.

Aus gesamtwirtschaftlicher Sicht stellt sich die Frage, ob es einen Sinn hat, durch Regulierung einen höheren Einsatz von Kapital zur Produktion von Geld (als Bankeinlagen) zu erzwingen. Kapital muss durch Ersparnis aufgebaut werden. Wenn man die Banken zwingt, ihr Eigenkapital zu erhöhen, so heißt dies, dass man Ersparnisse zu diesem Zweck in den Bankensektor umlenkt. Dies kann dadurch geschehen, dass die Banken Dividendenzahlungen an ihre Aktionäre einbehalten, oder dass sie mit anderen Unternehmen auf dem Aktienmarkt um Sparkapital konkurrieren. Ersparnisse, die im Bankensektor gebunden sind, stehen anderen Industrien nicht zur Verfügung.

Wenn die Produktion von Geld nicht anders als durch Kreditvergabe der Banken möglich wäre, dann wäre die Bindung eines höheren Anteils des gesamtwirtschaftlichen Kapitalstocks möglicherweise sinnvoll. Wie wir aber in Kapital 6 noch diskutieren werden, gibt es auch andere Techniken zur Produktion von Geld, die keinen Kapitaleinsatz erfordern. Sicherlich ist es besser, sich dieser Techniken zu bedienen, als volkswirtschaftliches Kapital zu binden, um Geld mit einer ineffizienten Technologie herzustellen.

Es kommt hinzu, dass eine höhere Kapitalausstattung der Banken zur Produktion von Geld das Bankensystem nicht wirklich sicher macht. Da in unserem System der fraktionalen Reservehaltung Geld als privates

Schuldgeld (oder »Kreditgeld«, wenn wir die Aktivseite der Bilanz betrachten) produziert wird, bleibt immer die Gefahr bestehen, dass dieses Geld seinen Wert verliert, weil die Schuldner, also die das Geld produzierenden Banken, zahlungsunfähig werden. Je höher man die Eigenkapitalquote bei der Geldproduktion ansetzt, desto geringer ist natürlich dieses Risiko, aber desto ineffizienter ist auch die Produktion von Geld.

Das Problem erinnert an die Produktion von Elektrizität mit Kernenergie. Man kann durch zusätzlichen Kapitaleinsatz die Atomkraftwerke sicherer machen. Aber die Wahrscheinlichkeit einer Kernschmelze mit fatalen Folgen lässt sich bei dieser Technik nie auf null reduzieren. Angesichts der unkalkulierbaren hohen Schäden, die durch einen Atomunfall verursacht werden können, bleibt der erwartete Verlust, der sich aus der Multiplikation der Wahrscheinlichkeit eines Unfalls mit dem dann entstehenden Schaden ergibt, unendlich. Denn wenn die maximale Schadenshöhe wegen der Unmöglichkeit der Kalkulation mit unendlich angesetzt wird, dann reicht auch noch die kleinste positive Wahrscheinlichkeit für einen Unfall, dass das Ergebnis der Multiplikation im Unendlichen liegt.

Aus diesem Grund können Atomkraftwerke auch nicht privat versichert werden.[35] Es gibt keine private Versicherung, die einen erwarteten Verlust von unendlichem Umfang absichern kann. Auch deshalb ist die Atomindustrie ganz vom Einverständnis des Staates mit ihren Aktivitäten und der Deckung der mit ihnen verbundenen Risiken durch den Staat abhängig. Auf die Bankenindustrie bezogen gilt ebenfalls, dass zur Absicherung der Restrisiken der Geldproduktion mit dem System der fraktionalen Reservehaltung der Staat mit einem Kreditgeber der letzten Instanz in Form der Zentralbank und mit einer durch den Steuerzahler gedeckten Rückversicherung von privaten Einlagenversicherungen bereitstehen muss.

Die Komplizenschaft der modernen Finanztheorie

Bei der Produktion von Geld durch Kreditvergabe kann der Druck zur Erhöhung der operationalen Effizienz vor den Steuerzahlern natürlich nicht eine Verschuldung rechtfertigen, die die Bank auch mit nur geringer Wahrscheinlichkeit in eine Schieflage bringen kann. Wie beim Flugverkehr wird auch da von den Profis erwartet: Sicherheit vor Pünktlichkeit. Wenn dadurch die Eigenkapitalrendite unattraktiv für Investoren würde, dann wäre das eben nicht zu ändern. Könnte die Bank deshalb kein Eigenkapital am Markt aufnehmen, dann müsste sie sich aus dem Geschäft der Produktion von Einlagen zurückziehen.

Private Banken würden das Feld öffentlichen Banken überlassen, die sich eine geringere Eigenkapitalrendite leisten können. Es war deshalb eine Rechtfertigung notwendig, um die Eigenkapitalquote privater Banken auf die vor Beginn der Finanzkrise zu beobachtenden Tiefstände bringen zu können. Gott sei Dank gab es da die moderne Finanztheorie. Die moderne Finanztheorie entwickelte scheinbar immer effektivere Modelle zur Risikosteuerung, die es den Bankmanagern erlauben sollten, gefahrlos ihren Risikopuffer in Form von Eigenkapital zu verringern. Diese Modelle erwiesen sich jedoch als völlig fehlerhaft.

Den Grundstein für die sogenannte Moderne Portfoliotheorie legte Harry Markowitz in einem 1957 erschienenen Artikel.[36] Dort zeigte er, wie man die Preisschwankungen eines Portfolios durch die Wahl von Wertpapieren, deren Preise negativ korreliert sind, verringern kann, ohne den Ertrag zu beeinträchtigen. Diese Idee legte den Grundstein für eine auf Mathematik und Statistik basierende Finanztheorie zur Bewertung von Finanzprodukten, Steuerung von Portfolios und eben auch zum Risikomanagement in Banken.

Zum Management der Risiken des Bankgeschäfts wurde von der Finanztheorie ein Modell mit dem Namen »Value at Risk« entwickelt. Anhand dieses Modells sollten die Bankmanager den mit einer minimalen Wahrscheinlichkeit eintretenden größten anzunehmenden Verlust nach Belieben und zu jeder Zeit abrufen können. Die hinter diesem Modell stehende Idee ist, dass die über einen bestimmten Zeitraum beobachteten Gewinnschwankungen einer Bank eine statistische Verteilung aufweisen, die mittels einer mathematischen Verteilungsfunktion beschrieben werden kann.

Am einfachsten und gebräuchlichsten ist die Annahme, dass diese Verteilung der von dem deutschen Mathematiker Gauss im 19. Jahrhundert entdeckten sogenannten Normalverteilung entspricht. Gauss fiel auf, dass die Körpergrößen von Menschen eine hohe Regelmäßigkeit aufweisen. Es gibt kaum erwachsene Menschen, die weniger als einen Meter groß sind. Ebenso gibt es kaum Menschen, die größer als 2,5 Meter sind. Und bestimmt gibt es keine Menschen, die weniger als 50 Zentimeter oder mehr als 4 Meter messen. Im Mittel sind Menschen so um die 1,7 Meter groß. Indem er die beobachtete Verteilung der Körpergrößen vieler Menschen in einer Tabelle eintrug, konnte Gauss eine Formel entwickeln, die diese Verteilung mathematisch beschrieb. Er nannte sie Normalverteilung.

Nimmt man nun an, dass die Gewinne einer Bank wie die Körpergrößen von Menschen »normal« verteilt sind, kann man den mit einer gewissen Wahrscheinlichkeit eintretenden Verlust errechnen. Man braucht dazu nur den Mittelwert und die Standardabweichung der über einen bestimmten Zeitraum gesammelten Daten über Gewinn und Verlust sammeln, und schon kann das Bankmanagement von den Risikomanagern zum Beispiel hören, dass ein über 10 Millionen Euro hinausgehender Verlust pro Tag eine Wahrscheinlichkeit von nur einem Prozent hat. Das Bankmanagement mag sich dadurch beruhigt fühlen, dass Verluste von mehr als 10 Millionen Euro an einem beliebigen Tag mit 99-prozentiger Sicherheit ausgeschlossen werden können.[37] Bei so viel Präzision in der Risikomessung ist es nur logisch, dass die Bankmanager in den zur Absorbierung für Verluste notwendigen Eigenkapitalpuffer keine unnötigen Reserven einbauen. Da aus ihrer Sicht Eigenkapital teurer ist als Fremdkapital, muss der Einsatz von Eigenkapital auf die mathematisch bestimmte absolute Notwendigkeit zurückgeführt werden.

Leider sind aber die aus diesem Modell folgenden Messwerte für das Risiko nur scheinbar präzise. Sie stimmen, wenn die zur Ermittlung der Gewinne bzw. Verluste gewählte Zeitspanne in der Vergangenheit absolut repräsentativ für die zukünftige Entwicklung ist und die erhobenen Daten wirklich normal verteilt sind. Nichts davon ist garantiert, ja nicht einmal wahrscheinlich. Die Mittelwerte und Standardabweichungen der über eine bestimmte Zeit entstandenen Reihen für Gewinn und Verlust sind keineswegs über alle Zeit fest. Sie sind historische Werte, aus denen sich keine Prognosen für die Zukunft ableiten lassen.

So kann sich zum Beispiel die Standardabweichung von Gewinnen mit dem Konjunkturzyklus stark verändern. Im Aufschwung steigen die Gewinne stetig und es gibt kaum Verluste, sodass die Standardabweichung des Betriebsergebnisses sinkt. Das Modell zeigt einen Rückgang des Risikos an, aus dem Manager schließen können, dass sie das als Risikopuffer dienende Eigenkapital weiter verringern können. Gerade am Höhepunkt des Konjunkturzyklus, wo die Wahrscheinlichkeit eines Abschwungs in Richtung 100 Prozent geht, kann die Standardabweichung des Betriebsergebnisses und damit das signalisierte Risiko am geringsten sein. Folgt die Mehrzahl der Banken den Signalen des Modells, werden gerade dann, wenn die Gefahr im Anmarsch ist, die Eigenkapitalpuffer am geringsten und daher das wirkliche Risiko für das Bankensystem am größten sein. Umgekehrt kann es sein, dass das Modell im Abschwung, wenn die Standardabweichung des Betriebsergebnisses größer wird, steigendes Risiko und daraus folgend die Notwendigkeit erhöhter Eigenkapitalpuffer anzeigt. Folgen alle Banken diesem Signal und verringern die Kreditvergabe, um ihre Eigenkapitalquoten zu stärken, kann der Abschwung dadurch verlängert werden und tiefer ausfallen.

Ein weiteres Problem ist, dass Gewinn und Verluste anders als »normal« verteilt sind. Im Gegensatz zu der Verteilung von menschlichen Körpergrößen mögen insbesondere sehr hohe Verluste nicht mit einer besonders geringen Wahrscheinlichkeit auftreten. Während wir die Existenz eines Menschen mit einer Körpergröße von vier Metern ausschließen und die Wahrscheinlichkeit, einem solchen Menschen zu begegnen, mit null ansetzen können, mag dies für entsprechend hohe Verluste nicht gelten.

Nehmen wir an, dass Gewinne und Verluste normal verteilt sind, mögen wir zum Schluss kommen, dass ein wirklich hoher Verlust kaum möglich ist. Stellt sich heraus, dass die Verteilung nicht normal ist, werden wir von diesem Verlust überrascht und haben vielleicht keine Vorsorge dafür getroffen. Natürlich haben die Statistiker nicht geruht und andere Verteilungen als die Normalverteilung für das Betriebsergebnis von Finanzinstituten ausprobiert und angewendet. Aber sie können nie sicher sein, dass sie die richtige Verteilung identifiziert haben. Wenn wir aber nicht wissen können, mit welchen Gesetzmäßigkeiten wir es zu tun haben, oder schlimmer noch, ob die Zahlenreihen, die wir analysieren, um damit Aussagen über die Zukunft zu treffen, überhaupt Gesetzmäßigkeiten unterliegen, dann können wir die mit unserem Geschäft verbundenen Risiken nicht quantifizieren.[38]

Schon im Jahr 1921 hat der amerikanische Ökonom Frank Knight, der später an der Universität von Chicago forschte und lehrte, zwischen Risiko und Unsicherheit unterschieden. Risiko können wir messen, Unsicherheit nicht. Wo die Gesetze der Wahrscheinlichkeitstheorie unbekannt sind, besteht Unsicherheit. Mit Unsicherheit kann aber die moderne Finanztheorie nicht umgehen. Sie blendet sie aus, weil sie dann nichts mehr sagen kann, und geht einfach davon aus, dass nur berechenbare Risiken existieren. Damit erwies sich aber die moderne Finanztheorie als Danaergeschenk für die Banken, die ihre Geschäfte unter Unsicherheit betreiben. Aus dem trojanischen Pferd dieser Theorie entsprang der wichtigste Anstoß, der zur Finanzkrise führte. Die von griechischen Buchstaben durchsetzten Formeln der modernen Finanztheorie geben der Warnung »Hüte dich vor Griechen mit Geschenken« einen aktuellen Sinn.

Aber die gefährliche Produktion von Geld in Form von Einlagen ist nicht nur auf die unter dem Namen »Banken« firmierenden Finanzinstitute beschränkt. Im Zuge des Aufschwungs der Finanzmärkte haben sich auch andere Institute diesem Geschäft gewidmet, die man seit der Finanzkrise Schattenbanken nennt. In die Klasse der Schattenbanken fallen Zweckgesellschaften (Structured Investment Vehicles, oder auch SIVs genannt), die sich Banken während des Kreditaufschwungs gebaut haben, um dort verbriefte Kredite abseits ihrer Bilanz unterzubringen.

Die Verbriefung insbesondere von US-amerikanischen Hypotheken auch minderer Qualität nahm in den 2000er-Jahren außerordentlich zu. Durch die Bündelung wenig korrelierter Hypotheken in eine neue Anleihe, Collateralized Mortgage Obligation genannt, sollte das mit den einzelnen Hypotheken verbundene Risiko reduziert werden, ohne dass darunter die Rendite leiden sollte. Auch diese Technik entstammt der modernen Portfoliotheorie und liefert die erwartete Veredelung wenig attraktiver Hypotheken dann und nur dann, wenn die Erträge dieser Instrumente auch tatsächlich wenig, gar nicht, oder (am besten) negativ miteinander korreliert sind.

Eine Bank, die viele Hypothekenkredite vergab, aber weder die Kredite noch die damit kreierten Einlagen auf ihrer Bilanz halten konnte oder wollte, verkaufte die Hypotheken an andere, die sie zu einem Wertpapier von angeblich höherer Qualität bündelten. Diese Wertpapiere wiederum konnten von Banken oder anderen Finanzinstituten aufgekauft werden, die mehr Einlagen als Kredite hatten, oder die bereit waren, sich auf dem Geld- oder Kapitalmarkt zu verschulden, um diese Instrumente zu erwerben. Um die Bilanz zu schonen und die einschlägigen Bilanzkennzahlen zu schönen, gründeten viele zum Zweck des Erwerbs von Hypothekenpapieren und deren Finanzierung über den Kapitalmarkt die eben erwähnten Zweckgesellschaften.

Nicht selten wurden diese Zweckgesellschaften dadurch finanziert, dass kurzfristige Anleihen ausgegeben wurden, die von Geldmarktfonds erworben werden konnten. Die Geldmarktfonds wiederum gaben vor, dass ihre Anteile so gut wie Bankeinlagen seien, also im Verhältnis 1 : 1 gegen Giral- oder Bargeld getauscht werden könnten. Auf diese Weise beteiligten sich eher dem Kapitalmarkt als den Banken zuzurechnende Institute, die nicht der für Banken üblichen Überwachung und Regulierung unterlagen, an der Kredit- und Geldschöpfung.

Da sie dies nicht offen taten, trifft die Bezeichnung Schattenbanken sehr gut auf sie zu. Nach Angaben des Investment Company Institute verfünffachten sich die weltweit in Geldmarktfonds gehaltenen Gelder zwischen Januar 1996 und Januar 2009. Danach fielen sie wieder etwas im Nachklang der Finanzkrise.[39] Äußerst wichtig für die Einschätzung der Anteile an Geldmarktfonds als Geld war für die Industrie, dass der Wert eines Anteils nie unter seinen Nennwert fallen durfte, der in den USA in der Regel einen US-Dollar betrug. Durch diesen Anspruch unterschieden sich die Geldmarktfonds fundamental von anderen Investmentfonds, deren Anteile entsprechend dem Wert ihrer Anlagen steigen und fallen. Sie nahmen den Charakter von Banken an. In den 37 Jahren bis zum September 2008 hatten nur drei Geldmarktfonds in den USA den Nennwert ihrer Anteile nicht halten können. Sie hatten, in der Sprache der Finanzindustrie, den »Buck« (damit ist der US-Dollar gemeint) gebrochen.

Nach der Pleite von Lehman Brothers im September 2008 kamen jedoch zahlreiche Geldmarktfonds, die ihre Einlagen in Hypothekenanleihen angelegt hatten, in Schwierigkeiten. Am 15. September 2008, einem Montag, erklärte Lehman den Bankrott. Am 16. September, dem folgenden Dienstag, musste der älteste Geldmarktfonds der USA, der Reserve Primary Fund, von Lehman ausgegebene Schuldtitel abschreiben, sodass der Wert seiner Anteile auf 97 Cents fiel. Damit aber war der »Buck« gebrochen und ein Run auf die Geldmarktfonds begann.

Wie bei klassischen »Bank Runs« in der Vergangenheit wollten viele Anleger auf einmal ihre Einlagen abziehen und Anteile zurückgeben. Da viele Fonds nicht genügend liquide Mittel hatten, mussten einige vorübergehend die Einlagen ihrer Kunden einfrieren und andere, die Banken gehörten, durch ihre Muttergesellschaft gestützt werden. Am 19. September kündigte das US-Finanzministerium deshalb ein Versicherungsprogramm für Geldmarktfonds an, das Anleger entschädigen würde, wenn der Wert ihres Anteils unter einen US-Dollar fiele. Diese Aktion hatte Ähnlichkeit mit der Gründung einer Einlagenversicherung durch die Federal Deposit Insurance Corporation im Jahr 1934. Allerdings bestand der Versicherungsschutz für Geldmarktfonds nur vorübergehend, da das Programm nach einem Jahr, am 18. September 2009, beendet wurde. Man hatte das Publikum fürs Erste beruhigt.

Wie eingangs beschrieben, setzen die Maßnahmen zur Erhöhung der Sicherheit des Bankensystems an den Stellschrauben des bestehenden Systems an. Banken sollen zur Haltung von mehr Eigenkapital und liquiden Anlagen verpflichtet werden, um Kreditausfälle und »Bank Runs« abfedern zu können. Die Boni der Banker sollen gekappt und ihre Auszahlung länger zurückgehalten werden, um den Risikoappetit der Banker zu zügeln.

Außerhalb der Bilanz stehende Zweckgesellschaften sollen verboten werden und das Publikum soll darüber aufgeklärt werden, dass der Wert von Anteilen an Geldmarktfonds wie der anderer Investmentfonds schwanken kann. Schließlich soll das angeblich riskantere Kapitalmarktgeschäft vom Kreditgeschäft irgendwie abgetrennt werden. Letzteres mutet seltsam an, hat doch unsere Diskussion bis hierher gezeigt, dass die Vergabe

von Krediten und die Produktion von Einlagen alles andere als risikolos
ist. Kann es sein, dass das Kreditgeschäft sogar noch riskanter als das
Kapitalmarktgeschäft ist und die Empfehlung einer Trennung dieser Geschäfte von völlig falschen Voraussetzungen ausgeht?

Warum Kapitalmarktgeschäfte weniger riskant sind

Nachdem wir nun das »klassische Bankgeschäft« eingehend diskutiert haben, schauen wir uns zum Vergleich das »Kapitalmarktgeschäft« etwas
näher an. Auf dem Kapitalmarkt werden Eigenkapitaltitel, also Aktien,
und Schuldverschreibungen, also Anleihen, ausgegeben und gehandelt.
Im Gegensatz zum Kreditgeschäft wird dabei kein Geld erzeugt. Nichtbanken, die auf dem Geldmarkt tätig sind und Geld erzeugen können,
also Geldmarktfonds, werden mit der Bezeichnung »Schattenbanken« folgerichtig dem Bankensektor zugeordnet.

Die auf dem Kapitalmarkt gehandelten Aktien und Anleihen können als
Grundlage für die Konstruktion von aus ihnen abgeleiteten Wertpapieren
genommen werden, den Derivaten. Meist bewegen sich die Preise von Derivaten überproportional zu den Preisen der ihnen unterliegenden Aktien
oder Anleihen. Je komplizierter die Konstruktion eines Derivats ist, desto
schwieriger ist es, seine Preisbewegung aus der Bewegung des ihm unterliegenden Werts abzuleiten. Viele Anleger und Beobachter halten Derivate
deshalb für gefährlich. Berühmt ist der Ausspruch der Investorenlegende
Warren Buffett, dass Derivate Massenvernichtungswaffen seien.

Daran stimmt, dass sie bei laienhafter Verwendung wegen ihrer überpro-
portionalen Preisveränderungen im Vergleich zu dem ihnen unterliegenden Finanztitel großen Schaden anrichten können. Aber gerade Warren
Buffett hat bewiesen, dass sie bei sachgemäßer Handhabung für den In-
vestor von großem Nutzen sein können. Wen dies alles nicht überzeugt,
der sollte sich in Erinnerung rufen, dass die Finanzgeschichte unzählige
Preisblasen bei Aktien, Anleihen oder Immobilien verzeichnet, aber keine
isolierte »Derivateblase« ohne eine entsprechende Entwicklung des unterliegenden Werts bekannt ist. Derivate können demnach als Verstärker der

Preisentwicklung der ihnen unterliegenden Werte wirken, können aber ohne diese kein Eigenleben entwickeln.

Banken und andere Finanzinstitute agieren auf den Kapitalmärkten als Vermittler zwischen Käufern und Verkäufern und als deren Berater. In ihrer Funktion als Vermittler können sie Käufer und Verkäufer direkt zusammenbringen, oder sie agieren als Drehscheibe, indem sie selbst kaufen und verkaufen. Im ersten Fall handeln sie als »Makler«, im zweiten »machen sie einen Markt«. Als Makler nehmen sie keine Bestände auf ihre eigene Bilanz und tragen daher selbst kein Risiko. Als »Marktmacher« ist dies anders. Wie ein Gebrauchtwagenhändler kaufen sie Ware auf eigene Rechnung und verkaufen diese weiter an Kunden. Dabei gehen sie das Risiko ein, zu teuer einzukaufen und zu billig zu verkaufen, oder ganz auf der Ware sitzen zu bleiben. Dieses Risiko unterscheidet sich seiner Natur nach aber in keiner Weise von dem eines Handelsgeschäfts in der sogenannten Realwirtschaft.

In ihrer Funktion als Berater helfen Banken Kapitalnehmern, Wertpapiere im Kapitalmarkt zu platzieren. Sie bringen also Aktien oder Anleihen von Unternehmen oder öffentlichen Einrichtungen auf den Markt. Dabei gehen sie ähnliche Risiken ein wie ein Neuwagenhändler, der seine Waren bei der Autofabrik selbst einkauft, um sie an den Mann oder die Frau zu bringen. Wie die Autofabrik auf die Produktion von Autos kann sich der Emittent um sein eigentliches Geschäft kümmern und die Platzierung seiner Wertpapiere und die damit verbundenen Risiken der Bank überlassen. Banken können auch Unternehmen beraten, wenn sie andere Unternehmen kaufen oder sich selbst verkaufen wollen. Dabei gehen die Banken selbst kein finanzielles Risiko ein und werden für die Beraterleistung bezahlt.

Machen die Banken einen Markt, indem sie Wertpapiere von Kunden aufkaufen, diese lagern, und dann an andere Kunden wieder abgeben, dann verdienen sie an der Differenz zwischen Einkaufs- und Verkaufspreis. Wie jeder Gebrauchtwagenhändler werden sie versuchen, den Wert ihres Lagers gegen Wertverlust zu versichern. Versicherungen dieser Art können auf den Märkten für Derivate eingekauft werden. Hält zum Beispiel ein Händler einen Bestand von Bundesanleihen auf Lager, um daraus

Käufer bedienen zu können, so kann er dieses Lager gegen Wertverlust absichern, wenn er es per Termin verkauft.

Sinken die tatsächlichen Preise oder findet er keine Käufer, dann kann er das Lager immer noch zu einem festgelegten Preis an denjenigen verkaufen, der es per Termin gekauft hat. Setzt er es an Kunden ab, dann kauft er den Terminkontrakt zurück. Etwaige Kosten für Verkauf und Rückkauf im Terminmarkt können mit den Gewinnen aus dem Verkauf im Kassamarkt gedeckt werden, so wie der Gebrauchtwagenhändler die Versicherungskosten seines Lagers aus seinem Handelsgewinn deckt.

Wenn Banken auf die Versicherung ihres Lagers verzichten, so ergibt sich Gewinn oder Verlust aus den Handelsgeschäften aus der Spanne zwischen Kauf- und Verkaufspreis zuzüglich etwaiger Wertveränderungen des Lagers. Man sagt, die Bank handelt dann auf eigenes Risiko, oder sie treibt »Eigenhandel«. Natürlich kann das Risiko erhöht werden, wenn das Lager teilweise durch Kredit finanziert wird. Universalbanken können im Prinzip zur Finanzierung eines Wertpapierbestands einen Überschuss an Einlagen über die von ihnen vergebenen Kredite heranziehen. Seit der Finanzkrise sehen viele Beobachter eine Finanzierung von Eigenhandel durch Einlagen als besonders problematisch an. Folglich wurde es Universalbanken in vielen Ländern verboten, Eigenhandel zu betreiben.

Bemerkenswert ist dabei, dass es bislang nur wenige Fälle gab, in dem Einleger oder die Einlagenversicherung durch Verluste im Eigenhandel einer Universalbank direkt geschädigt worden wären. Wo solche Verluste bei Universalbanken auftraten gingen sie meist zu Lasten der Aktionäre. Dagegen erlitten die Aktionäre und Kapitalmarktgläubiger von Investmentbanken oder Hypothekenbanken, die aufgrund von Illiquidität oder Wertverlust ihres Bestands an Hypotheken oder Hypothekenanleihen bankrott gingen, zum Teil erhebliche Verluste.

Die Aktivitäten dieser Banken waren nicht mit klassischem Eigenhandel vergleichbar. Sie ähnelten eher dem Geschäftsgebaren eines Händlers mit historischen Fahrzeugen zu einer Zeit, in der die Preise für diese Autos steigen. Der Händler freut sich an der Wertsteigerung seiner Lagerbestände, lässt sich daher Zeit mit dem Umsatz, und spart die Kosten einer

Versicherung gegen Wertverlust. Dreht dann der Markt und sinkt die Nachfrage nach klassischen Autos, bleibt der Händler auf seinem Lager sitzen. Der Wert des Lagers fällt unter den zu seiner Finanzierung aufgenommenen Kredit. Ist das Eigenkapital aufgebraucht, muss der Händler Konkurs anmelden.

Die dramatischen Ereignisse um die Pleiten der Banken Northern Rock in Großbritannien, Lehman Brothers in den USA und Hypo Real Estate in Deutschland in den Jahren 2007 bis 2009 haben sicherlich zu dem Eindruck beigetragen, dass nur auf Einlagen beruhende Bankgeschäfte solide und Kapitalmarktgeschäfte äußerst riskant sind. Wie wir gesehen haben, ist dieser Eindruck jedoch in zweifacher Hinsicht falsch. Erstens werden Einlagen keineswegs von Banken angenommen und verwahrt, sondern durch Kreditvergabe geschaffen. Einlagen sind daher denselben Risiken wie Kredite, mit denen sie geschaffen wurden, ausgesetzt, weswegen es private und staatliche Einlagenversicherungen gibt.

Zweitens sind die angeführten Banken an faulen Krediten gescheitert, die sie direkt oder in sekuritisierter Form auf ihrer Bilanz hatten. Dass die Pleiten dieser Banken schwerwiegende Wirkungen auf die Kapitalmärkte hatten, lag daran, dass sie wegen mangelnder Einlagen diese Kredite über den Kapitalmarkt finanziert hatten. Northern Rock hatte sich nicht darum gekümmert, die mit Krediten geschaffenen Einlagen zu halten, während Lehman Brothers und Hypo Real Estate überhaupt kein Einlagengeschäft hatten.

Manche Leser werden mit dem Verweis auf Lehman Brothers ihre Ansicht stützen wollen, dass das Geschäft der Investmentbanken eben doch sehr riskant ist. Schließlich hat die Pleite dieser Bank ja beinahe zur Kernschmelze im globalen Finanzsektor geführt. Wer sich aber die Ursachen für die Pleite von Lehman genauer anschaut, wird feststellen, dass die Bank daran gescheitert ist, dass sie ihren Bestand von illiquiden, sekuritisierten Hypothekenkrediten nicht mehr durch die Aufnahme von kurzfristigen Krediten am Kapital- oder Geldmarkt finanzieren konnte.

Lehman, von Haus aus Investmentbank, war als Kreditbank unterwegs, indem sie langfristige und riskante Hypothekenkredite kurzfristig finanzierte. Das hat mit dem eigentlichen Geschäft von Investmentbanken nichts zu tun und ist im Kern ein Geschäft von Kreditbanken. Als verkleidete Kreditbank hatte Lehman nicht die Möglichkeit, die zu den Krediten gehörenden Bankeinlagen zu schaffen und war deshalb auf die Finanzierung durch andere Quellen angewiesen. Insofern bestand in der Tat eine recht große Ähnlichkeit zu den Hypothekenbanken Northern Rock und Hypo Real Estate, die ebenfalls nur wenige Kredite über Einlagen finanzierten.[40]

Skepsis wird dem Kapitalmarkt auch deswegen entgegengebracht, weil er angeblich ein Spielfeld für Spekulanten ist, deren Aktivitäten zu verzerrten Preisen für Finanztitel führen sollen, was wiederum die Realwirtschaft schädigen soll. Schon immer wurde Spekulation für unerwünschte Entwicklungen auf den Finanzmärkten verantwortlich gemacht, so zum Beispiel Anfang der 1970er-Jahre beim Zusammenbruch des Bretton-Woods-Währungssystems mit anschließender Abwertung des US-Dollars, in den 1980er- und 1990er-Jahren bei den Wechselkurskrisen im Europäischen Währungssystem und in den Schwellenländern sowie bei Einbrüchen an den Aktienmärkten, in den frühen 2000er-Jahren beim Aufstieg und Fall von Technologieaktien, und schließlich in den späten 2000er-Jahren bei der Entstehung und dem Platzen der Kreditblase.

Insbesondere die jüngeren Entwicklungen an den Finanzmärkten haben den Glauben an die rationalen Erwartungen der Marktteilnehmer und die Effizienz der Märkte bei der Preisbildung zerstört. Modelle aus der Verhaltensforschung werden herangezogen, um Marktentwicklungen zu erklären und den früheren Glauben an Rationalität und Effizienz der Märkte zu erschüttern. Wo es so viel Irrationalität gibt, so das Argument, muss der Staat eingreifen, um die Akteure an den Finanzmärkten vor sich selbst und den Rest der Wirtschaft vor ihnen zu schützen. Deshalb sollen kein Finanzprodukt, kein Akteur und kein Finanzmarkt in Zukunft unreguliert bleiben. Das angeblich sichere Einlagen- und Kreditgeschäft biederer Banken soll von den Wölfen auf den Kapitalmärkten geschützt werden (in Großbritannien durch ein »ringfencing«, also Einzäunen dieses Geschäfts), oder es sollen die Wölfe selbst in die Käfige gesteckt werden (beispielsweise durch die Abtrennung des Kapitalmarktgeschäfts vom »traditionellen« Bankgeschäft, wie es von der Expertengruppe um den finnischen Notenbankgouverneur Liikanen gefordert wird).

Die Verteufelung der Spekulation und Charakterisierung der Kapitalmärkte als Hochburgen dionysischer Irrationalität schüttet jedoch das Kind mit dem Badewasser aus. Spekulation ist ein elementarer Bestandteil menschlichen Denkens über die Zukunft. Wann immer wir über Vergangenheit und Gegenwart hinausdenken, müssen wir spekulieren, weil uns die Zukunft unbekannt ist. Dies mag im Finanzbereich ausgeprägter sein als anderswo, weil finanzielle Entscheidungen immer mit Blick auf die Zukunft getroffen werden müssen.

Finanzmärkte bieten einen Ort, wo unterschiedliche Vorstellungen über die Zukunft mit Preisen bewertet und ausgetauscht werden können. Wer dort die Spekulation abschaffen möchte, muss auch die Finanzwirtschaft abschaffen und zum Naturaltausch zurückkehren, wo Geschäfte ohne den Einsatz von Finanzmitteln jeglicher Art im Hier und Heute abgewickelt werden. Vereinbarungen über zukünftige Leistungen können dann nur noch ohne vertragliche Quantifizierung des Umfangs dieser Leistungen abgeschlossen werden. Denn wenn ich zum Beispiel heute meiner Nachbarin ein Ei leihe und mit ihr vereinbare, dass sie mir am nächsten Tag ebenfalls ein Ei zurückgibt, so gebe ich ihr ein Darlehen zu einem Zins von null und spekuliere auf ihre Zahlungsfähigkeit am nächsten Tag. Will ich die Spekulation vermeiden, dann gebe ich ihr das Ei und warte ergeben auf was immer da an Reaktion von ihr irgendwann kommen möge.

Auch kann man das Verhalten von Leuten in der Wirtschaft, auf den Finanzmärkten oder im täglichen Leben nur als irrational bezeichnen, wenn man Rationalität definiert hat. In der modernen Ökonomie hat sich seit Beginn der 1980er-Jahre eine extrem ehrgeizige Definition von Rationalität durchgesetzt. Nach Robert Lucas, der für seine Theorie im Jahr 1995 einen Nobelpreis – genauer gesagt den von der schwedischen Reichsbank gestifteten Nobel-Gedächtnispreis für Wirtschaftswissenschaften – bekommen hat, bildet man seine Erwartungen für zukünftige ökonomische oder finanzielle Entwicklungen rational, indem man alle verfügbare Information analysiert und daraus unter vollständiger Kenntnis der ökonomischen Zusammenhänge (des ökonomischen »Modells«) die Konsequenzen ableitet.

Verhalten sich die Akteure auf den Kapitalmärkten entsprechend, dann ergeben sich dort Preise für Finanzwerte, in der alle verfügbaren Informationen in einer optimal verknüpften Weise enthalten sind. Preise verändern sich dann nur noch, wenn neue, nicht vorhergesehene Information entsteht. Preise von morgen entsprechen dann den Preisen von heute plus einem Zufallswert, der die neue, heute noch nicht bekannte Information widerspiegelt. Märkte, auf denen sich Preise in der beschriebenen Art verhalten, nennt man effizient. Für die Anwendung des Konzepts rationaler Erwartungen auf Finanzmärkte erhielt Eugene Fama den Nobelpreis für Wirtschaftswissenschaften im Jahr 2013.

Wenn man diesen ehrgeizigen Maßstab für Rationalität ansetzt, dann ist klar, dass der große, wenn nicht gesamte Teil menschlichen Verhaltens als irrational angesehen werden muss. Natürlich wissen wir nicht genau, wie die Wirtschaft funktioniert, kennen also nicht das wahre ökonomische Modell, wie es die Theorie rationaler Erwartungen fordert. Und meist haben wir auch nicht alle Informationen, auch wenn sie öffentlich zugänglich sind, vollständig zur Hand, wenn wir Entscheidungen treffen. Dafür sind einfach die Kosten der Informationsbeschaffung viel zu hoch. Aus diesem Grund verhalten sich die Akteure auf den Finanzmärkten oft nicht wie von Lucas gefordert, sodass diese Märkte meist nicht, wie von Fama erwartet, »effizient« sind.

Es ist bemerkenswert, dass dieser Umstand die moderne Finanztheorie nicht davon abgehalten hat, Modelle zu entwickeln, die auf den Annahmen rationaler Erwartungen und effizienter Märkte beruhen. Und es ist schon befremdlich, dass sich sowohl Geldpolitiker als auch Finanzmarktakteure in ihrer praktischen Arbeit auf diese Modelle stützen. Ein Beispiel im Politikbereich ist das bei allen Zentralbanken für die Vorbereitung geldpolitischer Entscheidungen so beliebte »Dynamic Stochastic Equilibrium Model«, in dem die Akteure rationale Erwartungen haben und die Finanzmärkte effizient sind. Beispiele aus der Finanzindustrie reichen von Modellen für das Risikomanagement (das schon diskutierte VaR-Modell) und das Portfoliomanagement bis hin zu Bewertungsmodellen für einzelne Finanzprodukte. Insofern diese Modelle das Verhalten der Akteure in der Politik und auf den Finanzmärkten bestimmt haben, ist es nicht verwunderlich, dass das Finanzsystem in die Krise kam. Eher wundert es, dass die Krise nicht schon früher kam und nicht viel schlimmer war.

Schon vor knapp zwei Jahrzehnten, als die Aktienpreise für Technologieunternehmen in stratosphärische Höhen stiegen, kam Zweifel an den Theorien rationaler Erwartungen und effizienter Märkte auf. Die Kritiker stützten sich auf Erkenntnisse der Verhaltensforschung, die anschaulich machten, dass das tatsächliche Verhalten von Menschen bei wirtschaftlichen und finanziellen Entscheidungen dem von den Theorien beschriebenen wenig ähnelte. Menschen werteten eben nicht alle verfügbaren Informationen aus, sondern verließen sich auf in der Vergangenheit gemachte Erfahrungen oder orientierten sich an anderen, die sie für besser informiert hielten als sie selbst.

Die verhaltensorientierte Finanztheorie (»Behavioral Finance«) wartete mit einem ganzen Katalog von Verhaltensmustern auf, die der Theorie der rationalen Erwartungen nicht entsprach, zum Beispiel:

➤ Herdentrieb: Man verlässt sich nicht auf seine eigene Einschätzung, sondern orientiert sich am Verhalten der Masse. Dadurch kommt es zu sich selbst verstärkenden Preiszyklen.

➤ Verankerung der Erwartungen: Man bildet seine Erwartungen nicht aus der kühlen Analyse der Zukunft, sondern lässt sich von vergangenen Entwicklungen beeinflussen. Deshalb interpretiert man die laufenden Preise von Finanzwerten in Bezug auf seinen Einstandspreis.

➤ Eingeschränkte Wahrnehmung: Man analysiert eine Situation unter dem Blickwinkel vergangener Erfahrung wie durch einen Filter und blendet dadurch wichtige neue Information aus.

➤ Heuristische Analyse: Man bildet sich seine Erwartung über die Zukunft aus dem Bauch statt durch eine sorgfältige Analyse aller Zusammenhänge und Einbeziehung aller verfügbaren Information.

> ➤ Verlustaversion: Man schätzt Verluste höher ein als Gewinne entsprechender Höhe. Dies führt dazu, dass man sich scheut, Verluste zu realisieren, also Verluste auflaufen lässt, während man Gewinne abschneidet.

Diese Verhaltensweisen werden oft als »irrational« bezeichnet, weil man den überzogenen Maßstab der Rationalität der Theorie der rationalen Erwartungen anlegt. Viele der »irrationalen« Verhaltensweisen sind aber nur Abkürzungen, die man möglicherweise nehmen muss, wenn man eben das wahre ökonomische Modell, das das Zusammenwirken aller Finanzmarktpreise miteinander und der Wirtschaft beschreibt, nicht kennen kann und keine Chance hat, alle verfügbare Information für die Analyse zu sammeln. Auch »Bauchgefühl« (Intuition) kann in diesem Sinne als subjektive Information verstanden werden, weil damit sehr komplexe Zusammenhänge subjektiv auf ihren wesentlichen Informationsgehalt reduziert werden können.

Der Psychologe Gerd Gigerenzer veranschaulicht dies am Beispiel eines Baseballspielers, der intuitiv erfasst, wo der Ball landen wird, indem er diesen während seines Flugs im Lauf dauernd im Auge behält. Versucht der Spieler dagegen, die Flugbahn des Balls rational unter Betrachtung aller verfügbaren Information (Impuls beim Abschlag, Windstärke und -richtung, usw.) statt intuitiv zu erfassen, hat er viel größere Schwierigkeiten, den Ball abzufangen, bevor dieser den Boden berührt.[41] Er schafft es nicht, alle Information mit der notwendigen Geschwindigkeit zu sammeln und zu verarbeiten. In der Sprache der Verhaltensforscher schätzt der Spieler den Ball auf »heuristische« Art ab und fällt so sein Urteil darüber, wo der Ball landen wird.

Insofern es der Verhaltensforschung gelingt, die Theorie der rationalen Erwartungen und die Hypothese von der Effizienz der Finanzmärkte in ihre Schranken zu verweisen, leistet sie einen sehr wichtigen Beitrag zu einem besseren Verständnis der Finanzmärkte. Deshalb kann man Daniel Kahnemann (zusammen mit dem schon verstorbenen Amos Tverksy) und Vernon Smith, den herausragenden Forschern auf diesem Gebiet, nur immer wieder zu ihrem 2002 erhaltenen Nobel-Gedächtnispreis für Wirtschaftswissenschaften gratulieren. Wenn jedoch die Erkenntnisse der Verhaltensforschung dazu benutzt werden, »Irrationalität« in mechanischen Modellen objektiv zu erklären wie zuvor »Rationalität«, dann maßen sich auch behavioralistische Ökonomen Wissen an, das sie unmöglich haben können.

In dieser Beziehung sind die Konzepte »objektive Rationalität« und »objektive Irrationalität« gleich. Werden Modelle »objektiver Irrationalität« dazu benutzt, mechanische Vorhersagen über Marktentwicklungen zu machen, dann sind diese Prognosen ebenso zum Scheitern verurteilt wie die mit Modellen »objektiver Rationalität« gemachten Vorhersagen. Setzt man diese Modelle ein, um den Menschen ihre »Irrationalität« auszutreiben oder sie deswegen zu bevormunden, dann gefährdet die damit verbundene Anmaßung von Wissen die Entscheidungsfreiheit.

Der Versuch, einen der Theorie entsprechenden »rationalen Menschen« zu konstruieren, ist zum Scheitern verurteilt. Natürlich ist es bei Entscheidungen wichtig, sich über seine Motive Rechenschaft abzulegen. Aber für Entscheidungen zu verlangen, dass die Akteure das wahre ökonomische Modell kennen und alle verfügbaren Informationen verarbeiten, ist einfach hirnrissig. Wird daraus dann geschlossen, dass Menschen vor ihren Handlungen durch eine übergeordnete Autorität geschützt werden müssen, die ihnen vorgibt, was sie zu tun haben (oder sie entsprechend manipuliert, was heutzutage »nudging« genannt wird), dann führt dies zu dem von der Zentralplanung im »real existierenden Sozialismus« angerichteten ökonomischen Desaster.

Viel sinnvoller ist es, die beobachteten menschlichen Verhaltensweisen im Sinne des der Österreichischen Schule zugehörigen Ökonomen Ludwig von Mises zu interpretieren. In seiner »Praxeologie« genannten Theorie menschlichen Verhaltens geht von Mises davon aus, dass Menschen ihre Ziele möglichst direkt und auf dem schnellsten Weg erreichen wollen. Sie minimieren dazu die Kosten zur Erreichung der Ziele und schlagen Umwege nur ein, wenn sie sich davon am Ziel einen höheren Ertrag versprechen.

Da Menschen nur die ihnen zur Verfügung stehende Information auf subjektive Weise verarbeiten können, kann ihr Verhalten nicht objektiv beschrieben werden. Daher sind die Aussagen deterministischer Modelle menschlichen Verhaltens, sei es dass sie auf der Theorie der rationalen Erwartungen oder aus der Verhaltensforschung abgeleiteten Theorien beruhen, wertlos. Weder Bevormundung noch Erziehung zur Rationalität werden daher Stabilität und Effizienz der Finanzmärkte erhöhen.

In jüngerer Zeit haben Roman Frydman und Michael Goldberg eine Theorie entwickelt, die von unvollständiger Information und Begrenztheit des Wissens der Akteure in der Wirtschaft ausgeht. »Die Ökonomie des unvollkommenen Wissens nimmt eine Mittelposition ein zwischen unberechenbaren animalischen Instinkten und der heutigen Annahme, Veränderungen und deren Konsequenzen könnten mit mechanischen Regeln adäquat im Voraus spezifiziert werden. Im Unterschied zum heutigen Ansatz erkunden die mathematischen Modelle der Ökonomie des unvollständigen Wissens die Möglichkeit, Veränderungen und deren Konsequenzen mit qualitativen und kontextabhängigen Bedingungen darzustellen.«[42]

Der Versuch dieser Autoren, ihre Modelle menschlichen Verhaltens mathematisch zu formulieren, mag Anhängern der Österreichischen Schule als die weit verbreitete Anmaßung von Ökonomen erscheinen, ihre Wissenschaft in die Nähe der Naturwissenschaften zu bringen. Dennoch rückt die Idee der »subjektiven Rationalität« und die Begrenzung auf qualitative Vorhersagen die Autoren in die Nähe der Österreicher.

Auch wenn Finanzmärkte nicht die überzogenen Erwartungen der Theorie der rationalen Erwartungen erfüllen können, ist ihr Vermögen, richtige Signale zur Steuerung des Wirtschaftsgeschehens geben zu können, ungleich größer als das eines zentralen Planers. Unzählige Individuen tauschen auf diesen Märkten ihre subjektiven Informationen aus und erreichen dadurch einen höheren Stand der Erkenntnis, der es ihnen ermöglicht, ihre Ziele auf kürzeren Wegen zu erreichen. Dadurch wird wirtschaftliches Handeln effizienter und wirtschaftlicher Wohlstand steigt.

Indem Finanzinstitute zwischen den Akteuren vermitteln, Sparer und Investoren zusammenbringen und zur Verbesserung der Informationen aller beitragen, leisten sie einen wichtigen Beitrag zur Erhöhung wirtschaftlichen Wohlstands. Dies können sie aber nur, wenn ihre Tätigkeit nicht durch zentrale Planung allmächtiger Regulierungsbehörden eingeschränkt wird. Notwendig ist die Verbindung von unternehmerischer Freiheit und Haftung auch und besonders im Bereich der Banken. Ein rechtlicher Rahmen, der diese Verbindung herstellt, ist deshalb unverzichtbar.

Schädlich ist jedoch eine darüber hinausgehende Feinsteuerung, die alles von der Ausstattung mit Eigenkapital bis zur Bezahlung der Bankangestellten regelt. Nach der vorangegangenen Diskussion sollte auch klar sein, dass eine von der Regulierung erzwungene Abtrennung des Kapitalmarktgeschäfts vom übrigen Bankgeschäft keinen Beitrag zur Minderung der Risiken im Bankgeschäft leistet. Die Produktion von Einlagen durch die Vergabe von Krediten in einem System teilweiser Reservehaltung ist weitaus riskanter als die Intermediation von Kapitalgebern und -nehmern auf den Kapitalmärkten. Werden Kapitalmärkte zweckentfremdet, um dort Quasigeld zu produzieren, so entstehen dort Risiken, wie sie eben mit Bankgeschäften im System der fraktionalen Reservehaltung verbunden sind.

Fazit

Wir haben in diesem Kapitel gesehen, dass die Produktion von Passivgeld durch die Banken eine riskante Aktivität ist. Versuche, diese Aktivität durch strikte Regulierung sicherer zu machen, können zwar die Risiken etwas verringern, aber nicht eliminieren. Im Passivgeldsystem der fraktionalen Reservehaltung bleibt immer ein systembedingtes unkalkulierbares Restrisiko. Es ist wie bei der Kernenergie. Wie dick oder hoch wir auch die Mauern bauen, die den Reaktor vor schädlichen Einwirkungen von außen schützen sollen, so können wir doch nie ganz sicher sein, dass es nicht doch zu einem Unfall kommt, der den »GAU« mit unübersehbaren Konsequenzen auslöst.

Im Vergleich zum Kreditgeschäft ist das Kapitalmarktgeschäft deutlich weniger riskant. Im Kapitalmarktgeschäft werden Ersparnisse in Investitionen verwandelt. Tatsächlich leisten die Kapitalmärkte, was üblicherweise

den Banken zugeschrieben wird: die Vermittlung zwischen Sparern und
Investoren. Es ist deshalb widersinnig, Kapitalmarktgeschäfte als besonders riskant zu brandmarken und sie deshalb besonders strengen Regulierungen zu unterwerfen. Letztendlich sind die Risiken eines Akteurs auf
dem Kapitalmarkt eher mit denen eines Händlers mit Tomaten vergleichbar, während die Risiken eines Bankiers näher bei denen eines Betreibers
eines Atomkraftwerks liegen.

Auch die Argumente, auf den Kapitalmärkten würde wild spekuliert und
die Teilnehmer ließen sich weitgehend von irrationalen Motiven leiten,
hält einer genaueren Betrachtung nicht Stand. Spekulation ist Teil menschlichen Handelns und die Akteure auf den Kapitalmärkten erscheinen nur
irrational, wenn eine völlig weltfremde Vorstellung von Rationalität an ihr
Verhalten angelegt wird. Statt Akteuren theoretisch objektive Rationalität
oder objektive Irrationalität bei ihren Handlungen zu unterstellen und
diese mechanisch zu modellieren, sollten wir davon ausgehen, dass sie
subjektiv rational handeln. Damit gewinnen wir ein besseres Verständnis
von der Funktionsweise von Märkten im Allgemeinen und von Finanzmärkten im Besonderen.

Kapitel 4: Wie entsteht Inflation?

Wie wir in Kapitel 2 gesehen haben, wird Geld in einer öffentlich-privaten Partnerschaft produziert. Die Zentralbank setzt den Zins für Zentralbankkredite an die Banken fest. Das beeinflusst direkt den Satz für Kredite zwischen Banken und indirekt die Sätze für Kredite an private Haushalte und Unternehmen mit verschiedenen Laufzeiten. Diese Zinssätze beeinflussen wiederum die Kreditnachfrage und damit die Kreditvergabe der Banken, mit der Einlagen, also Giralgeld, produziert wird.

Die Klassiker, Neoklassiker und Keynesianer unter den Ökonomen stimmen zumindest darin überein, dass eine übermäßige Produktion von Geld, wie sie beispielsweise durch eine von zu niedrigen Zinsen angeregte zu hohe Kreditvergabe entstehen kann, langfristig zu Inflation führen wird. Darunter verstehen sie einen fortgesetzten Anstieg des allgemeinen Preisniveaus.

Üblicherweise wird Letzteres als gewichteter Durchschnitt von Preisen für Waren und Dienstleistungen berechnet, wobei die Gewichte der Warenkorbzusammensetzung eines repräsentativen Konsumenten entsprechen sollen. Da sich alle Preise heben, wird stillschweigend davon ausgegangen, dass die Verhältnisse der Preise untereinander gleich bleiben. Inflation ist also für diese Ökonomen ein für die Preisstruktur neutrales Phänomen. Unterschiede zwischen den genannten Denkschulen gibt es allerdings in Bezug auf den Mechanismus, mit dem Inflation erzeugt wird, und bezüglich der Auswirkungen der Geldschaffung auf die Realwirtschaft.

Inflation als monetäres Phänomen

Die Klassiker und Neoklassiker sowie die ihnen verwandten Monetaristen betonen die langfristigen Wirkungen der Geldschöpfung auf das Preisniveau und kümmern sich wenig um den dabei ablaufenden Prozess.

Berühmt ist der Ausspruch Milton Friedmans, des Papstes der monetaristischen Schule, dass Inflation immer und überall ein monetäres Phänomen ist.

Für die Realwirtschaft ist Geld »neutral«, das heißt, es hat auf sie keinerlei Auswirkungen. Vielmehr liegt es über ihrem Gesicht wie ein Schleier, den man wegziehen muss, wenn man sie genauer betrachten will. Die Idee der rein preistreibenden Wirkungen eines Übermaßes an Geld geht auf die sogenannte Quantitätstheorie des Geldes zurück, nach der ein stabiler Zusammenhang zwischen umlaufendem Geld und dem allgemeinen Preisniveau existiert.

Bereits Jean Bodin, ein französischer Staatstheoretiker aus dem 16. Jahrhundert, entwickelte die Grundidee der späteren Quantitätstheorie. Einem seiner Zeitgenossen war aufgefallen, dass sich die Preise von Waren insgesamt ändern konnten, ohne dass sich ihr Verhältnis zueinander stark änderte. Bodin führte dies auf den Zufluss von Edelmetallen zurück, die Spanien in großen Mengen aus Amerika nach Europa geholt hatte.

Die erste vollständige Formulierung der wesentlichen Elemente der Quantitätstheorie stammt von dem englischen Philosophen John Locke, wobei er aufbauend auf Bodin den Begriff der Umlaufgeschwindigkeit einführte und die Natur des Geldes als Tauschmittel durch Konvention (gemäß Aristoteles) betonte. Später wurde das Konzept von David Hume vereinfacht dargestellt. Der Ökonom Irving Fisher griff es abermals auf und verbesserte es. Bedeutendster Vertreter der neueren Neo-Quantitätstheorie des Geldes, der bisher letzten Weiterentwicklung der ursprünglichen Idee, ist der schon erwähnte Milton Friedman.[43]

Ein Mehr an Geld führt nach dieser Theorie zu einem Anstieg des Preisniveaus, ohne die Realwirtschaft zu beeinflussen. Deshalb schlagen die Vertreter dieser Denkrichtung vor, die umlaufende Geldmenge so zu steuern, dass das Preisniveau stabil bleibt. Voraussetzung dafür ist natürlich, dass die Zentralbank die Geldmenge kontrollieren kann. Dies stellt kein Problem dar, wenn man annimmt, dass sie das Angebot an Zentralbankgeld bestimmen kann und zwischen diesem und der umlaufenden Geldmenge ein fester Zusammenhang besteht.

Wie wir in Kapitel 2 gesehen haben, mag dies für ein auf dem Goldstandard beruhendes Geldsystem gelten. Gold bestimmt darin den Umfang der Zentralbankgeldmenge und die Reservehaltung der Banken die daraus abgeleitete umlaufende Geldmenge. Bei einem Goldbestand von beispielsweise 10 Milliarden und einer Reservehaltung von 10 Prozent wäre die umlaufende Geldmenge 100 Milliarden. In diesem mechanistischen System scheint es ein Leichtes, das Preisniveau stabil zu halten. Man muss nur die richtige Menge Gold mit dem richtigen Reservesatz kombinieren, um die richtige Menge Geld zu produzieren.

Wir haben in Kapitel 2 aber auch erfahren, dass unser heutiges Geldsystem nicht mehr an Gold gekoppelt ist. Vielmehr produzieren die Banken Geld selbst und werden dabei durch die Zentralbank indirekt gesteuert. In diesem System kommt es darauf an, die Kreditnachfrage so zu beeinflussen, dass damit die Menge Geld produziert wird, die mit einem stabilen Preisniveau konsistent ist.

In den 1970er- und 1980er-Jahren wurde dies von vielen Zentralbanken versucht. Dabei erwies sich die deutsche Bundesbank als einer der hartnäckigsten Verfechter der Geldmengensteuerung. Doch fiel es den Zentralbanken zunehmend schwerer, einen stabilen Zusammenhang zwischen umlaufender Geldmenge und Preisniveau zu erkennen. Die Finanzindustrie wurde immer erfinderischer in der Produktion von verschiedenen Formen von Giralgeld, sodass die Statistiker bei der Berechnung der Geldmenge mit deren Erfassung kaum nachkamen. Außerdem wurden die Zeitverzögerungen zwischen dem Anstieg der Geldmenge und des Preisniveaus immer unberechenbarer. Das Geld nahm undurchsichtige Umwege, bis es sich in einem Anstieg des Preisniveaus niederschlug.

So kam es, dass sich die Zentralbanken nach und nach wieder von der Politik der Geldmengensteuerung verabschiedeten. Die Europäische Zentralbank, die 1999 die Bundesbank und andere nationale Notenbanken in den Ländern der Europäischen Währungsunion ablöste, beachtete in den ersten Jahren ihrer Tätigkeit noch einen Referenzwert für die Geldmenge M3. Doch dieser Wert verschwand mit der Zeit in der Versenkung und wird heute nicht mehr erwähnt, obwohl er formal nie abgeschafft wurde.

Die Keynesianer und Neukeynesianer gestehen den Anhängern der Quantitätstheorie zwar zu, dass eine Erhöhung der Geldmenge auf Dauer nur das Preisniveau erhöht und für die realwirtschaftliche Aktivität neutral ist. Kurzfristig sehen sie aber durchaus Auswirkungen auf die Aktivität. Dies liegt im Wesentlichen daran, dass die Keynesianer das Preisniveau zwar langfristig für flexibel, kurzfristig aber für eher unflexibel halten. Dadurch kann eine Geldinjektion für eine gewisse Weile die wirtschaftliche Aktivität steigern, weil die Leute mit mehr Geld in der Tasche mehr Güter und Dienstleistungen kaufen können, bis das Preisniveau reagiert.

Zu Preissteigerungen kommt es dann, wenn die gesamtwirtschaftliche Kapazitätsauslastung über ihren langfristigen Normalwert steigt. Dieser ist erreicht, wenn das tatsächliche Bruttoinlandsprodukt dem potenziellen entspricht, wobei sich das potenzielle BIP aus der Ausstattung der Wirtschaft mit Arbeit und Kapital sowie der verwendeten Produktionstechnologie ergibt.

Damit erklärt die keynesianische und neukeynesianische Theorie Inflation im Sinne des altehrwürdigen Phillips-Modells, nach dem es einen Zusammenhang zwischen Arbeitslosigkeit und Inflation gibt. Man braucht als Brücke nur noch das Okun'sche Gesetz, das Abweichungen der Arbeitslosenrate von ihrem langfristigen Wert, der natürlichen Rate, in Beziehung zu Abweichungen des Bruttoinlandsprodukts von seinem Potenzialwert setzt, und schon hat man eine Wirkungskette vom Arbeitsmarkt über die gesamtwirtschaftliche Kapazitätsauslastung (auch »Produktionslücke« genannt) bis zur Inflation.

Im Gegensatz zu den Monetaristen, die Inflation langfristig mit einem Überangebot an Geld erklären, ohne auf den genauen Ablauf der Entstehung von Inflation einzugehen, beschreiben die Neukeynesianer die Entstehung der Inflation aus realwirtschaftlichen Entwicklungen heraus. Geld spielt durchaus eine Rolle, wirkt aber zuerst auf die reale Wirtschaft und dann erst auf die Preise.

Inflation und relative Preisänderungen

Beiden Ansätzen ist gemeinsam, dass sie Inflation als Veränderungen des gesamten Preisniveaus definieren, wobei dieses gewöhnlich mit dem Konsumentenpreisindex gemessen wird. Alle Konsumentenpreise heben und senken sich wie Boote bei Ebbe und Flut. Auch spielen Veränderungen anderer Preise als jener für Konsumenten eine eher geringe Rolle in der praktischen Anwendung dieser Theorien. Alle Zentralbanken formulieren ihre Inflationsziele in Form von Veränderungen des Konsumentenpreisindex.

Insbesondere werden weder in der neukeynesianischen noch in der monetaristischen (oder neoklassischen) Theorie die Preise für Vermögenswerte explizit betrachtet. Man geht davon aus, dass sich die Preise auf den Märkten für Vermögenswerte, auf denen vor allem Erwartungen für die Zukunft gehandelt werden, den Aussichten für die Realwirtschaft und für die Konsumentenpreise anpassen. Allenfalls lässt man Rückkopplungseffekte von diesen Märkten über Vermögenseffekte auf die Realwirtschaft und von dort weiter auf die Konsumentenpreise zu.

Diese Sicht ist von der neoklassisch beeinflussten Annahme inspiriert, die Märkte für Vermögenswerte seien in dem Sinne effizient, dass die dort entstandenen Preise alle verfügbaren Informationen widerspiegeln. Auch die Neukeynesianer, die Märkten ansonsten nicht uneingeschränkt trauen, konnten sich mit dieser Annahme anfreunden, da sie auf den Finanzmärkten keine Preisrigiditäten identifizieren konnten und es in ihren Modellen sowieso keinen Platz für einen eigenständigen Finanzsektor gibt, in dem die meisten Märkte für Vermögenswerte angesiedelt sind.

Die Österreichische Schule der Ökonomie sieht Inflation grundsätzlich anders als die oben diskutierten Theorien. Bei den Österreichern geht die Entwertung des Geldes immer mit Veränderungen relativer Preise einher, seien es Veränderungen der Relationen innerhalb der Gruppe der Güterpreise oder zwischen den Gruppen der Güter- und Vermögenspreise. Dies liegt vor allem daran, dass die Österreicher sehr präzise Vorstellungen davon haben, wie Geld in die Realwirtschaft kommt. Die anderen Theorien haben dazu herzlich wenig zu sagen. Implizit nehmen sie an, dass Geld wie ein warmer Landregen auf die Wirtschaft niedergeht, wo es entweder zunächst die Aktivität antreibt, bis Inflation entsteht, oder gleich irgendwie das Preisniveau hebt.

Dagegen setzten die Österreicher beim Kredit an, durch den Geld entsteht, wie wir in Kapitel 2 gesehen haben. Der Kreditnehmer verwendet das Geld, das ihm die Bank nach Unterzeichnung des Kreditvertrags gutgeschrieben hat, zum Erwerb von Gütern, Dienstleistungen und Vermögenswerten. Da die meisten Kredite zu Investitionszwecken vergeben werden, steigt zunächst die Nachfrage nach Gütern und Dienstleistungen, die von Investoren benötigt werden. Erst nach und nach dringen die Wirkungen der geldinduzierten Nachfragespritze in andere Bereiche der Wirtschaft vor. Am besten kann dies an einem Beispiel anschaulich gemacht werden.

Nehmen wir an, ein Bauherr nimmt einen größeren Kredit für ein Bauvorhaben auf. Von dem Geld, das ihm die Bank auf seinem Girokonto gutgeschrieben hat, bezahlt er den Architekten für die Erstellung der Pläne. Dann bezahlt er den Bauunternehmer für die Erstellung des Rohbaus. Dieser deckt damit seine Ausgaben für Baumaterialien und Löhne. Dann geht es an die Inneneinrichtung und so weiter. Das mit dem Kredit erzeugte Geld breitet sich also mit der Zeit wie ein Ölfleck in der Wirtschaft aus. Ist der Ölfleck sehr kräftig, dann steigen zunächst die Preise für zum Bau benötigte Rohmaterialien, anschließend vielleicht die Honorare für Architekten, die Gewinne der Bauunternehmer und die Löhne für Bauarbeiter.

Der Bausektor zieht von anderen Bereichen der Wirtschaft Ressourcen ab. Da nun dort Rohmaterialien und Arbeitskräfte knapp werden, steigen jetzt auch in diesen Bereichen die Löhne und Preise. Aber nicht alle profitieren von der erhöhten Nachfrage des Bausektors. Beispielsweise werden Studenten und Pensionäre weiter die gleichen monatlichen Unterstützungszahlungen erhalten. Da aber auch sie nun höhere Preise für die Güter und Dienstleistungen ihres täglichen Bedarfs bezahlen müssen, stellen sie sich schlechter.

Aus österreichischer Sicht entsteht Inflation also durch Kreditschöpfung, über die Geld erzeugt wird. Das erzeugte Geld hat reale Effekte, stimuliert also die wirtschaftliche Aktivität, breitet sich dabei aber von einer Stelle ausgehend über die Wirtschaft aus. Je nach Umfang und Zeitpunkt, zu dem es den verschiedenen Bereichen der Wirtschaft zugute kommt, profitieren die Akteure durch höhere Nachfrage nach ihren Leistungen und höhere Entlohnung, oder sie verlieren durch gestiegene Preise für ihre Lebenshaltung. Eine Geldinjektion ist also weder »neutral« (für die Realwirtschaft), noch wirkt sie gleichermaßen auf alle. Sie hat reale Effekte und verteilt reale Einkommen zugunsten derer um, die nahe an der Quelle der Geldschöpfung sind. Verlierer sind diejenigen, die von der Quelle der Geldschöpfung weit entfernt sind.

Da Banken Kredite nicht so ohne Weiteres, sondern meist gegen Sicherheiten vergeben, besteht die Tendenz, dass vermögende Leute durch Verschuldung und Investition immer vermögender werden. Wer keine Sicherheiten zu bieten hat, bekommt von der vermögensmehrenden Wirkung der Kredit- und Geldschöpfung nichts mit, wird aber von der sich aus diesem Prozess ergebenden Inflation getroffen. Und natürlich profitieren diejenigen von dem System, die Kredit- und Geldschöpfung möglich machen: die Banken und ihre Angestellten.

Eine Geldinjektion muss jedoch nicht unbedingt zu einem Anstieg der Preise für Güter und Dienstleistungen führen. Denkbar ist auch, dass ein Kreditnehmer das für ihn geschaffene Geld dazu verwendet, jemandem einen Vermögenswert, sagen wir eine Immobilie oder Aktie, abzukaufen. Geschieht dies in größerem Umfang, dann steigen die Preise für Immobilien oder Aktien, während die Preise für Güter und Dienstleistungen unverändert bleiben. Der Verkäufer des Vermögenswerts könnte nun das Geld zum Kauf anderer Vermögenswerte, sagen wir Land oder Kunstwerke, verwenden. Nun steigen die Preise für diese Vermögenswerte, aber die Preise für Güter und Dienstleistungen sind immer noch unberührt.

Der Preisanstieg für Vermögenswerte mag andere Akteure ermutigen, nun ihrerseits Kredite zum Kauf von Vermögenswerten aufzunehmen. Da die Preise für Vermögenswerte gestiegen sind, wird es ihnen leichtfallen, den Banken für diese Kredite Sicherheiten zu stellen. So kann es zu einer Spirale von Kredit- und Geldschöpfung und davon induzierten Preissteigerungen für Vermögenswerte kommen.

Wer Inflation als Anstieg des Konsumentenpreisindex misst, wird von alldem nichts mitbekommen. Er wird erklären, dass die Kredit- und Geldschöpfung völlig harmlos ist, während sie gerade eine galoppierende Inflation der Vermögenspreise verursacht. Die Teilnehmer an diesem kreditfinanzierten Ponzi-Spiel werden sich immer reicher, die anderen immer ärmer fühlen, bis das Spiel platzt, wie es alle Ponzi-Spiele früher oder später tun.[44] Wenn dann diejenigen, die daran nicht teilgenommen und deshalb nicht davon profitiert haben, für den angerichteten Schaden mit aufkommen müssen, ist der Zusammenhalt in einer Gesellschaft gestört – doch davon später mehr.

Ob eine Geldinjektion vornehmlich die Preise für Güter und Dienstleistungen oder die Preise für Vermögenswerte steigen lässt, hängt von der Elastizität des Angebots der jeweiligen Größen ab. Nehmen wir an, das Angebot von Land und Kapitalgütern sei unveränderlich, würde also extrem »unelastisch« auf höhere Nachfrage reagieren, während das Angebot von Gütern und Dienstleistungen reichlich sei, also sehr »elastisch« auf eine Erhöhung der Nachfrage reagieren würde. Ein Anstieg der Kreditvergabe kann in diesem Fall nicht für die Produktion neuer Kapitalgüter verwendet werden, da kein Land mehr vorhanden ist, auf dem neue Fabrikgebäude erstellt und neue Kapitalgüter produziert werden könnten. Folglich werden zusätzliche Kredite nur den Preis von Land und vorhandenen Kapitalgütern nach oben treiben.

Bei steigenden Preisen mögen sich die Besitzer von Land und Kapitalgütern reicher fühlen und mehr Konsumgüter nachfragen. Und wie wir gesehen haben, werden von der Kredit- und Geldschöpfung die Banker immer reicher. Da aber in diesem Beispiel das Angebot von Gütern und Dienstleistungen der Nachfrage Schritt für Schritt folgt, wird es zu keinen Preiserhöhungen für diese Produkte kommen. Die Kredit- und Geldvermehrung wird folglich nur zur Inflation von Vermögenswerten in Form von Land und Kapitalanlagen führen, ohne die Konsumentenpreise zu berühren.

Sollte am Ende die Zentralbank den Preisanstieg für Vermögenswerte beenden wollen oder sollte die Kaufwelle für Vermögenswerte spontan in eine Verkaufswelle umschlagen, dann kann sich der Inflationszyklus ganz im Bereich der Vermögenswerte abspielen, ohne dass die Konsumentenpreise davon betroffen werden. Kredit- und Geldschöpfung aus dem Nichts kann auf diese Art einen sehr ausgeprägten Konjunkturverlauf mit kräftigem Aufschwung und krachendem Abschwung erzeugen, ohne dass die Wirkungen der Geldvermehrung für diejenigen sichtbar werden, die sich auf die Beobachtung der Konsumentenpreisinflation konzentrieren.

Nun nehmen wir an, dass Land reichlich vorhanden und der produktive Kapitalstock ausbaufähig ist. In einer solchen Situation wird die Kreditvergabe an Investoren und das dadurch geschöpfte Geld die Nachfrage nach Materialien und Arbeitskräften zur Produktion von Kapitalgütern steigern. Angenommen, das Angebot an Materialien und Arbeit reagiert wenig elastisch auf die gestiegene Nachfrage, dann steigen die Preise für Materialien und die Löhne. Weil die Kapitalgüterindustrie bereit ist, höhere Preise und Löhne zu bezahlen, werden Ressourcen von der Konsumgüterindustrie abgezogen. Diese wehrt sich dagegen, indem auch sie höhere Preise für Materialien und Löhne bietet. Die Geldinjektion wird nun in einem Anstieg der Konsumentenpreise sichtbar.

Konsumenten- und Vermögenspreisinflation in der jüngeren Vergangenheit

Schauen wir uns nun zwei Episoden erhöhter Geldinjektion unter den verschiedenen Bedingungen an. Im Verlauf der 1960er-Jahre schuf die amerikanische Federal Reserve immer mehr Geld, damit die US-Regierung die Kosten des Vietnamkriegs decken konnte, während sie gleichzeitig den Wohlfahrtsstaat ausbaute. Vor einer Steuererhöhung, die beide Vorhaben finanziert hätte, schreckte sie zurück.

In den 1960er- und 1970er-Jahren waren die meisten Volkswirtschaften der Welt noch wenig offen für internationale Kapitalströme. Die kommunistischen Staaten waren für internationale Investoren weitgehend geschlossen, und viele westliche Staaten hatten Beschränkungen des internationalen Kapitalverkehrs. Die Fähigkeit der USA, hohe außenwirtschaftliche Leistungsbilanzdefizite durch Kapitalimporte zu finanzieren,

war daher begrenzt. Dadurch konnte eine durch Geldvermehrung angeregte Nachfrage nach Gütern nicht problemlos durch Einfuhren aus dem
Ausland befriedigt werden.

Anfang der 1970er-Jahre erzwang eine Verknappung des Angebots von Öl
auf den internationalen Rohstoffmärkten durch die Organisation Öl expor-
tierender Staaten (OPEC) den Umstieg von energieintensiven zu energie-
sparenden Produktionstechniken. Der durch den Anstieg der Ölpreise gegebene Impuls ließ die Preise aller Güter steigen, bei deren Produktion Öl
eine Rolle spielte. Gleichzeitig wurden bestehende energieintensive Produktionsanlagen entwertet, und es entstand Bedarf für neue, energiesparende
Anlagen. Da Ressourcen zum Bau dieser neuen Anlagen benötigt wurden,
entstand zeitweise eine Spirale von steigenden Preisen und Löhnen.

Das Zusammenspiel von steigender Inflation und fallenden Preisen für
bestehende Produktionsanlagen ist in Schaubild 4.1 zu sehen.

Die gestrichelte Linie zeigt die jährliche Veränderungsrate der amerikanischen Konsumentenpreise (gemessen mit dem Deflator für private
Konsumausgaben). Die durchgezogene Linie zeigt das Verhältnis des
S&P-500-Aktienpreisindex zum nominalen amerikanischen Bruttoinlandsprodukt, normiert auf das Jahr 1955. Ein Ansteigen dieser Linie
zeigt, dass die Aktienpreise stärker steigen als das nominale BIP, ein Ab-
fallen das Gegenteil.

Da die Aktienpreise langfristig die Gewinne der Unternehmen widerspiegeln und diese mit dem nominalen Bruttoinlandsprodukt wachsen, sollte das Verhältnis der Aktienpreise zum nominalen Bruttoinlandsprodukt
langfristig einigermaßen gleich bleiben, sich also in unserem Schaubild
nicht im Trend von der Marke von 100 entfernen. Dies ist weitgehend der
Fall: Der Durchschnitt der Werte dieses Verhältnisses beträgt 92.

Wir sehen nun, wie gegen Ende der 1960er-Jahre die Inflationsraten lang-
sam steigen. Nachdem sich die Aktienpreise mehr oder weniger im Einklang mit dem BIP bewegt hatten, beginnt das Verhältnis von S&P 500
und nominalem BIP gegen Ende der 1960er- und Anfang der 1970er-Jah-
re zu fallen. Die zwei Ölpreisschocks in den Jahren 1973 und 1979 lassen

die Konsumentenpreisinflation in die Höhe schießen, aber auch dazwischen bleibt sie recht hoch, weil die von der Federal Reserve angestoßene großzügige Geldvermehrung lustig weitergeht. Gleichzeitig geht das Verhältnis der Aktienpreise zum BIP weiter zurück und bewegt sich während der 1970er- bis in die frühen 1980er-Jahre hinein auf niedrigem Niveau. Frisches Geld fließt also vornehmlich in die Produktion und in die Güterpreise, nicht jedoch in den Erwerb bestehender Produktionsanlagen, deren Preise sich im Aktienindex widerspiegeln.

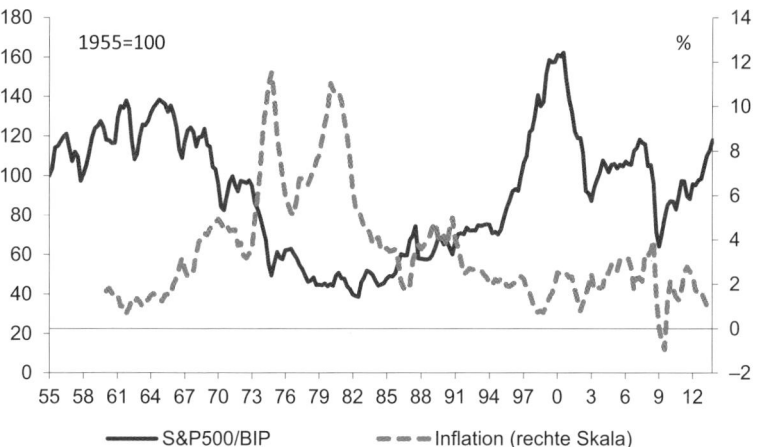

Schaubild 4.1 Aktienpreise und Konsumentenpreise in den USA,
Quelle: Haver Analytics

Die Umstände ändern sich in den folgenden Jahrzehnten. Der Kapitalverkehr wird weltweit liberalisiert, die ehemaligen kommunistischen Länder und die Entwicklungsländer nehmen in zunehmendem Maße am Welthandel teil. Heimische Angebotsengpässe können durch Ausweitung von Importen neutralisiert werden. Die sich daraus ergebenden globalen Leistungsbilanzungleichgewichte können problemlos auf den internationalen Kapitalmärkten finanziert werden. Das Angebot von Gütern und international handelbaren Dienstleistungen wird also sehr flexibel, insbesondere viel flexibler als das Angebot an Vermögenswerten.

Land wird bei steigender Bevölkerung immer knapper, und auch das Angebot an Aktien erhöht sich nur so schnell, wie neue Firmen gegründet

werden oder bestehende Firmen bereit sind, Kapital aufzustocken. Nachdem zu Anfang der 1980er-Jahre die Geldvermehrung zur Eindämmung
der Inflation zunächst unter Inkaufnahme einer schweren Rezession ge-
stoppt wurde, begann sie im Verlauf der späten 1980er-Jahre wieder Fahrt
aufzunehmen. In diesem Umfeld trieb sie aber nicht mehr die Konsumentenpreisinflation, sondern die Preise für Vermögenswerte nach oben.

In Schaubild 4.1 zeigt sich dies durch den steilen Anstieg der Aktienpreise relativ zum nominalen BIP. Als die Aktienhausse ihrem Höhepunkt
zuging, konnten Internetfirmen, die seit ihrer Gründung nur hohe Verluste eingefahren hatten, ihre Aktien zu Höchstpreisen verkaufen. Locker
sitzendes Geld und naive Technologiegläubigkeit machten dies möglich.
Der Aktienkrach von 2000/2001 beendete den Höhenflug dieser Ver-
mögensklasse fürs Erste. Er leitete aber auch eine Phase noch leichteren
Geldes ein, die sich in einem Rückgang der Zinsen auf bisher ungekannte
Tiefstände widerspiegelte. Doch davon sollten nicht mehr die Aktien profitieren. Nun kamen die Immobilien an die Reihe.

Im Gegensatz zu der Verknappung von Öl, das eine Umstellung auf energiesparende Produktionstechniken einleitete, entwertete das Aufkommen
neuer Informations- und Kommunikationstechnologien die bestehenden
Produktionsanlagen nicht in gleichem Maße. Da der Bedarf an Ersatzin-
vestitionen nicht so hoch war, sanken die Investitionsquoten im Verlauf
der letzten Jahrzehnte. Gleichzeitig war, wie oben beschrieben, das Angebot an Gütern und handelbaren Dienstleistungen sehr flexibel. Folglich
ging auch die Konsumentenpreisinflation trotz einer anhaltenden Politik
des leichten Geldes der großen Zentralbanken weiter zurück. Diese Zusammenhänge sind in Schaubild 4.2 dargestellt.

Nachdem die Aktienpreisblase zu Anfang des neuen Jahrtausends ge-
platzt war, trieb die Geldvermehrung die Preise für Immobilien in die
Höhe. Wo Land knapp war, zum Beispiel in Großbritannien, stiegen nur
die Preise für Immobilien, aber es konnte nicht viel mehr gebaut werden.
Wo dies nicht der Fall war, wie in den USA, Spanien oder Irland, stiegen
nicht nur die Preise von Häusern, sondern es wurde auch mehr gebaut. In
beiden Fällen ging der Anstieg der Preise für Häuser oder auch Unternehmen nicht in einen Anstieg der Preise für Konsumgüter über, denn eine

höhere Nachfrage nach diesen wurde von den neu in den internationalen Handel eingetretenen Schwellenländern zu gleichbleibenden oder sogar sinkenden Preisen befriedigt.

Erst ganz gegen Ende des langen Aufschwungs, als sich die Federal Reserve der Aussichten für weiterhin niedrige Konsumentenpreisinflation nicht mehr sicher war und die Zinsen erhöhte, kam es zur konjunkturellen Wende, die dann auch folgerichtig in einem Zusammenbruch der Preise für Vermögenswerte endete.

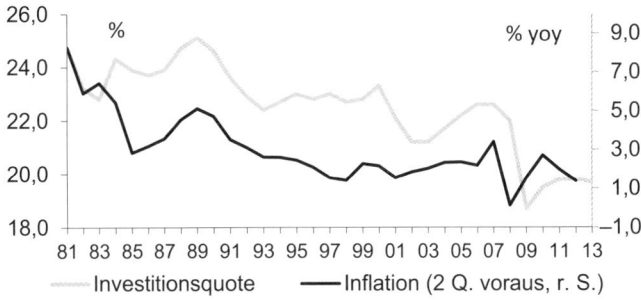

Schaubild 4.2 Investitionsquote und Inflation in der Gruppe der Industrieländer, Quelle: IMF, World Economic Outlook

Die dunkle Seite der Geldvermehrung

Während des lang anhaltenden Aufschwungs von Mitte der 1980er- bis Mitte der 2000er-Jahre, der nur von kurzen und relativ flachen Rezessionen unterbrochen war, wurden die schon Vermögenden immer reicher, weil sie leichter an Kredit und damit an die wirtschaftlichen Vorteile der Geldvermehrung kamen. Die ärmeren Schichten der Bevölkerung, die nicht die Möglichkeit hatten, sich zu verschulden, gingen leer aus. In einem demokratischen System kann dies zu Unmut und politischen Reaktionen führen.

Um dies zu vermeiden, verfiel die amerikanische Regierung darauf, auch ärmeren Schichten der Bevölkerung die Möglichkeit zur höheren Verschuldung zu eröffnen. Die Entstehung eines sogenannten

»Sub-prime«-Segments im amerikanischen Hypothekenmarkt war politisch gewollt und gefördert. Damit sollten auch die weniger privilegierten Schichten der Gesellschaft an dem Segen der Geldvermehrung durch Kreditvergabe teilhaben können, die ansonsten wegen der geringen Wirkungen der Geldinjektion auf die Löhne leer ausgegangen wären.

In der Vergangenheit hatte die Geldvermehrung auch die Löhne angetrieben. In der schönen, neuen Welt der Globalisierung war das globale Angebot von handelbaren Gütern und Dienstleistungen enorm flexibel, sodass Geldinjektionen an den Löhnen vorbeigingen. Der alte amerikanische Traum, sich vom Tellerwäscher zum Millionär emporarbeiten zu können, war ausgeträumt.[45]

Um den politischen und gesellschaftlichen Wunsch nach Teilhabe weniger vermögender Schichten am Segen der Kreditvergabe und Geldvermehrung zu befriedigen, entwickelte die Finanzindustrie Techniken, um die riskanteren Hypotheken an ärmere Bevölkerungsschichten scheinbar sicherer zu machen. Dazu bediente sie sich der von der modernen Finanztheorie entwickelten Technologie des Risk Pooling samt ihrer durch den falschen Einsatz von Mathematik verursachten Fehler.

Einzelne (idiosynkratische) Risiken sollten so kombiniert werden, dass die Gesamtheit der Risiken (das systemische Risiko) gering und tragbar war. Erreicht werden sollte dies, indem einzelne Hypotheken, deren Ausfallwahrscheinlichkeit negativ korreliert oder wenigstens unkorreliert war, zu Hypothekenbündeln (Collateralized Mortgage Obligations) zusammengefasst wurden. Natürlich war die Qualität dieser Bündel nur dann höher als die Qualität der einzelnen Hypotheken, wenn die Ausfallwahrscheinlichkeit der einzelnen Hypotheken im Bündel nicht mit der anderer in einem positiven Zusammenhang stand. War dies nicht der Fall, dann wurden CMOs so riskant wie ihre Bestandteile, die alle nach derselben Melodie tanzten.

Diesen Fall glaubten die Konstrukteure dieser Produkte ausschließen zu können. Schließlich waren in der Vergangenheit die Preise für Immobilien noch nie landesweit gemeinsam gefallen. Immer waren die Preise in einem Teil der USA gleich geblieben oder gestiegen, wenn sie in einem anderen gefallen waren. Es schien also, dass man durch gute Diversifizierung der einzelnen Hypotheken Bündel erstellen konnte, die vielleicht nicht so sicher wie Staatsanleihen, aber doch viel sicherer als Unternehmensanleihen sein würden.

Am Ende erwies sich die vermeintliche Diversifikation jedoch als Illusion. Als der Kreditzyklus nach unten drehte, fielen die amerikanischen Hauspreise landesweit, und die angeblich risikoarmen Hypothekenanleihen erwiesen sich als so riskant wie ein Atomreaktor mit kaputtem Kühlsystem.[46]

Der Fluch der Deflation

In unserem System des durch Kreditvergabe erzeugten Geldes ist Konsumentenpreisinflation zwar unerwünscht, kann aber bis zu einem gewissen Grad ertragen werden. Deshalb haben die Zentralbanken, die versuchen, die Kreditvergabe und Geldschöpfung zu steuern, als Ziel positive Inflationsraten. Deflation ist dagegen für dieses System absolut tödlich.

Erinnern wir uns: Banken produzieren Schulden, die sie Einlagen nennen. Dazu vergeben sie Kredite, die wiederum zur Verschuldung der Kreditnehmer führen. Der Aufbau von Schuld ist in diesem System ein elementarer Bestandteil für Investition und Wachstum. Inflation entwertet den Realwert der Schuld und führt zur Bildung von Eigenkapital des Schuldners. Wie dies funktioniert, wird am Beispiel des britischen Marktes für Eigenheime recht deutlich. Dort spricht man von der sogenannten Hausleiter (Housing Ladder).

Junge Familien verschulden sich in hohem Maß, um ihr erstes Eigenheim zu erwerben. Mit der Zeit steigen die Löhne und mit ihnen die Preise für Konsumgüter und Häuser. Die Konsumgüterpreisinflation ist für diese jungen Familien sicherlich lästig, schwächt sie doch die Kaufkraft der Löhne trotz nominaler Steigerungsraten. Aber sie profitieren dennoch vom System, denn der Anstieg der Hauspreise steigert ihre Vermögen. Bei gleichbleibender nominaler Schuld führen steigende Hauspreise so zur Bildung von realem Eigenkapital. Ist das Vermögen genügend gestiegen, verkaufen die Familien ihr Häuschen und kaufen von dem Erlös ein größeres.

Auf diese Weise haben Generationen von Briten Vermögen gebildet, sodass es auf der Insel nicht umsonst heißt: »My home is my castle.« Dass es sich dabei um ein Ponzi-Spiel handelt, in dem jeder Verkäufer einer Immobilie davon profitiert, dass der nächste einen höheren Preis zahlt, wird erst sichtbar, wenn die Kette bricht. Damit dies nicht geschieht, muss die Zentralbank dafür sorgen, dass immer genug neues Geld vorhanden ist, um das Spiel weiterzutreiben.

Unser auf Verschuldung basierendes Geldsystem kollabiert jedoch, wenn die Preise fallen statt steigen. Bei Deflation steigt der reale Wert der Schuld. Bleibt der reale Wert der Einkommen gleich, sinken also die Löhne mit den Konsumentenpreisen, so führt dies zur Überschuldung der privaten Haushalte. Das Gleiche gilt für die Banken. Sinken die Preise für die bei der Vergabe von Krediten gestellten Sicherheiten, so müssen die Kredite entsprechend nach unten berichtigt werden. Die Einlagen bleiben jedoch in ihrem nominalen Wert gleich, sodass die Bank ihr Eigenkapital verliert und unter Umständen bankrottgeht.

In den 1930er-Jahren löste diese Kettenreaktion die schwerste Wirtschaftskrise der jüngeren Geschichte aus. In Japan konnte in den 1990er-Jahren eine ähnliche Wirtschaftskrise nur dadurch vermieden werden, dass sich der Staat bis über beide Ohren verschuldete und so die privaten Haushalte vor der Kettenreaktion schützte.[47]

Spätestens seit diesen Erfahrungen sehen die Zentralbanken und die sie beratenden Intellektuellen in der Deflation die größte Bedrohung für unser Wirtschaftssystem. Deshalb wird alles getan, um Deflation zu vermeiden, auch wenn man dafür das Risiko höherer Inflation in Kauf nehmen muss. Unser auf Schulden basierendes System des künstlich geschaffenen Geldes tendiert daher allgemein zu höherer Inflation. Dies kann man deutlich sehen, wenn man die Entwicklung der Konsumentenpreisinflation in Großbritannien über die Jahrhunderte betrachtet.

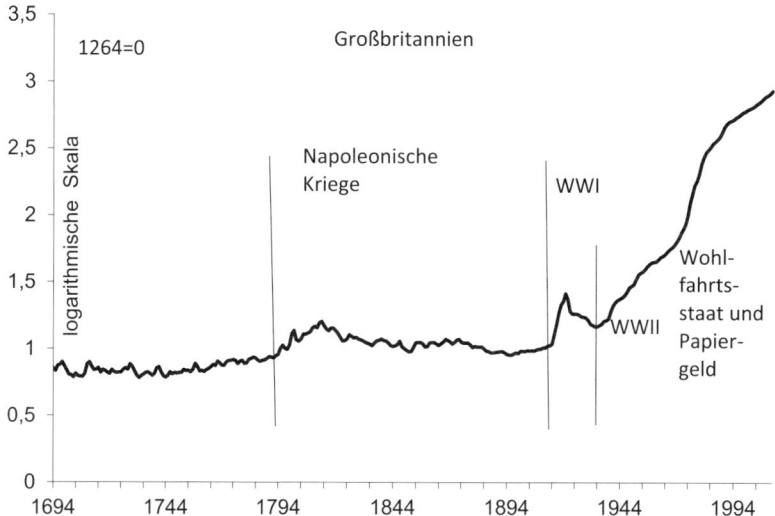

Schaubild 4.3 Konsumentenpreisinflation in Großbritannien,
Quelle: http://www.measuringworth.com/calculators/inflation/result.php
(abgerufen am 21. April 2014)

Inflation und Deflation im Aktiv- und Passivgeldsystem

Über die Jahrhunderte kam und ging die Anbindung des Geldes an Silber oder Gold. Bis zum Ende des Bretton-Woods-Systems (in dem der US-Dollar an Gold gebunden und die Wechselkurse anderer Währungen gegenüber dem Dollar fixiert waren) wurde die Deckung durch Edelmetall nur in den großen Kriegen aufgegeben: so geschehen in Großbritannien zur Zeit der Napoleonischen Kriege (1797–1821), des Ersten Weltkriegs (1914–1925) und des Zweiten Weltkriegs (1931–1946).

Nach dem Ende der Bindung des Dollar an Gold im Jahr 1971 kehrte die Bank von England zu ihrer primären Aufgabe als Bank zur Finanzierung des Staates zurück. Davon rückte sie 1992 wieder etwas ab, als die Regierung der Bank ein Inflationsziel vorgab und sie zur Verfolgung dieses Ziels von Weisungen unabhängig machte. In den Jahren seit 1694, in denen das Geldsystem der Aktivgeldordnung des Warengeldsystems näherstand, betrug die jährliche durchschnittliche Inflationsrate 0,4 Prozent. In der Zeit, in der die Geldordnung näher bei einem Passivgeldsystem in Form von Fiat-Geld (oder Papiergeld) lag, betrug diese Rate 4,1 Prozent, also beinahe das Zehnfache.[48]

Natürlich waren in den mehr als drei Jahrhunderten, die wir hier betrachten, auch andere Einflüsse wirksam. Daher lohnt es sich, auf die jüngere Vergangenheit etwas genauer einzugehen. Während der Zeit des Bretton-Woods-Systems, in der Gold eine gewisse Bindungskraft für das herausgegebene Geld hatte, betrug die durchschnittliche jährliche Inflationsrate 4,4 Prozent. In dem Zeitraum danach, in den Jahren 1971 bis 1992, als die Goldbindung gelöst und die Bank von England wieder ganz Staatsbank war, sprang die Rate auf durchschnittlich 9,6 Prozent.

Ab 1992 war die Bank frei von staatlicher Einflussnahme und verfolgte ein Inflationsziel. Bis zum Ausbruch der Finanzkrise im Jahr 2007 trug dies dazu bei, dass die durchschnittliche Inflationsrate auf 2,7 Prozent fiel. Seit 2007 ist die Bank wieder näher an den Staat herangerückt. Sie hat mehr als ein Drittel der Staatsanleihen erworben und scheint ihr Inflationsziel nicht mehr so ernst zu nehmen. Trotz einer durchschnittlichen jährlichen Wachstumsrate des realen Bruttoinlandsprodukts von −0,4 Prozent betrug die Inflationsrate im Durchschnitt der Jahre 2008 bis 2012 3,3 Prozent.

Fazit

Fassen wir am Ende dieses Kapitels unsere Erkenntnisse über die Inflation zusammen. Den ökonomischen Theorien der Lehrbücher ist gemeinsam, dass sie Inflation als einen Anstieg des Konsumentenpreisniveaus ohne relative Preisänderungen sehen. Langfristig entsteht Inflation durch ein Überschussangebot an Geld. Dieses kann zwar nach der keynesianischen Theorie kurzfristig die reale Wirtschaft beeinflussen, ist aber auch dort, wie bei den anderen Theorien, langfristig neutral.

Die gängigen Theorien äußern sich reichlich vage darüber, wie Geld unter die Leute kommt. Die Österreichische Schule der Ökonomie setzt gerade da an und erklärt die Geldschöpfung über die Kreditvergabe. Dies hat weitreichende Konsequenzen. Geldschöpfung führt zur Veränderung von relativen Preisen und beeinflusst die Realwirtschaft in entscheidender Weise. Inflation kann in einem Anstieg der Preise für Konsumgüter oder für Vermögenswerte zum Ausdruck kommen. Kredit- und Geldschöpfung haben auch starken Einfluss auf die Einkommens- und Vermögensverteilung.

Da in unserem System des Passivgeldes Verschuldung eine elementare Rolle für Investitionen und Wirtschaftswachstum spielt, ist Deflation der größte Feind dieses Systems. Deshalb neigen alle an der Kreditvergabe und Produktion von Geld beteiligten Parteien dazu, Inflation zu erzeugen. Einige maßgebliche neukeynesianisch orientierte Ökonomen wie beispielsweise Olivier Blanchard, der Chefvolkswirt des Internationalen Währungsfonds, plädieren sogar ausdrücklich für höhere Inflationsziele der Zentralbanken, um das System durch einen höheren Sicherungspuffer gegen Deflation zu schützen. Die Neigung, in Zeiten hoher Staatsverschuldung das Geld aufzuweichen, um die Schuldenlast in realer Größe zu verringern, ist ein wiederkehrendes Phänomen in der Geschichte.

Kapitel 5: Was ist Zins?

In den vorangegangenen Kapiteln sind wir immer wieder auf den Zins zu sprechen gekommen, aber nicht näher auf seine Bedeutung eingegangen. Es war ein bisschen so, als ob wir Shakespeares *Hamlet* aufführten, aber den Prinzen von Dänemark nur immer über die Bühne huschen ließen. Wollen wir das Stück zur vollen Geltung bringen, müssen wir den Prinzen nun ausführlicher sprechen lassen.

Stellen wir uns mal »janz dumm«, dann können wir den Zins als Leihgebühr für Geld betrachten. Jeder hat schon mal einer Bank Geld geliehen, indem er dort ein Sparbuch eröffnet und darauf dann Zins bekommen hat. Solange er der Bank sein Geld auslieh, wurde ihm jedes Jahr Zins gutgeschrieben, als ob er der Bank seine Wohnung untervermietet hätte. Als er seine Ersparnisse wieder abhob, bekam er den ursprünglichen Betrag zuzüglich Zins und Zinseszins wieder zurück. Dabei ergab sich der Zins als Zinssatz multipliziert mit dem Wert des Sparbetrags. Das scheint alles klar auf der Hand zu liegen. Wo ist das Problem?

Nun, die Frage, wie der Zinssatz bestimmt wird und was daraus für die Wirtschaft folgt, hat den klügsten Köpfen unter den Ökonomen Schwierigkeiten bereitet. Schlimmer noch, sie hat mehr Verwirrung als Klarheit geschaffen. Doch kommen wir mit unserem Thema nicht weiter, wenn wir in dieser Frage keine Position beziehen. Was also ist der Zins?

Die Österreichische Schule der Ökonomie sieht im Zinssatz das Maß für die Zeitpräferenz der Wirtschaftssubjekte und die Bestimmungsgröße für Ersparnisse und Investitionen. Die klassische und neoklassische Theorie sieht den Zins dagegen von der Grenzleistungsfähigkeit des Kapitals bestimmt; die Keynesianer interpretieren den Zins als Liquiditätsprämie. In dieser wie in vielen anderen Fragen schlage ich mich auf die Seite der Österreicher, die andere Definitionen des Zinses für unzulänglich halten, weil ihnen die Dimension der Zeit völlig fehlt und Kapital als homogener

Stoff gesehen wird. Gegen Ende dieses Kapitels sollten dem Leser meine Beweggründe für diese Parteinahme klarer sein.

Zins als Leihgebühr für Kapital

Ohne Zeitdimension kann die Wirtschaft nur im statischen Gleichgewicht beschrieben und die in der Wirklichkeit vorkommenden Veränderungen nur als Übergang von einem Gleichgewicht zum nächsten erklärt werden. Da Veränderungen aber laufend stattfinden, kann der beschriebene Gleichgewichtszustand logischerweise nie erreicht werden. Theorien, die diesen unerreichbaren Gleichgewichtszustand in den Mittelpunkt stellen und die tatsächlichen wirtschaftlichen Veränderungen unerklärt lassen, erscheinen daher über ein vertretbares Maß hinaus wirklichkeitsfremd.

Der große Österreicher von Mises zeigt, dass ökonomisches Kalkül in der Praxis unmöglich wird, wenn man die Wirtschaft mit Theorien des gesamtwirtschaftlichen Gleichgewichts beschreibt. Im theoretischen Zustand des Gleichgewichts gibt es keinen Ansatzpunkt für vorausschauendes unternehmerisches Handeln. Klassische und neoklassische Theorien sehen aber überall nur Gleichgewichte und vernachlässigen die Übergänge. Es ist, als hielten wir die Platonischen Ideen für real und die reale Welt für vernachlässigbar.

Auch der Zins ergibt sich in diesen Theorien im Gleichgewicht, und zwar in der Gleichsetzung mit dem Grenzerlös des Kapitals. Der Natur nach ist hier der Zins eine Leihgebühr. Um zu produzieren, brauche ich Kapital, und ich frage so viel von diesem Stoff nach, bis der bei zunehmender Nachfrage abnehmende Grenzerlös des eingesetzten Kapitals der Leihgebühr, also dem Zins, entspricht.

Betrachten wir zur Illustration den Fall einer Autovermietung und nehmen an, ein Auto sei eine Einheit Kapital. Nun nehmen wir weiter an, dass der Mietpreis fällt, je mehr Autos wir zur Vermietung anbieten. Haben wir ein Auto zu vermieten, dann können wir dafür 100 Euro pro Tag verlangen. Um jedes zusätzliche Auto an den Mann oder die Frau zu bringen, müssen wir pro Auto jeweils 1 Euro nachlassen. Haben wir also 50 Autos anzubieten, so können wir das fünfzigste Auto nur noch für 50 Euro am Tag vermieten.

Wie viele Autos wollen wir uns nun zulegen? Das hängt davon ab, wie viel Zins die Bank für den Kredit verlangt, den wir aufnehmen müssen, um unseren Wagenpark zu kaufen. Sagen wir, dass uns die Anschaffung eines Autos 60.000 Euro kostet und die Bank uns für einen Kredit 7 Prozent der Kreditsumme als Zins in Rechnung stellt. Dann kostet uns ein Auto 4.200 Euro Zins pro Jahr. Kosten für Wartung und Abnutzung lassen wir der Einfachheit halber hier außer Betracht.

Gehen wir davon aus, dass wir die Autos 200 Tage im Jahr vermieten können, dann sind die Zinskosten für das letzte Fahrzeug in unserem Fuhrpark gedeckt, wenn wir dieses Auto für 4.200 Euro pro Jahr oder 21 Euro pro Tag vermieten. In diesem Beispiel können wir also 79 Autos vermieten, um unseren Gewinn zu optimieren. Bei den vorigen 78 Fahrzeugen machen wir Gewinn, und zwar einen satten Gewinn von 79 Euro pro Tag beim ersten, 78 Euro pro Tage beim zweiten und so weiter bis zu 1 Euro beim achtundsiebzigsten und 0 Euro beim neunundsiebzigsten. Wenn wir ein achtzigstes Auto kaufen und vermieten, dann machen wir dabei einen Verlust von 1 Euro, denn wir könnten es für nur 20 Euro am Tag vermieten, müssten aber 21 Euro pro Tag Zins bezahlen. Bei 79 Autos ist demnach unser Gewinn am höchsten.

Der Zins kann aber nicht nur die Nachfrage nach Kapital, er muss auch das Angebot bestimmen, wenn wir von einem Gleichgewicht reden wollen. Auf der Angebotsseite für Kapital steht der Sparer, denn er muss ja zunächst mal seinen Konsum einschränken, um Mittel frei zu machen, die es dem Unternehmer erlauben, Kapital zu bilden. Dem Sparer winkt als Lohn der Zins.

Nehmen wir mal an, es gelänge mir, aus meinem Einkommen von 40.000 Euro im Jahr 4.000 Euro zu sparen. Dann blieben mir für den Konsum nur noch 36.000 Euro. Die gesparten 4.000 Euro verleihe ich über die Bank an die Autovermietung. Die Bank kassiert von dort 280 Euro oder 7 Prozent der Summe. Ein Prozent, also 40 Euro, behält sie für sich und gibt 6 Prozent, also 240 Euro, an mich weiter. Nach einem Jahr erhalte ich 4.240 Euro zurück.

Indem ich in diesem Jahr auf Konsum im Wert von 4.000 Euro verzichtet habe, kann ich mir im folgenden Jahr Konsum im Wert von 4.240 Euro leisten. Das Kapitalangebot wird also von der zeitlichen Präferenz der Konsumenten für Gegenwart und Zukunft bestimmt. Schätze ich die Gegenwart sehr hoch, muss die Entschädigung für Konsumverzicht schon sehr hoch, der Zins daher recht attraktiv sein, um mich zum Sparen zu bringen. Lebe ich aber stark in der Zukunft, fällt mir Verzicht in der Gegenwart leicht, und ich brauche dafür keine große Entschädigung.

In der klassischen und neoklassischen Gleichgewichtstheorie fehlt allerdings die Zeitachse. Man ruht dort ja im Gleichgewicht und bewegt sich nur hin und wieder zeitlos in ein anderes Gleichgewicht. Um den Zins auf der Angebotsseite für Kapital zu bestimmen, nimmt man daher an, dass die Konsumenten eine von der Zeitachse gelöste, abstrakte Präferenz für zukünftigen Konsum haben und dafür bereit sind, heute zu sparen. Wann genau sie den Lohn für den Konsumverzicht erhalten wollen, bleibt dabei im Dunkeln.

Auf unser Beispiel der Autovermietung angewendet, zeigt der Zins den Mietpreis für das in Autos verwandelte Kapital an, wobei die genaueren Beweggründe für die Höhe des Zinses als Entschädigung für Verzicht auf Konsum ebenso abstrakt bleiben wie die Beweggründe der Kunden, für die Nutzung der Autos zu bezahlen.[49] Es wird angenommen, dass es eben so ist.

Zins als Präferenz für Liquidität

Den Vorwurf, utopische Gleichgewichte zum Ausgangspunkt ihrer Untersuchung zu wählen, kann man den Keynesianern zwar nicht machen. Sie beschäftigen sich gezielt mit Ungleichgewichten. Doch ist der Erklärungswert ihrer Theorie des Zinses als Liquiditätsprämie ebenfalls sehr begrenzt, weil auch ihr die Zeitdimension fehlt. Die keynesianische und neukeynesianische Theorie erklärt die Präferenz, liquide Mittel zu halten, mit der Absicht, Reserven für Transaktionen zu haben für den Fall, dass Einnahmen und Ausgaben vorübergehend zeitlich voneinander abweichen oder sich günstige Gelegenheiten zur Geldanlage bieten. Der Grad der Flüssigkeit der Mittel spiegelt sich in einer Prämie auf ihren Ertrag wider, der umso höher ist, je weniger liquide die Mittel angelegt werden. Dies hat nichts mit dem Grenzerlös des Kapitals oder der Zeitpräferenz der Konsumenten zu tun. Vielmehr meint Keynes:

> »The power of disposal over an asset during a period may offer a potential convenience or security, which is not equal for assets of different kinds, though the assets themselves are of equal initial value. There is, so to speak, nothing to show for this at the end of the period in the shape of output; yet it is something, for which people are ready to pay something. The amount (measured in terms of itself) which they are willing to pay for the potential convenience or security given by this power of disposal ... we shall call its liquidity-premium.«[50]

Da Geld flüssig und daher jederzeit verfügbar ist, verdient es die höchste Liquiditätsprämie, was bedeutet, dass auf Geldkonten kein oder nur ein geringer Zins gezahlt wird. Ein lang laufender Kredit von zehn Jahren oder mehr bindet den Kreditgeber auf lange Zeit und verdient eine sehr geringe Liquiditätsprämie. Dafür muss der Kreditgeber mit einem relativ hohen Zins entschädigt werden.

> »The rate of interest obviously measures ... the premium which has to be offered to induce people to hold their wealth in some form other than money.«[51]

Lässt sich vielleicht ein Zusammenhang zwischen der Zeitpräferenz der Sparer in der neoklassischen Theorie und der Liquiditätsprämie von Keynes herstellen? Man sollte meinen, dass dies möglich ist. Denn normalerweise haben kurz laufende Finanzinstrumente eine hohe, lang laufende eine niedrige Liquiditätsprämie. Wir könnten also möglicherweise eine hohe Liquiditätsprämie mit höherer Präferenz für die Gegenwart, eine niedrige Liquiditätsprämie mit geringerer Präferenz für die Gegenwart und höherer Bewertung der Zukunft gleichsetzen.

Leider funktioniert diese Überführung des einen Konzepts ins andere nicht. In der Praxis können verschiedene Vermögenswerte unter verschiedenen Umständen bei gleichen Laufzeiten unterschiedlich liquide sein. So wurden während der Finanzkrise vorher hoch liquide Werte plötzlich vollkommen illiquide. Ihr Preis fiel, die Rendite ging hoch, ohne dass sich etwas an der Laufzeit geändert hätte. Der als Liquiditätsprämie definierte Zins kann sich also unabhängig von der Laufzeit eines Finanzinstruments ändern, weil eben Laufzeit und Liquidität nicht immer eng verbunden sind. Die Gleichsetzung des Zinses mit der Liquiditätsprämie erlaubt deshalb keine konsistente Betrachtung von Sparen und Investieren in der Zeit.

Immerhin sind sich die Vertreter sowohl der klassischen als auch der keynesianischen Theorie darüber einig, dass der Zins, ob als Maß für Liquiditätsprämie oder für den Grenzertrag des Kapitals zuzüglich einer abstrakten Zeitpräferenz, das Angebot und die Nachfrage nach Kapital und damit die Investitionstätigkeit in der Wirtschaft bestimmt oder zumindest mit anderen Variablen zusammen stark beeinflusst.

Was aber ist Kapital? Die Vertreter beider Theorien stellen sich Kapital als homogenen Stoff vor, der zur Produktion von Gütern beliebig herangezogen werden kann. Die hergestellten Güter können ihrerseits vielfältig zu Konsum- oder Investitionszwecken verwendet werden. Es geht in der Volkswirtschaft zu wie in einer primitiven Töpferei. Die Lehmgrube ist der Kapitalstock, der das Material liefert, aus dem der Töpfer Gefäße für den Hausbedarf und für den Bedarf von Produzenten anderer Güter mit seinen Händen formt.

Das ist jedoch sehr wirklichkeitsfremd. Tatsächlich müssen Kapitalgüter in der Regel selbst erst aus Rohstoffen und mit Arbeit produziert werden, bevor sie zur Produktion anderer Kapital- oder Konsumgüter verwendet werden können. Hier setzt die Österreichische Schule an und erklärt den Zins als eine wichtige Bestimmungsgröße für Ersparnis und Kapitalbildung zur Verschiebung des Konsums über die Zeit.

Robinson Crusoe und die österreichische Kapitaltheorie

Den Zusammenhang zwischen Zeitpräferenz, Ersparnis und Produktion eines Kapitalguts, also der Durchführung einer Investition zur Erhöhung des zukünftigen Konsums, hat Eugen Böhm von Bawerk, der von 1851 bis 1914 lebte und neben Carl Menger als einer der Gründer der Österreichischen Schule gilt, am Beispiel von Robinson Crusoe veranschaulicht.

Um sein nacktes Überleben zu sichern, kann der an einer einsamen Insel gestrandete Crusoe Beeren von Hand pflücken und nach getaner Arbeit konsumieren. Nehmen wir an, Crusoe entdeckt, dass er mithilfe eines langen Stocks die Sträucher weiter oben schütteln und so seine Ernte vergrößern kann. Er braucht aber Zeit, sagen wir ein paar Tage, um einen geeigneten Ast zu finden und den Stock herzustellen. Während dieser Zeit kann er keine Beeren suchen.

Also muss er in einer Ansparphase jeden Tag ein paar Beeren zur Seite legen, um damit genügend Nahrung für die Tage zu haben, an denen er mit der Anfertigung des Stocks beschäftigt ist. Kann er nach dieser Frist mit dem Stock ernten, ist sein Ertrag höher als vorher. Aus dem Verhältnis des Mehrertrags zum dazu notwendigen Konsumverzicht ergibt sich der Zins.

Crusoe wird nur auf Konsum verzichten, wenn dieses Verhältnis positiv, also ein Mehrertrag vorhanden ist. Sein Ziel muss sein, genau so viele Beeren beiseite zu legen, wie für die Produktion des Stocks nötig sind. Spart er zu wenig, muss er die Produktion des Kapitalguts »Stock« abbrechen, bevor sie beendet ist, und seine Ersparnis konsumieren. Spart er zu viel, leistet er unnötigen Konsumverzicht und muss vielleicht sogar hinnehmen, dass seine gesparten Beeren verderben. Crusoe kann also nicht mithilfe eines abstrakten Stoffs außerhalb der Zeit seine Fähigkeit, Beeren zu sammeln, erhöhen. Er muss sich zuerst im Schweiße seines Angesichts ein Werkzeug bauen, das ihm dies in der Zukunft erlaubt.

Friedrich von Hayek hat den Zusammenhang zwischen Zins, Ersparnis und Produktion von Konsumgütern in der österreichischen Theorie grafisch sehr einleuchtend veranschaulicht. In Schaubild 5.1 sind fünf

Produktionsstufen im Zeitablauf bis zum Endprodukt dargestellt. Auf jeder Stufe werden die Primärfaktoren Boden und Arbeit eingesetzt. Stufe 1 liefert die Rohmaterialien für die Produktion. Auf dieser Stufe ist noch völlig offen, welches Gut am Ende des Produktionsprozesses stehen wird. Die Rohstoffe müssen in der zweiten Stufe verarbeitet werden, bevor sie an die Produzenten für Zwischenprodukte auf der dritten Stufe weitergegeben werden. Nun ist schon weitgehend vorherbestimmt, wie das Endprodukt beschaffen sein wird, das auf der vierten Stufe hergestellt wird. Schließlich muss das Produkt in der fünften Stufe noch durch den Handel an die Käufer gebracht werden.

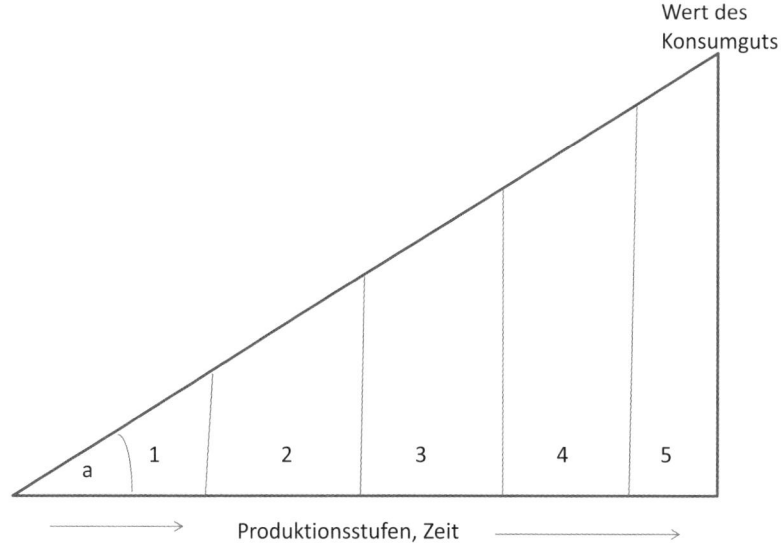

Schaubild 5.1 Das Hayek-Dreieck mit fünf Produktionsstufen,
Quelle: nach F. A. von Hayek, Prices and Production. London 1931

Mit jeder durchlaufenen Stufe steigt der Wert eines Gutes bis zum Endprodukt, dessen Wert auf der vertikalen Kathete des Dreiecks gemessen wird, das nach seinem Erfinder »Hayek-Dreieck« heißt. Die Steigung der Hypotenuse (a) des Dreiecks spiegelt den Zins wider. Je steiler die Hypotenuse ansteigt, desto kürzer ist die Zeit bis zum Endprodukt und desto höher der Zins und die Produktion von Endgütern im Verhältnis zu den Gütern der vorhergehenden Stufen. Jedes Endprodukt gewinnt an Wert, wenn es die (hier auf der Horizontalen liegende) Zeitachse durchläuft, die den Beitrag der Produkte früherer Produktionsstufen widerspiegelt.

Schauen wir uns nun die Wirkungen einer Veränderung des Zinses in dieser Theorie an. Sinkt der Zins von a auf b, ist das ein Zeichen dafür, dass die Wirtschaftsteilnehmer gewillt sind, auf mehr Konsumgüter in der Gegenwart zu verzichten, sodass mehr Kapitalgüter produziert werden können und ein höherer Konsum in der Zukunft möglich wird. Das Dreieck wird flacher, und die Zahl der Produktionsstufen steigt.

Aufgrund der geringeren Bewertung der Gegenwart wird auch mehr Zeit eingesetzt werden, sodass sich die Produktion auf den unteren Stufen zeitlich ausdehnt und das Dreieck länger und größer wird, wie in Schaubild 5.2 gezeigt. Böhm von Bawerk nennt die verschiedenen Produktionsstufen »Umwege« zum eigentlichen Ziel, dem Konsumgut. Eine Verflachung des Dreiecks bedeutet also, dass im Produktionsprozess mehr Umwege eingeschlagen werden. Doch wird man diese Umwege nur machen, wenn dadurch ein attraktiveres Ziel erreicht werden kann, wenn also eine größere Menge von Konsumgütern oder Konsumgüter höherer Qualität hergestellt werden können.

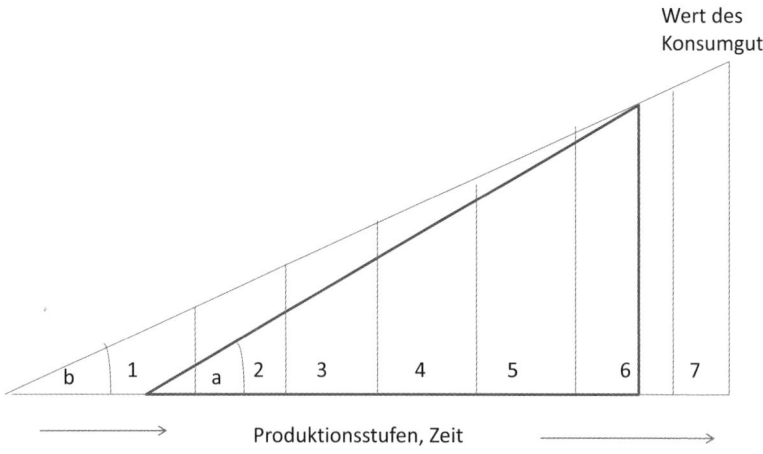

Schaubild 5.2 Das Hayek-Dreieck mit sieben Produktionsstufen nach einer Zinssenkung,
Quelle: nach F. A. von Hayek, Prices and Production. London 1931

Steigt der Zins von a auf c, dann wird das Dreieck steiler, und die Produktionsphasen werden weniger. Nun werden weniger Umwege bei der Herstellung des Konsumguts gemacht, dafür aber auch davon weniger erzeugt. Es ist wie bei der Produktion von Crusoes Stock: Die Produzenten müssen mit Rohmaterialen und Konsumgütern versorgt werden, solange sie die Kapitalgüter herstellen, mit denen dann die künftige Produktion von Konsumgütern gesteigert werden kann. Spart man sich die Umwege über die Herstellung von Kapitalgütern und geht direkt zum Ziel, dann muss man mit weniger Konsum vorliebnehmen.

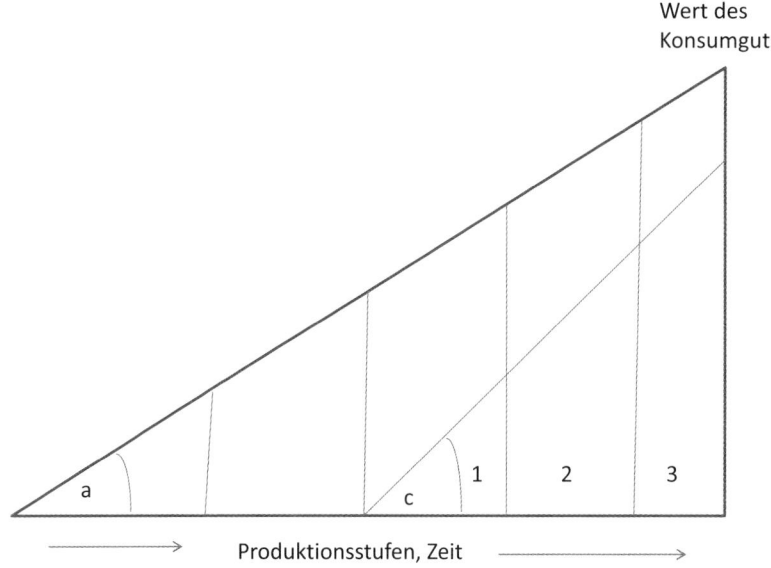

Schaubild 5.3 Das Hayek-Dreieck mit drei Produktionsstufen nach einer Zinserhöhung,
Quelle: nach F. A. von Hayek, Prices and Production. London 1931

Probleme entstehen, wenn die Produktion von Kapitalgütern zu hoch oder zu niedrig angesetzt wird und Ersparnisse nicht ausreichen, um die Kapitalgüter fertigzustellen, oder übrig bleiben, wenn die Produktion beendet ist. Im ersten Fall können nicht alle Kapitalgüter fertiggestellt werden, sodass Ressourcen vergeudet werden. Im zweiten Fall bleiben Ersparnisse übrig, die nun anderweitig verwendet werden müssen. Wie aber kann es dazu kommen, dass solche Planungsfehler auftreten?

Der »natürliche« Zins und der Marktzins

Um diese Frage beantworten zu können, ist es hilfreich, einen Blick auf die »Zinsspannentheorie« des schwedischen Ökonomen Knut Wicksell zu werfen, der von 1851 bis 1926 lebte und damit ein Zeitgenosse Böhm von Bawerks war, dessen Kapitaltheorie wir gerade besprochen haben. Wicksell bezeichnet den Zins, bei dem gerade so viel gespart wird, wie an Kapitalnachfrage nach Investitionen vorhanden ist, als den »natürlichen« Zins. Von diesem unterscheidet er den Marktzins, der sich aus dem Geschäftsgebaren der Banken ergibt.

Wie wir in den vorangegangenen Kapiteln gesehen haben, nehmen Banken nicht Spareinlagen entgegen und reichen diese an Investoren weiter, sondern sie schaffen Geld aus dem Nichts durch die Vergabe von Krediten. Dabei gibt es keine Garantie, dass die dadurch angestoßenen Investitionen auch mit den vorhandenen Ersparnissen finanziert werden können. Da die Produktion von Kapitalgütern, also eine Investition, Zeit beansprucht, lässt sich nicht im Voraus mit Bestimmtheit sagen, ob der Wert der Ersparnisse letztlich mit dem der Investitionen identisch sein wird.

Erst gegen Ende des Produktionsprozesses von Kapitalgütern zeigt sich, ob die Ersparnisse ausreichen, um alle geplanten Kapitalgüter auch fertigzustellen. Dies ist dann der Fall, wenn der von den Banken geforderte Kreditzins mit dem natürlichen Zins übereinstimmt. Aus Abweichungen dieser beiden Größen voneinander, der Zinsspanne, entstehen nach Wicksell Investitions- und Konjunkturzyklen.

Verlangen die Banken beispielsweise zu niedrige Zinsen für Kredite, dann werden zusätzliche Investitionen angestoßen. Der niedrige Zins erhöht den Wert bestehender Produktionsanlagen und regt dadurch die Produktion neuer Anlagen an.[52] Die Produzenten von Kapitalgütern fragen mehr Rohstoffe nach und stellen Arbeitskräfte ein, sodass sie die Produktion erhöhen können. Da der niedrige Kreditzins natürlich auch die Zinsen für Spareinlagen unten hält, sparen die Leute nicht zusätzlich und schränken ihren Verbrauch nicht ein.

Wenn der Zins sinkt, ist eher das Gegenteil der Fall. Die erhöhte Nachfrage der Kapitalgüterproduzenten nach Rohstoffen und Arbeitskräften trifft also auf eine ebenfalls steigende Nachfrage der Konsumgüterindustrie für diese Ressourcen. Dies führt zu einem Anstieg der Nachfrage sowohl nach Kapital- als auch Konsumgütern und einem konjunkturellen Aufschwung.

Für eine gewisse Zeit kann die Wirtschaft noch letzte Reserven mobilisieren, um die gestiegene Nachfrage nach Ressourcen für die Produktion zu befriedigen. Je geringer diese Reserven jedoch werden, umso härter werden die Kapital- und Konsumgüterproduzenten darum kämpfen. Folglich steigen die Preise, zunächst für die Produktionsmittel, dann für die Produkte. In Reaktion auf steigende Preise steigen die Zinsen, möglicherweise dadurch, dass die Zentralbank ihre Leitzinsen erhöht, um die entstehende Inflation einzudämmen, oder auch dadurch, dass die Banken eine Prämie für den Anstieg der Inflation auf ihre Kreditzinsen aufschlagen.

Viele Kapitalgüterproduzenten haben aber ihre Planungen auf die anfänglich niedrigen Zinsen abgestellt. Für höhere Zinsen stimmen ihre Renditerechnungen nicht mehr. Fertige Projekte können nicht rentabel betrieben, unfertige möglicherweise bei höheren Kreditkosten nicht beendet werden. Bei steigendem Zins werden auch bestehende Produktionsanlagen und andere Vermögenswerte, zum Beispiel Immobilien, niedriger bewertet, sodass sich die Produktion neuer Anlagen nicht mehr lohnt. Es kommt zum Einbruch der Kapitalgüterproduktion und der Investitionen. Diese Entwicklung leitet den Konjunkturabschwung ein.

Von Mises hat das Konzept des natürlichen Zinses in seine Kapital- und Konjunkturtheorie eingebaut, wobei er diesen Zins deutlicher als Wicksell auf die Rate der Zeitpräferenz der Gesellschaft abstellte und ihn »originärer Zins« nannte. Von Hayek hat die Wicksell'sche Konjunkturtheorie weiter ausgearbeitet und präzisiert, was ihm 1974 zu einem Nobel-Gedächtnispreis verhalf.

Kein Wachstum – kein Zins?

Die Kapitaltheorie Böhm von Bawerks wurde jüngst dazu verwendet, um Theorien der säkularen Stagnation zu untermauern. Carl Christian von Weizsäcker argumentierte, dass sich in den alternden Gesellschaften von heute die Zeitpräferenzen in die Zukunft verschieben. Die Leute sorgen sich um die Versorgung im Alter und bewerten einen Euro in der Zukunft deutlich höher als in der Gegenwart. Deshalb schränken sie ihren Konsum ein und sparen mehr. Der Zins, der die Zeitpräferenzrate reflektiert, sinkt.

Doch ist es nach von Weizsäcker unmöglich, einen Kapitalstock zu bauen, der groß genug ist, alle Rentner zu versorgen. Dazu müsste er Konsumgüter für zwölf Jahre produzieren können, weil die Rentner von heute in den OECD-Ländern und China im Schnitt zehn Jahre im Ruhestand verbrächten und darüber hinaus noch eine Kleinigkeit an ihre Nachfahren vererben wollten. Das sei aber nicht möglich, sagt von Weizsäcker. Das abnehmende Grenzprodukt eines steigenden Kapitaleinsatzes begrenze den möglichen Umfang des Kapitalstocks auf maximal fünf Jahre.

Wenn aber die Verbraucher heute so viel sparen würden, wie eigentlich nötig ist, um einen Kapitalstock von zwölf Jahren aufzubauen, würden sie ein Wachstum der Nachfrage verhindern und Ersparnisse verschwenden. Von Weizsäcker nannte dies den »Vorsorge-Albtraum« und forderte, dass der Staat seine Verschuldung erhöhen soll, um die überschüssige Ersparnis in Nachfrage zu verwandeln.[53] In von Weizsäckers Vorsorge-Albtraum würde Robinson Crusoe für den Bau eines Mammutstocks eine Unmenge Beeren zurücklegen, obwohl es technisch unmöglich ist, einen solchen Mammutstock zu bauen. Sein überschüssiger Beerenvorrat würde verderben, und da er nur einen normalen Stock bauen könnte, würde seine künftige Beerenernte geringer ausfallen als ursprünglich konzipiert.

Wahrlich ein Albtraum für Crusoe. Aber warum sollte er so dumm sein, einen unmöglichen Mammutstock bauen zu wollen? Aus der Sicht der Österreichischen Schule, auf die von Weizsäcker ja seine Theorie stützt, stellt sich die Frage, warum der Ökonomieprofessor meint, besser zu wissen als die Millionen von Sparern, ob sich die Ersparnis lohnt oder nicht.

Sie mögen sich irren, aber die Wahrscheinlichkeit, dass sich der Ökonomieprofessor irrt, dürfte deutlich größer sein.

Die Hayek'sche Kritik der Anmaßung von Wissen kann auch gegen ökologische Stagnationstheorien verwendet werden, wie sie zum Beispiel im Umfeld des von Meinhart Miegel geführten »Denkwerk Zukunft« vertreten werden.[54] Nach diesen Theorien ist durch die begrenzt vorhandenen natürlichen Ressourcen das Wachstum der Wirtschaft begrenzt. Ein positiver Zins erzwingt jedoch Wachstum, da sonst der Schuldner zahlungsunfähig wird. Um den Zwang zum Wachstum zu eliminieren, soll deshalb der Zins abgeschafft werden.

Aber auch hier stellt sich die Frage, wie der ökologische Planer wissen kann, dass die Grenzen des Wachstums erreicht sind. Wäre das wirklich der Fall, dann sähen die vielen Akteure in der Wirtschaft, dass sich Sparen nicht mehr lohnt. Sie würden daher ihr gesamtes Einkommen konsumieren. In unserer Geschichte würde Robinson Crusoe die Hoffnung aufgeben, je einen geeigneten Stock zu finden, mit dem er seinen Konsum in der Zukunft erhöhen könnte, und alle gesammelten Beeren sofort konsumieren. Er würde nur die Gegenwart wertschätzen und der Zukunft keinen Wert beimessen.

Wenn wir seine Zeitpräferenz als die Bereitschaft definieren, Konsum heute für mehr Konsum in der Zukunft aufzugeben, dann wäre diese Bereitschaft null. Die Prämie, ihn zur Aufgabe heutigen Konsums zu bewegen, die der Zins misst, wäre unendlich (da man ihn ja nicht zum Konsumverzicht bewegen könnte). Ein Planer, der Nullwachstum erzwingen will, müsste also die mit dem Zins gemessene Präferenzrate der Zeit ins Unendliche drücken, indem er Sparen verbietet und den Konsum des gesamten Einkommens erzwingt. Eine absurde Vorstellung![55]

Wachstumszwang und Umverteilung

Von politisch »grünen« und »roten« Kreisen wird der Zins auch gerne als Übel dargestellt, das zu umweltschädlichem Wachstum zwingt oder zu großer Ungleichheit in der Vermögensverteilung führt. Wie aber schon der französische Physiokrat Jacques Turgot im Jahr 1776 gezeigt hat, muss es auch in einer stagnierenden Wirtschaft einen positiven Zins geben, da sonst der Preis für Land unendlich hoch wäre.[56]

Außerdem wird jeder, der schon einmal eine Hypothek zum Kauf einer Wohnung aufnahm, über die These vom Zins als Wachstumstreiber den Kopf schütteln. Denn der kluge Schuldner plant seine Hypothek so, dass er die Schuld auch dann bedienen kann, wenn sein Einkommen nicht wächst. Nur sehr leichtfertige Menschen und Hasardeure wählen eine Hypothek mit steigendem Schuldendienst, die sie dazu zwingt, ihr Einkommen mit der Zeit zu erhöhen, um den Bankrott zu vermeiden. Somit kann man kaum von einem durch den Zins begründeten Wachstumszwang sprechen.

Allenfalls kann ein Zwang zu nominalem Wachstum durch Überschuldung entstehen. Eine Geldordnung, in der Geld als Schuldtitel produziert wird, neigt dazu, eine Überschuldung der Wirtschaftsteilnehmer herbeizuführen, denn die Vermehrung von Schuldgeld stimuliert kurzfristig die wirtschaftliche Aktivität. Wer also den Zwang zu Wachstum bedauert, sollte logischerweise über unsere bestehende Passivgeldordnung nachdenken, anstatt die Abschaffung des Zinses zu fordern.

Außerdem hat Stefan Homburg in einer Kritik an Thomas Pikettys Bestseller *Capitalism in the Twenty-first Century* darauf hingewiesen, dass eine positive Differenz zwischen Zins und Wachstum nur dann zu immer größerer Ungleichheit in der Vermögensverteilung führt, wenn verzinste Ersparnisse niemals konsumiert, verschenkt oder versteuert werden.

Lässt man diese völlig unrealistische Annahme fallen, dann ist das Wachstum von Vermögen vom Zins unabhängig.[57] Der Zins erzwingt also keineswegs eine immer ungleichere Verteilung der Vermögen. Wie Chris Giles gezeigt hat, stehen denn auch Pikettys empirische Belege für einen solchen Trend auf schwachen Beinen.[58]

Dagegen hat die Schöpfung von Kreditgeld durchaus Konsequenzen für die Einkommens- und Vermögensverteilung.[59] Wer wie Piketty die Ungleichheit der Verteilung beklagt, sollte deshalb über dieses System der

Geldschöpfung nachdenken, bevor er umfassende Steuern zur Umverteilung fordert.[60]

Fazit

Nach diesen Überlegungen können wir genauer erklären, was passiert, wenn wir Geld für einen bestimmten Zeitraum anlegen und dafür Zins bekommen. Dies hat nur am Rande mit unserer Präferenz für Liquidität zu tun. Wir schränken unseren Konsum heute ein, um nach Rückzahlung der Anlage in der Zukunft mit Zins und Zinseszins mehr konsumieren zu können. Wir treffen unsere Sparentscheidung auch nicht durch abstrakte Entscheidungen über künftigen oder gegenwärtigen Konsum, sondern wir überlegen ganz konkret einer Zeitachse entlang, um wie viel wir unseren Konsum heute einschränken wollen, um in einem, zwei oder zehn Jahren unseren Konsum erhöhen zu können. Wie viel zusätzlichen Konsum wir wann erwarten können, wird vom Umfang und der Dauer der Produktion von Kapitalgütern bestimmt. Der Zins bringt die Möglichkeit der Produktion künftiger Konsumgüter mit unseren Wünschen nach diesen Gütern und unserer Bereitschaft zum dafür notwendigen Konsumverzicht in der Gegenwart in Einklang.

Der von der Österreichischen Schule beschriebene komplexe Prozess dieser Entscheidungen ist in den anderen Theorien höchstens ansatzweise vorhanden. In der Klassik und Neoklassik kommen Überlegungen zur Zeit wenigstens in Form von abstrakten Entscheidungen über Konsum und Ersparnis ins Blickfeld. Bei Keynes und seinen Epigonen spielt Zeit in der Bestimmung des Zinses überhaupt keine Rolle. Nicht umsonst meinte Keynes wohl: »In the long run we are all dead«, was so viel heißt wie: Um die längerfristige Zukunft brauchen wir uns nicht zu kümmern.

Die heutzutage so populären Theoretiker der wirtschaftlichen Stagnation wollen den Zins abschaffen, weil er angeblich Wachstum erzwingt. Dahinter steckt aber eine höchst naive Vorstellung vom Zins als Instrument der Geldverleiher, wirtschaftliche Macht über ihre Schuldner zu erlangen und sie zur Mehrproduktion zu zwingen. Wenn man Zins richtig als Zeitpräferenz versteht, dann ist es müßig, wie die Wachstumspessimisten über seine Abschaffung zu diskutieren. Es wäre, also würde man sich eine Welt mit zwei an Stelle von drei Dimensionen konstruieren.

Wenn man des Weiteren den Akteuren nicht alle Vernunft abspricht, dann ist es auch widersinnig zu erwarten, dass sie dauerhaft mehr sparen, als produktiv investiert werden kann, sodass der Zins wegen anhaltender Fehlinvestitionen langfristig unter null gedrückt wird. Wird die Gegenwart höher bewertet als die Zukunft, was unter den Umständen unserer weltlichen Existenz kaum anders sein kann, dann kann niedrigerer Konsum in der Zukunft nicht höher bewertet sein als höherer Konsum heute.

Kapitel 6: Gibt es ein stabiles Geldsystem?

In den vorangegangenen Kapiteln haben wir die Grundlage für die Frage gelegt, mit der wir uns in diesem Kapitel beschäftigen wollen: Müssen wir mit der Instabilität des Geldsystems leben, oder ist es möglich, ein stabiles Geldsystem zu entwerfen? Wie wir sehen werden, ist die Beantwortung dieser Frage eng an die andere Frage gekoppelt, ob der Staat im Wirtschaftsgeschehen eine konstruktivistische Rolle spielen oder sich besser heraushalten soll, da er womöglich Sand ins Getriebe streut.

Meiner Meinung nach hat die Geschichte diese Frage eindeutig beantwortet: Weniger, aber dafür auf die Schaffung einer marktwirtschaftlichen Ordnung konzentrierter staatlicher Einfluss ist besser als ausufernde staatliche Einmischung. Folglich plädiere ich am Ende dieses Kapitels für die Abschaffung unseres gegenwärtigen Geldsystems, das zunehmende staatliche Einmischung heraufbeschwört, und die Einführung einer staatsfernen Geldordnung, in der Geld als »Aktivum« definiert ist.

Der Weg in den bürokratischen Sozialismus

Joseph Schumpeter, der im Jahr 1883 in Österreich-Ungarn geboren wurde und 1950 in den USA starb, lässt sich in keine der bekannten großen Denkschulen einordnen. Dennoch oder vielleicht gerade deswegen war er einer der ganz großen Ökonomen des 20. Jahrhunderts, die heute noch unser Denken wesentlich beeinflussen. Er gilt als brillanter Analytiker der Funktion des Unternehmers im Kapitalismus, weshalb wohl das britische Magazin *The Economist* seine wöchentliche Unternehmenskolumne mit »Schumpeter« überschrieben hat.

Vielen Lesern wird Schumpeters Wort von der »schöpferischen Zerstörung« als Motor für den Fortschritt im kapitalistischen Wirtschaftssystem geläufig sein. Weniger bekannt dürfte sein, dass Schumpeter den

Untergang des Kapitalismus prophezeite und dafür unser Kreditgeldsystem verantwortlich machte.

Im Kriegsjahr 1942 veröffentlichte Schumpeter, der nach mehreren Gastprofessuren in den USA 1932 endgültig dorthin auswanderte, sein wohl bedeutendstes Werk mit dem englischen Titel *Capitalism, Socialism, and Democracy,* das nach dem Krieg auch auf Deutsch erschien.[61] Für Schumpeter ist der Kapitalismus die brutale Kraft, die wirtschaftlichen Wohlstand schafft. Seiner Ansicht nach kommt »der fundamentale Antrieb, der die kapitalistische Maschine in Bewegung setzt und hält ... von den neuen Konsumgütern, den neuen Produktions- oder Transportmethoden, den neuen Märkten, den neuen Formen der industriellen Organisation, welche die kapitalistische Unternehmung schafft«.[62]

Dabei wird die Wirtschaftsstruktur unaufhörlich von innen heraus revolutioniert. »Dieser Prozess der ›schöpferischen Zerstörung‹ ist das für den Kapitalismus wesentliche Faktum.« Die eigenmächtige Kredit- und Geldschöpfung der Banken, ohne auf vorher gebildete Ersparnisse angewiesen zu sein, ist das Adrenalin, das die schöpferische Zerstörung treibt: »Die Ausgabe neuer hierfür geschaffener Zahlungsmittel entspricht, da unsere Unternehmer keine eigenen Mittel haben und – bisher – keine Ersparnisse vorhanden sind, in der kapitalistischen Gesellschaft dem vom Zentralbüro des sozialistischen Staates gegebenen Befehl.«[63]

Schumpeter weist dem Bankensektor also eine zentrale Rolle für das Wachstum der Wirtschaft im kapitalistischen System zu. Mehr noch, die Fähigkeit der Banken, Kredite und Geld aus dem Nichts zu schaffen, ist entscheidend, um neue unternehmerische Aktivitäten spontan zu finanzieren. Es braucht nichts weiter als die Entscheidung der Bank, den Kredit zu vergeben, und schon geht es los, wie im Sozialismus, wenn das Zentralbüro grünes Licht gibt.

Aber die Vergabe von Krediten kann auch schiefgehen. Zu viele oder die falschen unternehmerischen Aktivitäten können angestoßen werden. Dann kommt es zu einer Finanzkrise und Rezession oder gar Depression. Doch ist dies Teil des kapitalistischen Prozesses. Eine Finanzkrise, in der Kredite abgeschrieben werden müssen, weil Investitionen nicht die in sie gesetzten Erwartungen erfüllt haben, ist geballte schöpferische Zerstörung. Aber diese ist nicht nur der Motor für Wachstum und Expansion im kapitalistischen Wirtschaftssystem, sie zerstört am Ende wegen ihrer Wildheit auch den Kapitalismus selbst.

Schumpeter erwartet im Lauf der Zeit eine zunehmende Aushöhlung des schöpferischen Unternehmertums durch den Aufstieg der Manager, Bürokraten und Intellektuellen in den Unternehmen und in der Gesellschaft, die eine gemäßigtere Entwicklung der Wirtschaft versprechen. Damit verliert der Unternehmer seine »individuelle Führerschaft«, und die Wirtschaftsstruktur wandelt sich zum bürokratischen Sozialismus. Am Ende braucht der Kapitalismus wegen seiner Zügellosigkeit »einen Polizisten und einen Protektor nicht bürgerlicher Färbung, der ihn reguliert, schützt und ausbeutet«, nämlich den Staat.[64]

Dieser »Sozialismus light« kann auch in einer freiheitlichen politischen Ordnung leben. Solange die Politiker im politischen Wettbewerb um die Macht kämpfen und sich kein Machtmonopol herausbildet, ist zumindest die Meinungsfreiheit garantiert, die sie zum Gewinn von Stimmen brauchen. Allerdings ist dies eine Freiheit der politischen Mehrheit, deren Willen sich die Minderheit unterwerfen muss.

Schumpeters Analyse gibt eine frappierend treffende Anleitung zur Interpretation der jüngeren Geschichte und der aktuellen Ereignisse. Die letzten beiden Jahrzehnte waren gekennzeichnet durch den Verfall von Preisen für eine Reihe von Gütern aufgrund von technischem Fortschritt und der Integration wichtiger Schwellenländer in die Weltwirtschaft. In ihrem Bemühen, die von ihnen verfolgten positiven Inflationsziele zu erreichen, setzten die Zentralbanken ihre Leitzinsen auf sehr niedrige Niveaus. Dies stimulierte die Kreditnachfrage von Unternehmen und Haushalten und erlaubte den Geschäftsbanken, durch Kreditvergabe neues Geld und geldähnliche Instrumente wie zum Beispiel Geldmarktfonds zu schaffen.

Die enorme Kredit- und Geldschöpfung hat maßgeblich zur Entwicklung neuer Technologien beigetragen. Gegen Ende der 1990er-Jahre konnten sich Internetfirmen in großem Stil finanzieren, die kein nachhaltiges Geschäftsmodell hatten. Im Krach des Aktienmarkts in den Jahren von 2000 bis 2002 wurde ein Teil dieser Unternehmen wieder zerstört. Das kapitalistische System waltete seines Amtes.

Die zur Abwehr einer tieferen Rezession erneut und nun in noch stärkerem Maße eingeleitete Ausweitung der Kreditvergabe und Geldschöpfung trieb dann die Preise für Immobilien in vielen Ländern in schwindelnde Höhen. Unter dem Einfluss der Zentralbanken fiel der Kapitalmarktzins unter den »natürlichen« Zins, bei dem Ersparnisse und Investitionen ex ante ins Gleichgewicht gebracht werden. Folglich wurden zu viele langfristig unrentable Investitionsprojekte, meist im Wohnungsbau, angestoßen. Die Ausbeute an Innovation war dagegen eher spärlich.

Da der Kapitalbedarf zur Vollendung dieser Projekte über dem von den Sparern bereitgestellten dafür notwendigen Kapitalangebot lag, stiegen im Verlauf des Investitionszyklus die Zinsen. Dies führte dazu, dass sich fertige Investitionsprojekte nicht mehr rentierten, in der Entstehung begriffene Projekte abgebrochen und die dafür vergebenen Kredite abgeschrieben werden mussten. Und wieder kam es zur schöpferischen Zerstörung, nur war dieses Mal die Finanzkrise so groß, dass es zu weitreichenden politischen Reaktionen kam. Der Kreditausfall führte zu Schieflagen von Banken und drohte, wie in der Großen Depression der 1930er-Jahre, das über Kredit von den Banken geschöpfte Giralgeld zu verknappen. Wie von Schumpeter beschrieben, übernahmen in der Krise nun die Manager, Bürokraten und Intellektuellen das Ruder.

Um eine durch Kreditabschreibung, Geldverknappung und Deflation induzierte Wirtschaftskrise zu vermeiden, verschafften die Zentralbanken den Schuldnern Erleichterung, indem sie die Zinsen gegen null senkten und die Kreditvergabe durch die Geschäftsbanken teilweise durch eigene Kreditvergabe ersetzten. Parallel dazu wurden die Regierungen aktiv und versuchten, den Ausfall privater Nachfrage durch schuldenfinanzierte staatliche Nachfrage auszugleichen.

Begleitet wurden diese Aktionen von akademischen Volkswirten, anderen, sonst eher im Feuilleton der Zeitungen beheimateten Intellektuellen und sogar Kirchenvertretern, die eine stärkere Rolle des Staates zur Zähmung der Finanzwirtschaft forderten. Politiker versprachen, das finanzkapitalistische Biest an die Kette zu legen, indem sie jeden Markt, jedes Produkt und jeden Akteur im Finanzbereich mit schärferen Regulierungen überziehen würden.

Der geballte Einsatz der Zentralbanken und Regierungen verhinderte zwar die ungezügelte schöpferische Zerstörung durch einen Finanz- und Wirtschaftskollaps, aber er konnte der Wirtschaft keine neue Wachstumsdynamik einhauchen. Im Gegenteil, die Politik verlangsamte den Prozess der Bereinigung des Systems von den Spuren der vorangegangenen Exzesse. Denn bevor neue Investitionen getätigt werden, die das Wachstum stimulieren, müssen zuerst alte Projekte abgeschrieben und die Bilanzen der Investoren und der Banken, die ihnen Kredit gaben, bereinigt werden. Je zügiger das geschieht, desto schneller ergeben sich neue Wachstumschancen.

Eine erneute Stimulierung der Kreditvergabe und Geldschöpfung, bevor der Heilungsprozess der Wirtschaft abgeschlossen ist, legt den Grundstein für weitere Preisverzerrungen, beispielsweise auf den Vermögensmärkten, wo ultraniedrige Zinsen die Vermögenspreise in langfristig unhaltbare Höhen treiben. Es ist wie nach einer mit zu viel Alkohol durchzechten Nacht: Ein weiterer Drink am nächsten Morgen mag zwar eine Linderung des Katers bringen, aber er steht der Erholung des Körpers vom übermäßigen Alkoholkonsum eher im Weg. Wie die Arbeiten von Carmen Reinhart und Kenneth Rogoff gezeigt haben, kann es sehr lange dauern, bis nach einer Finanzkrise die Wachstumskräfte der Wirtschaft zurückkehren.[65]

Regierungen, die hohe Schulden aufnehmen, um die Wirkungen der Bereinigung abzuschwächen, laufen Gefahr, sich zu überschulden, wenn das Wachstum nach der Krise blutleer bleibt.[66] Und Zentralbanken, die aus diesem Grund mit betont lockerer Geldpolitik zu schweren Verwerfungen der Vermögenspreise beitragen, werden zu Gefangenen ihrer eigenen Politik, wenn die Schwächephase der Wirtschaft letztlich überwunden ist. Straffen sie mit der wirtschaftlichen Erholung die Geldpolitik, kann der damit verbundene Einbruch der Vermögenspreise die Wirtschaft in die Krise zurückstoßen. Bleiben sie trotz einsetzender Erholung bei ihrer lockeren Geldpolitik, können die Inflationserwartungen steigen. Verlieren die Zentralbanken dann die Kontrolle über die Inflationserwartungen,

fällt das gesamte Geldsystem in die Krise, denn künstliches (»fiat«) Geld
braucht Vertrauen in seine Werthaltigkeit, um zu bestehen. Mit dem Verlust dieses Vertrauens verfällt das Geld.

Nach dem Abklingen der unmittelbaren Krise begannen die Arbeiten zur
Bändigung des Finanzsektors durch staatliche Regulierungen. Wie in Kapitel 3 beschrieben, setzen die Regulierungen auf der Mikro-, Meta- und
Makroebene an. Auf der Mikroebene werden unter anderem die Bezahlung der Bankmanager, die Form der Kundengespräche oder die Gestaltung von Finanzprodukten geregelt. Auf der Metaebene wird den Banken
vorgeschrieben, wie viel Liquidität und Eigenkapital sie zu halten oder
wie sie ihr Kredit- und Kapitalmarktgeschäft zu organisieren haben. Auf
der Makroebene soll die Kreditvergabe und Geldschöpfung mit »mak-
roprudenziellen« Instrumenten, etwa antizyklischen Kapitalpuffern oder
Beleihungsgrenzen für Immobilien, gesteuert werden.

Dabei soll die Kreditvergabe durch die Zins- und Offenmarktpolitik in
Richtung Preisstabilität und durch die makroprudenzielle Politik in Richtung Finanzstabilität gelenkt werden. Spekulation auf den Finanzmärkten
soll mit einer Finanztransaktionssteuer bekämpft werden. Die Zunahme
staatlicher Einflussnahme ist nicht auf den Finanzsektor begrenzt. Die
Einkommens- und Vermögensverteilungen sollen korrigiert werden, um
während des Kreditbooms entstandene Gewinne abzuschöpfen.

So wurden in verschiedenen Ländern die Spitzensätze für die Einkom-
menssteuer erhöht und die Einführung von Vermögensabgaben oder die
Erhöhung von Vermögenssteuern intensiv diskutiert. Thomas Pikettys
Buch zum Kapitalismus im einundzwanzigsten Jahrhundert wurde wohl
eher deshalb zum Bestseller, weil es mit der Aufforderung zur Umverteilung den Zeitgeist traf und nicht, weil der Leser dort neue Theorien oder
umfangreiches Datenmaterial zur historischen Entwicklung von Einkommen und Vermögen in verschiedenen Ländern finden kann.[67] Dabei ver-
teidigt die Politik die demokratische Legitimation der Enteignung von
Teilen des Einkommens oder Vermögens mit dem Willen der Mehrheit
der Wähler. Diese Entwicklungen sind im Einklang mit der von Schumpeter prognostizierten Entstehung eines durch den Mehrheitswillen der
Wählerschaft legitimierten bürokratischen Sozialismus.

Schumpeter sah in seinem 1942 abgeschlossenen Werk den demokratischen Sozialismus als natürlichen Nachfolger des Kapitalismus. Der Letztere war notwendig, um die Grundlage für gesellschaftlichen Wohlstand zu legen, während der Erstere dann übernehmen würde, um den Wohlstand im Interesse aller zu verwalten.[68] Weder erkannte Schumpeter zu seiner Zeit, dass Sozialismus mit Demokratie nicht zu vereinbaren ist, noch sah er, dass der Sozialismus nicht in der Lage ist, den Wohlstand zu bewahren, den das kapitalistische System geschaffen hat.

Zeitgenössische Vertreter der Österreichischen Schule waren in dieser Hinsicht weitsichtiger. Ludwig von Mises erkannte, dass eine die wahren wirtschaftlichen Verhältnisse erfassende Wirtschaftsrechnung im Sozialismus unmöglich ist.[69] Dies liegt daran, dass nach der Abschaffung des Marktes der zentralen Planungsbehörde die Informationen über die Präferenzen der Konsumenten und die Verfügbarkeit von Technologien und Ressourcen fehlen, die in Marktpreisen enthalten sind. Aus diesem Grund ist es der Planungsbehörde unmöglich, Angebot und Nachfrage so zusammenzubringen, dass der Nutzen der Akteure in der Wirtschaft optimiert werden kann.

Deshalb bleibt der Planungsbehörde nur der Ausweg, den Konsum per Dekret an die in zentraler Planung erzeugte Produktion anzupassen. Von der Abschaffung der Konsumentensouveränität ist es dann nur ein kleiner Schritt zur Abschaffung demokratischer Freiheit.[70] Friedrich von Hayek geißelte die »Anmaßung von Wissen«, deren sich eine zentrale Planungsbehörde schuldig macht, und sah, dass zentrale Planung im Sozialismus letztendlich zu Unfreiheit, also »in die Knechtschaft« führt.[71]

Nichtsdestotrotz ist die Antwort der Politik auf die Finanzkrise heute durch den Ausbau staatlicher Einflussnahme und Planung bestimmt. Dabei kann sie sich auf den Mehrheitswillen der Wähler berufen, deren Meinung von den Intellektuellen beeinflusst wird, die den »Neoliberalismus« zu einem populären Feindbild verzerrt haben.[72] Auf den ersten Blick erstaunlich mag erscheinen, dass die politischen Bestrebungen auf die Bändigung, aber keineswegs auf die Abschaffung unseres Systems der kreditgetriebenen Geldschöpfung abzielen. Die Erklärung dafür findet man, wenn man die Behandlung der Staatsschuld in den entstehenden neuen Regelwerken für den Finanzsektor betrachtet.

Obwohl die Eigenkapitalanforderungen drastisch verschärft werden sollen, müssen Banken auch weiterhin kein Eigenkapital für Staatsanleihen vorhalten, die sie auf ihre Bilanzen nehmen. Für Staatsanleihen sollen auch künftig keine Grenzen wie für andere Großkredite der Banken gelten. Somit wird der Bestand an Staatsanleihen auf Bankbilanzen nur durch die gesamte Verschuldungsquote (»Leverage Multiple«) begrenzt. Mit Staatsanleihen können Banken ihre Pflicht zur Liquiditätshaltung erfüllen, und sie sollen auch von der geplanten Finanztransaktionssteuer ausgenommen werden.

Diese spezielle Behandlung der Staatsschuld im Regelwerk für den Finanzsektor zeigt, dass es dem Staat nicht darum geht, die private Geldschöpfung durch Kreditvergabe wegen ihrer möglicherweise destabilisierenden Wirkungen auf die Wirtschaft abzuschaffen. Vielmehr geht es ihm darum, die Kredit- und Geldschöpfung besser zu kontrollieren und für sich nutzbar zu machen. Mit dieser Absicht stehen die Staaten heute in einer langen geschichtlichen Tradition.

Der Staat und das Geld

Schon das Römische Reich hatte einen hoch entwickelten Finanzsektor. Für kleinere Zahlungen wurden Münzen verwendet, große Zahlungen wurden mit »Littera« oder »Nomina« (Schuldverschreibungen oder Anleihen) gemacht. Und natürlich verstand sich Rom auch darauf, den Gewinn bei der Geldschöpfung (die »Seigniorage«) für sich nutzbar zu machen.[73]

Nach dem Untergang des Römischen Reichs gab es keine vergleichbare zentrale Macht in Europa. Stattdessen existierten zahlreiche mehr oder weniger große Königs- und Fürstentümer, in denen statt einer Geldwirtschaft eine primitive Kreditwirtschaft regierte. Erst nach einer langen historischen Pause entwickelte sich im frühen Mittelalter wieder eine Geldwirtschaft, die jedoch die politische Zerstückelung Europas widerspiegelte. Die meisten Herrscherhäuser gaben ihr eigenes Geld heraus, um sich die »Seigniorage« einzuverleiben, die verlässlichere Einnahmen versprach als Steuern. Der Begriff stammt vom französischen Wort für Lehnsherr, der im Mittelalter das Recht zur Münzprägung (das »Münzregal«) hatte.

Seigniorage entsteht, wenn die Kosten der Geldproduktion unter den Erträgen liegen. In der Münzproduktion ist dies der Fall, wenn der Nennwert der Münzen über ihren Herstellungskosten liegt.[74]

Da das Vertrauen der Nutzer in diese Währungen begrenzt war, mussten die Herrscher den inneren Geldwert mit äußerem Materialwert unterlegen. So kam es, dass der Gold- oder Silbergehalt der Münzen eine wichtige Rolle spielte. Im Notfall besaß der Empfänger einer Münze im Tausch gegen ein Gut oder eine Leistung wenigstens noch den Materialwert des Zahlungsmittels. Dies forderte natürlich den Herrscher dazu heraus, den Gold- oder Silbergehalt seiner Münzen zu verringern, um so seine eigene Kaufkraft zu erhöhen.

Im Jahr 1299 verdoppelte zum Beispiel eine Verschlechterung der Münzen die Einnahmen der französischen Krone von rund 1 auf 2 Millionen Pfund. Zwei Generationen später, im Jahr 1349, generierte die Münzverschlechterung drei Viertel aller Einnahmen des Königs. Diese Art der Geldbeschaffung war so lukrativ, dass es in Frankreich allein zwischen 1285 und 1490 nicht weniger als 123 Münzverschlechterungen gab.[75] Die historischen Beispiele ließen sich beliebig fortsetzen und sie erklären, warum auch heute der Staat das Kreditgeldsystem lieber kontrollieren und steuern als abschaffen möchte.

Die Neigung der Herrscher, die von ihnen herausgegebenen Münzen zu verschlechtern, war ihrer Bonität nicht gerade zuträglich. Dies ließ es für sie sinnvoll erscheinen, mit der Zeit enger mit Bankiers zusammenzuarbeiten, die aufgrund ihrer besseren Reputation die für sie notwendigen Kredite leichter besorgen konnten. So entstand die öffentlich-private Partnerschaft zur Geldproduktion, die unser heutiges Geldsystem auszeichnet.

Wie diese Zusammenarbeit zustande kam, wird an der Geschichte der Entstehung der ersten Zentralbanken Europas sichtbar. Im Jahr 1656 verlieh der schwedische König dem Geschäftsmann Johan Palmstruch und seinen Partnern ein königliches Patent, das sie berechtigte, die erste Bank Schwedens zu gründen. Die Bank lieh sich 300.000 Speciedaler, eine in dieser Zeit gebräuchliche norwegische Silbermünze, gegen ungemünztes

Edelmetall, Waren, Grundbesitz und andere Wertgegenstände als Sicherheit. Mit diesem Kapital gewährte sie dem König und anderen Kredit.

Für den König hatte sich damit eine ergiebige Kreditquelle aufgetan, brauchte er sich doch nun nicht mehr selbst um Darlehen bei privaten Geldverleihern zu bemühen. Im Gegenzug dafür hatten sich Palmstruch und seine Partner mit dem königlichen Patent eine wahre Gelddruckmaschine geschaffen. Denn die Bank nahm Kupfermünzen als Einlagen an und gab Einlagenzertifikate in Form von Papiernoten aus, die zuvor nur in China als Geld benutzt worden waren.

Das Geschäft erwies sich schnell als voller Erfolg, denn bald wurden die Noten von vielen als Zahlungsmittel akzeptiert. Die Gelddruckmaschine konnte mit der Arbeit beginnen. Dazu bediente sich die Bank der schon in der Antike gebräuchlichen Technik der teilweisen Reservehaltung, die wir in Kapitel 2 kennengelernt haben. Dies machte es möglich, dass sie mehr Noten ausgeben konnte, als sie Einlagen in Form von Kupfermünzen erhalten hatte.

Die Bank behielt nur einen Teil der Einlagen als Deckungsstock für die ausgegebenen Noten und schuf gegen den anderen Teil zusätzliche Noten, die sie in Form von Darlehen in Umlauf brachte. Dazu brauchte sie nur Kreditverträge abzuschließen und den Kreditnehmern die Kreditsumme in Form von selbst gedruckten Banknoten auszuhändigen. Dem Zinseinkommen standen nur die Druckkosten für die Noten gegenüber. Auf diese Weise stieg der Nominalwert der ausgegebenen Noten weit über den der als Depositen angenommenen Kupfermünzen, für die die Noten eigentlich stehen sollten.

Diese künstliche Geldschaffung konnte natürlich nur gut gehen, solange die Einleger von Kupfermünzen nicht alle gleichzeitig die ihnen dafür ausgegebenen Noten wieder gegen die Münzen eintauschen wollten. Da die Noten als Zahlungsmittel sehr beliebt waren, schien dies unwahrscheinlich. Doch als der Kupferpreis über den Nennwert der Münzen und des dafür ausgegebenen Papiergelds anstieg, trat das Unwahrscheinliche ein: Viele Einleger wollten auf einmal ihr Geld in Münzen abheben, um diese einschmelzen zu lassen und damit Gewinn zu machen. Da die Bank die erforderliche Menge an Münzen nicht besaß, geriet sie in Zahlungsschwierigkeiten.

Für den König war das eine missliche Angelegenheit, die das königliche Patent in Verruf und ihn selbst um eine Kreditquelle brachte. Um die Insolvenz und die damit verbundenen Verluste für die Einleger und den Reputationsschaden für die Krone zu vermeiden, übernahm im Jahr 1664 die königliche Regierung die Bank. Sie versprach, alle Papiernoten in Zukunft wieder auf Verlangen gegen Kupfermünzen einzutauschen. Da sie dieses Versprechen jedoch aus Mangel an Kupfergeld nicht sofort einlösen konnte oder wollte, erklärte sie die Papiernoten kurzerhand zu ihrem Nennwert vorläufig zu einem gesetzlichen Zahlungsmittel. Damit musste ein Gläubiger die Begleichung einer Schuld mit Papiernoten akzeptieren und konnte nicht auf Bezahlung mit Kupfermünzen bestehen.

Die Bank von England, nach der Schwedischen Reichsbank die zweitälteste Notenbank der modernen Geschichte, wurde 1694 ebenfalls ins Leben gerufen, um dem König Geld zu beschaffen. In diesem Fall ging es um den Krieg gegen Frankreich. Wegen seiner mangelnden Bonität hatte Wilhelm von Oranien Schwierigkeiten, zu diesem Zweck den Kapitalmarkt anzuzapfen.

Dies brachte eine Gruppe von Geschäftsleuten auf eine Idee. Sie gründeten ein Unternehmen mit dem Namen Governor and Company of the Bank of England, das der Regierung sein Stammkapital in Form eines Darlehens über 1.200.000 britische Pfund überließ und im Gegenzug eine jährliche Zahlung von 100.000 britischen Pfund erhielt. Das Unternehmen war befugt, Einlagen von Silber- und später Goldmünzen anzunehmen und gegen diese Einlagen und das Darlehen an den König Banknoten auszugeben.[76] Indem sie nur einen Teil des Silbers und Goldes als Deckungsstock für die ausgegebenen Noten behielt und den Rest als Deckungsstock für mehr Noten verwandte, die sie über Kredite in Umlauf brachte, konnte sie wie die schwedische Reichsbank Kreditgeld schaffen und daran verdienen.

In der jüngsten Finanzkrise haben die Banken nicht nur das Vertrauen ihrer Kunden, sondern auch den Mut zur Geldschöpfung durch

Kreditgewährung verloren. Eingeschüchtert durch die Verschärfung staatlicher Regulierung und Überwachung und voll Angst vor weiteren Verlusten durch schlechte Kredite vergeben die Banken nur noch zögerlich neue Kredite und vernachlässigen die Schöpfung von Giralgeld.

In unserem System des künstlichen (Fiat-)Geldes füllen die Zentralbanken diese Lücke, indem sie Nichtbanken Vermögenswerte gegen von ihnen geschaffenes Geld abkaufen. Kauft eine Zentralbank Anleihen oder gar Aktien am Markt, weist sie eine Geschäftsbank an, dem Kunden, der ihr das Wertpapier verkauft hat, den Kaufbetrag auf seinem Konto gutzuschreiben. Sie selbst bezahlt die Bank mit neu geschaffenem Zentralbankgeld. Der Kunde hat nun eine Forderung an seine Bank und diese eine Forderung gegen die Zentralbank. Die Zentralbank hat eine Verpflichtung gegenüber der Bank, die durch das von ihr erworbene Wertpapier gedeckt ist.

Die Bilanzsummen der Zentralbank und der Geschäftsbank sind gestiegen, aber für die Geschäftsbank sind die Forderung an die Zentralbank und die Verpflichtung gegenüber dem Kunden nur durchlaufende Posten. Die konsolidierte Bilanzsumme von Zentral- und Geschäftsbank steigt nur um den von der Zentralbank geschaffenen Geldbetrag zum Kauf des Wertpapiers.

In einem System des künstlichen Geldes kann also die Zentralbank selbst die Zügel der Geldschöpfung in die Hand nehmen, ohne darauf zu warten, dass die Geschäftsbanken Geld durch Kreditgewährung erzeugen. Dabei ist Zentralbankgeld wie künstliches Gold. Unsere Zentralbanken sind die modernen Rumpelstilzchen: Sie können Gold spinnen.

Staatsgeld als System

In Grimms Märchen macht sich die Müllerstochter Rumpelstilzchens Kunst zunutze. Sie will damit die Gunst ihres königlichen Gemahls gewinnen. Entsprechend möchten die »Chartalisten« die Kunst der Zentralbanken, Geld wie Gold zu spinnen, dem Staat nutzbar machen. Mit diesem künstlichen Gold kann der Staat jede Schuld begleichen, sei sie auch noch so hoch. Geld wird so zu einer besonderen Form von Passivgeld, einem staatlichen Finanzinstrument mit dem Charakter von Eigenkapital, dem Staatsgeld.

Ein früher Befürworter von Passivgeld war der schottische Abenteurer, Glücksspieler, Geldtheoretiker und Regierungsberater John Law.[77] In seinem 1705 in Schottland publizierten Werk wehrte er sich gegen die Vorstellung von Geld als besondere Ware für den Tausch und sah es als übertragbaren Anspruch auf Waren im Allgemeinen.[78] Damit Waren produziert und getauscht wurden, war es wichtig, dass genügend dieser Ansprüche geschaffen wurden. Dies war die Aufgabe des Staates. Er hatte so viel Geld zu erzeugen, dass die Bedürfnisse der privaten Wirtschaft und der öffentlichen Finanzen befriedigt werden konnten. Um dem Staat die nötige Flexibilität in der Schaffung von Geld zu geben, musste dieses von seiner Bindung an Gold oder Silber gelöst werden. Dann konnte der Staat durch Schaffung von neuen Ansprüchen auf Waren, also durch Geldschöpfung, die Nachfrage nach Waren anregen.

Law gelang es jedoch nicht, das schottische Parlament von seinen Ideen zu überzeugen. Als sich die Vereinigung von Schottland mit England abzeichnete, verließ er die britischen Inseln, da er in England noch immer die Todesstrafe wegen eines im Jahr 1694 ausgefochtenen Duells mit tödlichem Ausgang während seiner Londoner Zeit als Glücksspieler zu fürchten hatte. Dem Vollzug der Strafe hatte er sich während der Berufungsverhandlung durch Flucht aus England nach Schottland entzogen.

In Paris kam er durch Glücksspiel zu einem Vermögen und schloss 1707 mit Philippe von Orléans Freundschaft. Als dieser im Jahr 1715 unverhofft zum Regenten Frankreichs wurde, konnte Law seinen Plan eines vom Gold unabhängigen Geldes umsetzen. Im Mai 1716 gründete er eine Bank, die nach der von Palmstruch als eine der ersten in Europa Papiergeld ausgab.

Im Jahr 1719 wurde er zum »Generalkontrolleur der Finanzen« Frankreichs und zum Direktor der Mississippi-Gesellschaft ernannt, welche die Rechte für die Entwicklung des in französischer Hand befindlichen Teils von Nordamerika hielt. In diese Gesellschaft brachte er die französische

Ost- und Westindienkompanie ein, sodass er schließlich alle außereuropäischen Handelsmonopole Frankreichs in der Hand hielt. Er überredete die Besitzer von Staatsanleihen, diese gegen Aktienanteile an der fusionierten Kompanie zu tauschen, die vom amerikanischen Aufschwung profitieren sollte.

Im nächsten Schritt ließ er sich das Recht geben, alle indirekten Steuern in Frankreich einzutreiben. In der Hoffnung, später von den Steuereinnahmen profitieren zu können, tauschten die meisten übrigen Besitzer von Staatsanleihen diese gegen Anteile der Mississippi-Gesellschaft. Law gab gegen das Aktienvermögen Papiergeld seiner Bank aus. Als der Aktienpreis der Gesellschaft in die Höhe schoss, vermehrte sich die Papiergeldmenge entsprechend. Nun war die Geldmenge nicht länger an die starre Menge vorhandenen Goldes oder Silbers gebunden, sondern ergab sich aus der im Aktienpreis widergespiegelten Erwartung künftigen wirtschaftlichen Gewinns. Höhere Gewinnerwartungen sollten das Geldangebot erhöhen, das wiederum zur Erfüllung der Erwartungen führen sollte.

Allerdings hatte Law nicht bedacht, dass Aktienpreise auch Blasen bilden können. So kam es, dass nach anfänglicher Euphorie der Aktienpreis der Mississippi-Gesellschaft abstürzte und das Papiergeld drastisch an Kaufkraft verlor. Galoppierende Inflation ließ Laws Geldsystem schließlich zusammenbrechen.[79] Er wurde im Jahr 1720 aus seinen Ämtern entlassen und verließ Frankreich. Nach weiteren Wanderungen durch Europa, während denen er sein früheres Gewerbe als Glücksspieler nun mit wenig Erfolg wieder aufnahm, starb er schließlich verarmt im Jahr 1729 in Venedig.[80]

Die erst lange Zeit nach Law entwickelte Theorie des Chartalismus geht auf den deutschen Ökonomen Georg Friedrich Knapp zurück. Wie Law wandte auch er sich in seinem 1905 erschienenen Werk *Staatliche Theorie des Geldes* gegen die Vorstellung von Geld als Tauschmittel.[81] Knapp argumentierte, dass Geld durch einen Rechtsakt des Staats geschaffen werden konnte und nicht durch ein Metall wie Gold oder Silber unterlegt werden musste. Erklärte der Staat Papiergeld zum gesetzlichen Zahlungsmittel, so konnte er verlangen, dass die Bürger ihre Steuerschuld damit beglichen. Um aber an Papiergeld zu kommen, mussten die Bürger Güter und Leistungen an den Staat verkaufen. Knapps Geldkonzept inspirierte Alfred Mitchel-Innes, für den Geld ein vom Staat geschaffenes Medium zur Begleichung von Steuerschuld war. Beide standen in der Tradition John Laws, der Warengeld ablehnte und elastisches Passivgeld schaffen wollte.

Die Nachfolger der Chartalisten, die Neochartalisten (oder Anhänger der »Modern Money Theory«), sehen die Aufgabe des Staates und seiner Zentralbank darin, Schwankungen der privaten Kredit- und Geldschöpfung durch staatliche Finanzaktivität auszugleichen.[82] Schöpft das Bankensystem durch übermäßige Kreditvergabe zu viel neues Geld, kann der Staat dem entgegenwirken, indem er durch Budgetüberschüsse seine eigene Kreditnachfrage verringert. Wenn auslaufende Staatsschuld zurückgezahlt wird und die Zentralbank das erhaltene Geld stilllegt, kann die gesamte Kredit- und Geldausweitung auf ein vertretbares Maß begrenzt werden.

Umgekehrt kann der Staat die gesamte Kredit- und Geldschöpfung im Falle einer Kredit- und Geldverknappung durch die Banken stützen, wenn er seine eigene Kreditnachfrage ausweitet und die Zentralbank die erhöhte Nachfrage durch Schaffung von neuem Geld befriedigt. Die oben beschriebene Ausweitung der Bilanzen der Zentralbanken durch den Aufkauf von Staatsanleihen, für die sich der Begriff »quantitative Lockerung der Geldpolitik« eingebürgert hat, wird dann zur neochartalistischen Antwort auf die nach dem Platzen der Kreditblase eingeleitete private Kredit- und Geldvernichtung, wenn der Staat das neu geschaffene Geld zur Finanzierung seines Defizits verwendet. Ansonsten wirkt die Politik der »quantitativen Lockerung« wie schon beschrieben über die Zinsen am Kapitalmarkt.

Am nächsten kam dem neochartalistischen Konzept die japanische Politik beim Amtsantritt von Premierminister Abe und Zentralbankchef Kuroda. Die ersten beiden Stufen von »Abenomics«, durch den Premier selbst »Pfeile« genannt, waren eine weitere Ausweitung des staatlichen Defizits, kombiniert mit einer Erhöhung der Bilanzsumme der Bank von Japan durch Käufe von Wertpapieren, einschließlich Staatsanleihen. Der

dritte »Pfeil«, der eine Reform der verkrusteten wirtschaftlichen Strukturen bringen sollte, wurde nur zögerlich abgefeuert und sollte wohl eher
die Kritiker des neochartalistischen Kurses der Wirtschaftspolitik besänf-
tigen als einen unmittelbaren Beitrag zur Überwindung der Deflation
leisten.

Die Zentralbanken, die sich im Zuge der Kreditkrise der neochartalistischen Politik genähert haben, bevorzugen dafür die Bezeichnung »nicht
standardisierte Maßnahmen der Geldpolitik«. Damit verbrämen sie das
Scheitern der von ihnen im Aufschwung des Kreditzyklus verfolgten Politik der Steuerung der Konsumentenpreisinflation. Die für diese Politik
verwendeten ökonomischen Modelle waren blind für ihre Konsequenzen
für den Kreditzyklus. So kam es, dass bei der Verfolgung von Inflationszielen die in der öffentlich-privaten Partnerschaft erzeugten Zinsen
für Kredite die Kreditnachfrage überstimulierten und eine Kreditblase
schufen.

Die Annäherung an eine neochartalistische Politik, die zur Abwehr der
ökonomischen Konsequenzen der Kreditkrise nun erfolgt, soll die Rückkehr zur ursprünglichen Politik der Inflationsziele möglich machen. Ob
dies gelingt, ist aber höchst fraglich. Je länger die Zentralbanken an ihrer
Politik der quantitativen Lockerung festhalten, desto mehr entwickelt sich
das Geld- und Kreditsystem zu einer planwirtschaftlichen Veranstaltung.

Im Unterschied zum real existierenden Sozialismus früherer Jahre steuern nun aber die staatlichen Planer nicht mehr die Realwirtschaft, sondern den Finanzsektor. Dabei wird die Zins- und Kreditpolitik durch eine
umfassende Regulierung der Finanzindustrie ergänzt. Diese Reaktion auf
die Finanzkrise kommt Schumpeters Vision eines bürokratischen Sozialismus als Antwort auf die Instabilität des Geldsystems recht nahe.

Allerdings dürfte der von Schumpeter nicht nur prognostizierte, sondern
auch befürwortete bürokratische Sozialismus kaum von Dauer sein. In
diesem Punkt hat sich Schumpeter geirrt, der den Sozialismus für eine
effektive Wirtschaftsordnung hielt. Die Analysen von Mises' und von
Hayeks, die diese Erwartung theoretisch widerlegten, wurden durch die
historische Entwicklung eindrucksvoll bestätigt.

Aufgrund seiner Unfähigkeit, eine Wirtschaft effizient zu organisieren, wird jede freie Gesellschaft den Sozialismus früher oder später wieder abschütteln. Mit Gewalt durchgesetzter Zwang ist nötig, um die Lebensdauer einer sozialistischen Wirtschaftsordnung zu verlängern. Aber auch dann bleibt eine solche Wirtschaftsordnung eine vorübergehende Erscheinung, denn Regime, die auf Zwang gründen, sind selbst inhärent instabil. Daher kann auf dem gegenwärtig eingeschlagenen Weg der staatlichen Kontrolle und Steuerung unser heute bestehendes Kreditgeldsystem nicht nachhaltig stabilisiert werden. Staatliche Kontrolle und Steuerung des Finanzsektors werden wieder abgeschüttelt, wenn sie die Leistung der Wirtschaft offensichtlich erheblich beeinträchtigen.

So gesehen war der unter US-Präsident Bill Clinton im Jahr 1999 verabschiedete Gramm-Leach-Bliley-Act, der die unter dem Glass-Steagall-Act von 1932/33 erzwungene Trennung der Banken in Kredit- und Investmentbanken rückgängig machte, eine unvermeidliche historische Entwicklung. Ebenso wird auch die gegenwärtig verschärfte Regulierung wieder abgeschüttelt werden, die Frage ist nur, wann und mit welchen Konsequenzen.

Halten wir als Zwischenergebnis an dieser Stelle fest: Wird Geld in öffentlich-privater Partnerschaft in einem System der fraktionalen Reservehaltung erzeugt, dann ist das Geldsystem inhärent instabil. Im aufsteigenden Kreditzyklus werden die Banken bei der Kredit- und Geldschöpfung immer weniger von staatlichen Regulierungen eingeschränkt. Es kommt zu übermäßiger Kredit- und Geldschöpfung, die zu Vermögenspreisblasen und Überinvestitionen führt. Schließlich platzt die Blase, und der Zyklus wendet sich.

Im absteigenden Kreditzyklus steigt der Einfluss des Staates und der Zentralbank auf die Kredit- und Geldschöpfung im Einklang mit Schumpeters Prognose der Entstehung eines bürokratischen Sozialismus. Doch ist die Entwicklung damit nicht zu Ende. Da der bürokratische Sozialismus als Belastung der Wirtschaft und Einschränkung von Freiheit empfunden wird, kommt es zu Bestrebungen, die staatliche Gängelung wieder abzuschütteln. Der Grundstein für einen erneuten Aufschwung des Kreditzyklus ist gelegt.

Wider das Staatsgeldsystem

Hart widersprechen dem Geldbegriff der Neochartalisten und der von ihnen favorisierten Geldordnung die in der Tradition der Österreichischen Schule stehenden Neo-Austrians.[83] Für diese ist Geld Tauschmittel und hat daher den Charakter von Warengeld. Es ist keine Schuldverschreibung, sondern stellt einen Vermögenswert dar, der die besondere Eigenschaft hat, leicht in andere Vermögenswerte oder Güter und Dienstleistungen getauscht werden zu können. Für die Neo-Austrians ist die Elastizität des Geldangebots der wesentliche Grund für wirtschaftliche Instabilität.[84]

Diese Elastizität wird in einem auf dem Metallstandard beruhenden Geldsystem durch die Technik der fraktionalen Reservehaltung der Banken geschaffen. In unserem gegenwärtigen System des künstlichen (Fiat-) Geldes wird sie noch dadurch gesteigert, dass die Zentralbank die Geldschöpfung der Banken durch Kreditvergabe vollständig akkommodiert. Wie wir in Kapitel 2 gesehen haben, wird dadurch die im Metallstandard noch eingeschränkte Möglichkeit der Banken zur Geldschöpfung praktisch grenzenlos.

Die Zentralbank versucht zwar, die Kreditnachfrage durch Steuerung der Zinsen für Interbankkredite zu beeinflussen, kann aber dadurch die Geldschöpfung nicht wirklich kontrollieren. Der Kontrollverlust wird komplett, wenn die Zentralbank den Erfolg ihrer Bemühungen an der Entwicklung des Konsumentenpreisindex misst und aufgrund fehlerhafter makroökonomischer Modelle den Blick auf die Kredit- und Geldentwicklung vollständig verliert.

Zur Vermeidung wirtschaftlicher Instabilität wollen die Neo-Austrians das Geldangebot unelastisch machen. Dazu wollen sie Geld zu einem festen Preis an Gold binden und die Banken zur vollständigen Deckung von Sichteinlagen mit Gold verpflichten.[85] Den Einwand, die begrenzte Menge an Goldvorräten würde in einer wachsenden Wirtschaft eine unerwünschte Tendenz zur Deflation hervorbringen, lassen sie nicht gelten.

Steigt die Nachfrage nach Geld aufgrund eines höheren Volumens an Transaktionen in einer wachsenden Wirtschaft oder aufgrund des Wunsches, einen höheren Geldbestand zu halten, so sinken die in diesem Geld ausgedrückten Preise aller anderen Güter oder Vermögenswerte. Dies sollte ebenso wenig Schwierigkeiten bereiten wie die in unserem gegenwärtig existierenden Geldsystem angestrebte Tendenz zu steigenden Preisen.

Oft wird dagegen eingewendet, dass in der Tendenz sinkende Preise die Konsumenten zur Zurückhaltung beim Kauf von Gütern und Dienstleistungen und zur Hortung von Geld veranlassen könnten. Wie wir in Kapitel 1 gesehen haben, haben Silvio Gesell und andere aus Furcht vor einer verbreiteten Hortung von Geld vorgeschlagen, das Geld »rosten« zu lassen, das heißt, seinen Wert systematisch mit der Zeit zu verringern. Solange die Deflation nicht galoppiert, ist es jedoch unwahrscheinlich, dass sich Verbraucher systematisch zurückhalten und Geld horten, statt zu konsumieren.

So betrug zum Beispiel die Inflationsrate in Japan in der Zeit von 1995 bis (einschließlich) 2013 –0,1 Prozent. In dieser Zeit stieg der reale Konsum pro Kopf mit einer durchschnittlichen Jahresrate von 0,8 Prozent. Im gleichen Zeitraum betrug die Inflationsrate in Deutschland 1,5 Prozent, und der reale Konsum pro Kopf stieg mit einer Jahresrate von 0,9 Prozent. Die leichte Deflation in Japan ging demnach mit einem Wachstum des Konsums einher, das dem in Deutschland sehr ähnlich war, obwohl die deutsche Inflationsrate positiv und wesentlich höher war als die japanische.[86]

Unbestritten ist dagegen, dass Deflation, ob leicht oder schwer, Vermögen von Schuldnern zu Gläubigern umverteilt. Der um die Veränderung des Preisniveaus bereinigte Wert von nominalen Forderungen und Verbindlichkeiten steigt, wenn das Preisniveau sinkt. Dies kann es den Schuldnern schwer machen, ihre Verpflichtungen einzuhalten, da ihre laufenden nominalen Einkünfte durch die Deflation gedrückt werden, der nominale Wert der Schuld aber gleich bleibt.

Die Furcht vor Deflation ist daher umso größer, je höher die Verschuldung in einer Wirtschaft ist. In unserem die Verschuldung begünstigenden Geldsystem, wo Kredit aus dem Nichts nahezu unbegrenzt geschaffen werden kann, stellt Deflation eine die Existenz des Systems bedrohende

Gefahr dar. Deshalb sind alle Kräfte der Wirtschafts- und Geldpolitik darauf konzentriert, Deflation zu vermeiden.

Dagegen ist Inflation wegen ihrer verzerrenden Wirkungen auf die relativen Preise heute zwar unerwünscht, jedoch nicht existenzbedrohend. Angesichts dieser asymmetrischen Risikoverteilung tendiert unser Geldsystem aus dem Wunsch zur Selbsterhaltung daher zur Inflation, was durch die positiven Ziele der Zentralbanken für die Konsumentenpreisinflation zum Ausdruck kommt.

Die in der Tradition der Österreichischen Schule stehenden Neo-Austrians stellen sich nicht nur gegen die unserem Geldsystem innewohnende Instabilität, sondern auch gegen seine Begünstigung der Schuldner auf Kosten der Gläubiger und der Besitzlosen der Gesellschaft, deren nominale Einkommen durch die den Schuldnern zugutekommende Inflation ausgehöhlt werden.

Eine an die Österreichische Schule angelehnte, aber von den meisten Österreichern und Neo-Austrians abgelehnte Geldordnung hat Friedrich von Hayek in einem 1971 veröffentlichten Aufsatz vorgeschlagen.[87] In seiner während der inflationären 1970er-Jahre entstandenen Arbeit diagnostiziert Hayek einen permanenten Missbrauch des staatlichen Vorrechts zur Geldschaffung und sieht Inflation weitgehend als von den Regierungen erzeugt. Der Staat sichert sich das Monopol zur Ausgabe von Geld, um seine Macht zu festigen. Die Erhebung von Geld zum gesetzlichen Zahlungsmittel dient nach Hayek vornehmlich dem Zweck, dem Staat den Eingriff in private Verträge zu erlauben und bei Bedarf das in diesen Verträgen vereinbarte Zahlungsmittel in einem ihm genehmen Sinn zu ändern (wie nach dem Zusammenbruch von Palmstruchs Bank in Schweden geschehen).

Eine Rückkehr zum System des Warengelds, beispielsweise in Form des Goldstandards, sieht Hayek nur als zweitbeste Lösung, denn auch in diesem System wird Geld monopolistisch erzeugt (wenn auch dem Staat dabei stärker die Hände gebunden sind). Optimales Geld kann nur im freien Wettbewerb privater Anbieter zustande kommen. Dazu schlägt Hayek vor, dass private Banken Geld ausgeben, dessen Kaufkraft sie gegenüber einem Korb von Rohstoffen konstant halten.[88] Im Wettbewerb soll sich dann werthaltiges Geld durchsetzen. Weiches Geld verschwindet vom Markt, weil Nutzer die von ihnen gehaltenen Bestände in hartes Geld tauschen und weiches Geld in Zukunft nicht mehr nachfragen.

In diesem System ist eine Zentralbank überflüssig. Da der Wettbewerb für die angemessene Bereitstellung von Geld sorgt, braucht es keine Geldpolitik. Auch braucht es keine letzte Instanz zur Kreditgewährung, da die geldemittierenden Banken ja Geld aus dem Nichts schöpfen können und andere, die kein eigenes Geld herausgeben, auf Einlagen in fremdem Geld in vollem Umfang Reserven halten. Vertreter der Neo-Austrians haben Hayeks Konzept scharf kritisiert, weil es von Mises' »Regressionstheorem« widerspricht, nach dem Geld nicht entstehen kann, ohne vorher Ware gewesen zu sein, und weil dabei höhere Informationskosten anfallen als in einem einheitlichen Warengeldsystem wie dem Goldstandard.

Der Meinungsstreit zwischen den Neochartalisten und den Neo-Austrians über den Charakter des Geldes und die richtige Geldordnung ist nicht neu. Schon im England der 1820er-Jahre gab es eine Denkschule, genannt Currency School, die Papiergeld so eng wie irgend möglich an seine metallische Basis in Form von Gold binden wollte. Dazu sollten die Banken gezwungen werden, ihr geschaffenes Papiergeld zu 100 Prozent mit Gold zu decken.

Dem stand eine andere Denkrichtung gegenüber, genannt Banking School, die darauf hinwies, dass zusätzlich zu Gold und Banknoten Bankeinlagen und Handelswechsel existierten, die ebenfalls den Charakter von Geld hätten. Für die Vertreter dieser Schule war eine staatliche Kontrolle der Einlagen weder möglich noch wünschenswert.

Das richtige Angebot von Geld stelle sich am besten im freien Wettbewerb der Banken untereinander ein – diese These wurde Banking Principle genannt. Wenn unvorsichtiges Geschäftsgebaren der Banken gelegentlich zu exzessiver Kreditvergabe und Geldschöpfung führe, so würde es der Markt schon korrigieren und bestrafen. Staatliche Maßnahmen könnten da nichts ausrichten.

Die Debatte endete in einem halbherzigen Kompromiss. Im Bank Charter Act von 1844 wurde den Banken verboten, ihre eigenen Banknoten auszugeben. Nur die Bank von England sollte dazu das Recht haben. Außerdem wurde die Bank dazu verpflichtet, die ausgegebenen Noten zu 100 Prozent mit Gold oder Forderungen an den Staat von bis zu 14 Millionen Pfund zu decken. Damit sollte das Angebot von Geld unelastisch gemacht werden.

Obwohl der Bank Charter Act als Sieg der Currency School gesehen wurde, litt die Absicht der Begrenzung der Geldschaffung daran, dass Bankeinlagen von der Pflicht der Unterlegung mit Gold ausgenommen wurden. Dies machte es den Banken möglich, mit der Technik der fraktionalen Reservehaltung eigenes Giralgeld zu schöpfen und auch weiterhin Kreditblasen zu erzeugen, die in Kreditkrisen mündeten. Letztendlich, so die Lehre aus der Geschichte, müssen auch Bankeinlagen einer Pflicht zur Deckung mit Außengeld, wie zum Beispiel Warengeld, unterworfen werden.

Vollgeld – aber wie?

In den 1920er-Jahren führte eine von den Geschäftsbanken mithilfe der Zinspolitik der Zentralbanken vorangetriebene massive Ausweitung der Kreditvergabe zu einer Aktienpreisblase. Als diese 1929 platzte, stürzten die westlichen Industrieländer in die Depression. Wie wir in Kapitel 3 gesehen haben, löste dieses Ereignis eine breite Debatte über die Stabilität des Kreditgeldsystems aus.

Einflussreiche Ökonomen machten in erster Linie die private Geldschöpfung durch die Geschäftsbanken für die Kreditblase verantwortlich und schlugen in einem als Chicago-Plan bekannt gewordenen Aufruf im März 1933 die Abschaffung des fraktionalen Reservesystems vor.[89] Wenn man den Banken auferlegte, so die Verfasser, für sämtliche Sichteinlagen Reserven bei der Zentralbank zu halten, so könnten sie selbst kein Geld mehr aus dem Nichts durch die Vergabe von Krediten schöpfen. Die Zentralbank allein könne das gesamtwirtschaftliche Kredit- und damit auch Geldvolumen bestimmen, indem sie Staatsanleihen erwürbe und dafür Geld ausgäbe. Der Geldbestand entspräche dann der Verpflichtung des Staates. Da diese Verpflichtung nicht zurückgezahlt werden kann, ohne das Geld selbst abzuschaffen, hätte sie den Charakter von Eigenkapital. Wie in John Laws Geldsystem würde die Staatsschuld somit von rückzahlbarem Fremd- zu nicht rückzahlbarem Eigenkapital.[90]

Die Wirtschaftssubjekte hielten Geld in Form von Zentralbankgeld bei den Banken, oder sie stellten den Banken oder Investment Trusts Geld als Eigenkapital zur Verfügung, das als Grundlage zur Kreditgewährung diente. Die Banken würden sich um die Abwicklung des bargeldlosen Zahlungsverkehrs und um die Vermittlung von bei ihnen in Eigenkapital angelegten Ersparnissen an Investoren kümmern. Für diese Dienstleistungen würden sie wie jeder andere Dienstleistungsbetrieb mit einer entsprechenden Gebühr entlohnt. Kredite würden mit Eigenkapital statt durch Geldschöpfung finanziert werden.

Der Staat würde von dem gedeckten Geldsystem profitieren, da er sich nun ohne kostspieligen Umweg über die Banken direkt bei der Zentralbank finanzieren könne. Diese würden die »Seigniorage« aus privater Geldschöpfung, die durch die Differenz zwischen Einlagezins und dem risikobereinigten Zins auf Ausleihungen zustande kommt, an den Staat abgeben müssen.

Obwohl die Regierung Roosevelt den Chicago-Plan ernsthaft als Antwort auf die Finanzkrise der frühen 1930er-Jahre in Betracht zog, wurde er schließlich doch nicht verwirklicht. Die Lobbyisten der Banken leisteten erbitterten Widerstand, um sich die Gewinne aus der privaten Geldschöpfung durch Kreditvergabe zu sichern, und setzten sich damit durch. Für sie war wohl die Trennung von Einlagen und Kreditgeschäft vom Wertpapiergeschäft durch den Glass-Steagall-Act von 1933 das geringere Übel. In jüngerer Zeit wurde der Chicago-Plan von Jaromir Benes und Michael Kumhof, zwei Ökonomen des IWF, als Antwort auf die Finanzkrise wieder zur Diskussion gestellt.[91]

Der Chicago-Plan stimmt mit den Vorstellungen der Neo-Austrians bezüglich der Volldeckung von Sichteinlagen durch bei der Zentralbank gehaltenen Reserven überein. Doch obwohl die Befürworter des Chicago-Plans überzeugte Marktliberale waren – und einige von ihnen später zu den

Gründern der Chicago-Schule der Ökonomie gehörten – stellten sie das Recht des Staates, Geld als Finanzinstrument im Monopol zu emittieren, nicht infrage. Der Vorschlag, dass die Zentralbank das von ihr ausgegebene Geld mit Forderungen an den Staat decken soll, rückt den Chicago-Plan daher näher an das Konzept der Neochartalisten, die Geld als Finanzierungsinstrument des Staates sehen. Denn wenn man die Zentralbank als Teil des Staatssektors betrachtet, dann können Forderungen und Verpflichtungen zwischen Zentralbank und Staat konsolidiert werden. Was bleibt, ist die Verpflichtung des Staates in Form von Zentralbankgeld.[92]

Außerdem widerspricht auch die Vorstellung, dass der Gewinn der Geldschöpfung dem Staat zufallen soll, den Vorstellungen der Neo-Austrians. Diese wollen ja ein unelastisches Geld, das für die Geldbesitzer eine Dividende in Form einer mäßig negativen Inflationsrate abwirft. Geldhaltung – und nicht Geldschöpfung – rentiert sich, weil die Kaufkraft des Geldes mit der Zeit steigt.

Ein dem Chicago-Plan ähnliches Modell ist das Vollgeldsystem, das maßgeblich von Joseph Huber entwickelt und in Deutschland von einer »Monetative« genannten Vereinigung propagiert wird.[93] Anstatt wie im Chicago-Plan Sichteinlagen in den Bilanzen der Banken zu belassen und diese »nur« durch die Hinterlegung von Zentralbankgeld vollständig abzusichern, sollen im Vollgeldsystem die Geldschöpfung und der Zahlungsverkehr ganz aus dem Einflussbereich der Banken herausgenommen werden. Der Unterschied zwischen Zentralbank- und Giralgeld wird aufgehoben. Nur durch die Vereinheitlichung des Geldkreislaufs, so die Anhänger dieses Systems, könne völlig ausgeschlossen werden, dass die Banken selbst kein neues Geld mehr kreieren können. Banken würden Eigenkapital, Spar- und Termineinlagen dazu verwenden, Kassenbestände, Kredite, Wertpapierbestände und Sachanlagen zu finanzieren.

Klaus Karwat beschreibt in einer vereinfachten Darstellung der Bilanz einer Bank, wie in diesem System die Vergabe eines Kredits aussähe (Tabelle 6.1). Statt einen Kredit aus dem Nichts zu schöpfen und dem Kunden als Sichtguthaben gutzuschreiben, wie wir es im fraktionalen Reservebankensystem im Kapitel 2 gesehen haben, wird dem Kreditnehmer der Kreditbetrag aus dem Guthaben der Bank bei der Zentralbank überwiesen.

Bei der Geschäftsbank findet ein »Aktivtausch« statt: Die Forderung an die Zentralbank nimmt ab, die Forderung an den Kreditnehmer nimmt im gleichen Umfang zu. Bei der Zentralbank findet spiegelbildlich dazu ein »Passivtausch« statt: Die Verbindlichkeiten an die Geschäftsbank nehmen ab, und die Verbindlichkeiten an den Kunden nehmen zu (indem sie in ein Geldkonto für den Kunden eingebucht werden).[94]

Aktiva	Passiva
Kassenbestand und unbare Guthaben bei der Zentralbank **- Betrag Kundenkredit**	Spar- und Termineinlagen
Forderungen an Kunden (Kundenkredit) **+ Betrag Kundenkredit**	Eigenkapital
Wertpapiere Sachanlagen (Betriebs- und Geschäftsausstattung)	

Tabelle 6.1 Geschäftsbank nach Kreditvergabe im Vollgeldsystem,
Quelle: Klaus Karwat, »Vom Fraktionalen Reservesystem zur Monetative: Eine Darstellung in Bilanzform«, Oktober 2009 (www.vollgeld.de)

Aktiva	Passiva
Währungs- und Goldreserven	Banknoten
Zins- und tilgungslose Forderung an den Staat	Verbindlichkeiten in Höhe des Bestandes an umlaufendem unbarem Geld **– Verbindlichkeit an Geschäftsbank**
Wertpapiere	**+ Verbindlichkeit an Kunde**
Sachanlagen	
	Eigenkapital

Tabelle 6.2 Zentralbank nach Kreditvergabe im Vollgeldsystem,
Quelle: Eigene Darstellung in Anlehnung an Karwat (2009)

Wie die Tabelle 6.2 zeigt, ist die Verbindlichkeit der Zentralbank aus barem und unbarem Geld zu einem wesentlichen Teil durch zins- und tilgungslose Kredite an den Staat gedeckt. Dadurch nimmt das Vollgeldsystem chartalistische Charakterzüge an: Geld ist im Wesentlichen eine Verbindlichkeit des Staates, die dieser wiederum durch seine Forderungen aus den Steuern seiner Bürger deckt.

Damit der Staat sich aber seinen Verpflichtungen nicht dadurch entziehen kann, dass er mehr Schulden an die Zentralbank ausgibt, als er später durch Steuereinnahmen decken kann, wollen die Vertreter der Monetative der Zentralbank eine der Judikative, also der Gerichtsbarkeit entsprechende unabhängige Stellung in der Organisation des Staates geben. Die Zentralbank entscheidet nun unabhängig unter Berücksichtigung der erwarteten Ausweitung des Produktionspotenzials und der unvermeidlichen Inflationsrate über die Zunahme der Geldmenge.

Geldschöpfung findet dann dadurch statt, dass die Zentralbank dem Staat das Geld auf seinem Konto gutschreibt und gleichzeitig einen entsprechenden Anstieg ihrer Forderungen an den Staat einbucht. Der Staat bringt das neue Geld in Umlauf, indem er damit seine Rechnungen für Personal- und Sachausgaben begleicht. In diesem System kommt der Gewinn der Geldschöpfung, die Seigniorage, also vollständig dem Staat zugute, der neues Geld durch seine Ausgaben in Umlauf bringt.

Im gegenwärtigen System der privaten Geldschöpfung durch fraktionale Reservehaltung wird Geld durch private Banken über die Vergabe von Krediten geschaffen. Dies ist nicht nur eine Quelle von wirtschaftlicher Instabilität, sondern sichert den Banken auch den Gewinn aus der Schöpfung von Giralgeld. Für die Zentralbank und damit den Staat bleibt nur der Gewinn aus der Schöpfung von Zentralbankgeld in Form von Bargeld und Einlagen der Banken. Allerdings wollen heute nicht mehr alle Anhänger des Vollgeldsystems die Deckung und Schöpfung von Geld ausschließlich durch den Staat. So sprechen sich in jüngerer Zeit Anhänger des Vollgelds auch für Ausschüttungen neu geschaffenen Vollgelds unter Umgehung des Staats direkt an die Bürger aus.[95] Dadurch wird der Abstand des Vollgeldsystems zu den Vorstellungen der Neo-Austrians von einer staatsfernen Geldordnung ohne fraktionale Reservehaltung geringer.

Die Anhänger des Vollgeldsystems haben auch Vorschläge gemacht, wie der Übergang von der bestehenden Geldordnung gestaltet werden kann. Dazu werden in einem ersten Schritt die Sichteinlagen der Kunden aus der Bilanz der Geschäftsbanken ausgebucht und als Verbindlichkeit der Zentralbank eingebucht. Nun haben die Geschäftsbanken deutlich weniger Verbindlichkeiten, die Zentralbank dagegen deutlich mehr.

Um private Gewinne und öffentliche Verluste aus der Umstellung zu vermeiden, erhält die Zentralbank eine Forderung gegen die Geschäftsbanken im Umfang der umgebuchten Sichteinlagen. Die Inhaber von Sichteinlagen halten nun ausfallsichere Forderungen gegen die Zentralbank. Die Kreditnehmer haben aus früheren Kreditverträgen immer noch Verpflichtungen gegenüber den Geschäftsbanken. Zahlen Kreditnehmer nun Kredite zurück, so bucht die Bank diese Forderungen auf ihrer Aktivseite aus und das empfangene unbare Zentralbankgeld in ihre Forderungen gegen die Zentralbank ein.

Da die Zentralbank auf Geldkonten weder Zinsen zahlt noch verlangt, bereitet es den Geschäftsbanken nur Verwaltungskosten, hohe Bestände an Zentralbankguthaben und -verpflichtungen zu halten. Sie werden also ihre Bilanz verkürzen, indem sie die aus der Rückzahlung von Krediten aufgebauten Zentralbankkonten verwenden, um ihre Verbindlichkeiten bei der Zentralbank abzubauen. Mit der Rückzahlung der Kredite an die Banken und die Tilgung der Bankverpflichtungen gegenüber der Zentralbank mit diesen Mitteln würde die Vollgeldmenge schrumpfen. Um dem entgegenzuwirken, schlagen die Anhänger des Vollgelds vor, dass die Zentralbank die empfangenen Beträge an den Staat überweist, der damit seine ausstehenden Schulden tilgen soll. Der sich aus der Einführung von Vollgeld ergebende Umstellungsgewinn soll so zur Entschuldung des Staates verwendet werden (mehr dazu im folgenden Abschnitt). Die Umstellung ist beendet, wenn die Banken ihre gesamten Verbindlichkeiten gegenüber der Zentralbank abgebaut haben und ihre Bilanz wie in Tabelle 6.1 dargestellt aussieht.

Unter den Anhängern des Vollgelds gibt es ein breites Spektrum an Meinungen, wie mit den Banken und sonstigen Finanzinstituten außerhalb des Vollgeldsystems verfahren werden soll.[96] Detaillierte Vorstellungen dazu finden sich vor allem bei denjenigen, die verhaltensorientierten Ansätzen der Ökonomie zuneigen. Wie wir schon in Kapitel 3 diskutiert haben, werden in diesen Ansätzen wirtschaftliche Entscheidungen auf Gefühle im weiteren Sinn zurückgeführt, die als Gegensatz zu rationaler Optimierung unter vollständiger Information gesehen werden.

Kredit- und Konjunkturzyklen werden mit Veränderungen von Gefühlen erklärt, wie von Hyman Minsky, einem Vertreter der postkeynesianischen Schule, schon in den 1980er-Jahren beschrieben. Nach Minsky werden am Anfang eines Aufschwungs im Kreditzyklus Kredite mit der Absicht aufgenommen, aus den Erträgen der mit ihnen finanzierten Projekte Zins- und Tilgungszahlungen leisten zu können.

Mit zunehmender Zuversicht in eine günstige wirtschaftliche Entwicklung gehen die Akteure dazu über, Projekte zu finanzieren, deren Erträge nur noch die Zinszahlungen decken. In dieser Phase des Kredit- und Konjunkturzyklus wird erwartet, dass die Preise für Vermögenswerte zumindest nicht fallen, sodass eine Refinanzierung ausstehender Schulden in vollem Umfang immer möglich ist. Schließlich steigt die Zuversicht so weit, dass in der Tendenz steigende Preise für Vermögenswerte erwartet werden. Dies erlaubt es nun, nicht nur den gesamten für eine Investition notwendigen Kapitalbedarf, sondern zusätzlich noch den kapitalisierten Zins für die erwartete Halteperiode fremdzufinanzieren.

Die Akteure gehen fest von einem so starken Anstieg der Preise für Vermögenswerte aus, dass sie bei Verkauf ihres Investitionsobjekts einen Erlös erzielen werden, der sowohl die Anschaffungskosten als auch die kapitalisierten Zinskosten der Haltezeit deckt und darüber hinaus noch einen Gewinn abwirft. Nach Minsky ist der Höhepunkt des Kreditzyklus dann erreicht, wenn sich viele Akteure von solchen Erwartungen leiten lassen. Unweigerlich werden einige dieser Erwartungen enttäuscht werden, sodass es zu Kreditausfällen kommt, die den Abschwung des Kreditzyklus einleiten.

Anhänger des Vollgelds, die auch Minskys Theorie des Kreditzyklus folgen, sehen zusätzlichen Bedarf für eine umfassende Regulierung des Finanzsektors außerhalb des Bankensystems. Ein Vertreter dieser Gruppe ist Helge Peukert, Professor an der staatswissenschaftlichen Fakultät der Universität Erfurt und Mitglied des wissenschaftlichen Beirats von Attac. Peukert fordert nicht nur die Abschaffung des Geldschöpfungsprivilegs der Banken, sondern will auch den Banken- und Finanzsektor umfassend regulieren.[97] Dafür fordert er unter anderem

> ➤ die Begrenzung der Größe der Banken,

> ➤ eine drastische Erhöhung des Eigenkapitals der Banken,

> ➤ die Einführung des Trennbankensystems,

> ➤ ein Verbot von Leerverkäufen und Kreditausfallversicherungen,

> ➤ die Besteuerung von Finanztransaktionen und ein Verbot des Hochfrequenzhandels,

> ➤ ein Verbot des Verkaufs von schädlichen Finanzprodukten an Kleinanleger sowie

> ➤ eine Reichensteuer und die Begrenzung privater Vermögen.

Letztendlich läuft Peukerts Programm auf eine sehr restriktive Version des von Schumpeter prognostizierten bürokratischen Sozialismus hinaus. Wie Schumpeter glaubt Peukert nicht, dass dies zu einer wesentlichen Einschränkung demokratischer Freiheiten führen wird. Im Gegenteil, er fordert in einem Atemzug demokratische und soziale Reformen der EU und die Abschottung der EU vom Welthandel sowie eine dirigistische allgemeine Wirtschaftsordnung zur Erreichung einer ökologischen »stationären Nachwachstumsgesellschaft«.

Die Aktivgeldordnung

In diesem Kapitel haben wir verschiedene Antworten auf die Frage nach einem stabilen Geldsystem diskutiert. Schumpeter ist zuzustimmen, dass das fraktionale Reservebankensystem, insbesondere wenn es von jedem materiellen Anker gelöst ist, zur Destabilisierung der Wirtschaft neigt. Wie wir heute sehen, stärken die von diesem System erzeugten Banken- und Finanzkrisen den Drang in der Gesellschaft zum bürokratischen Sozialismus.

In einer freiheitlichen Gesellschaftsordnung wird dieser zwar keinen dauerhaften Bestand haben, aber sein Aufstieg in der Zeit nach der Krise erzeugt erhebliche Folgekosten in Form von Verlusten an wirtschaftlicher Effizienz, die zu den unmittelbaren Kosten der Krise addiert werden müssen. Die Gesamtkosten der Krise sind umso höher, je weiter und je länger die Gesellschaft den Gang in den bürokratischen Sozialismus geht. Diese Kosten sind Grund genug, über eine alternative Geldordnung nachzudenken, die der Stabilität der Wirtschaft weniger abträglich ist.

Ausgehend von unserem bestehenden System der Gelderzeugung in einer öffentlich-privaten Partnerschaft kann eine Weiterentwicklung zu einem stabileren System die öffentliche oder die private Komponente der Gelderzeugung in den Vordergrund rücken. In der Tradition der Chartalisten stehende Vorschläge setzen auf ein zentral gesteuertes, staatliches Geldsystem. Dagegen zielen die in der Tradition der Österreichischen Schule stehenden Vorschläge auf ein dezentral gesteuertes, privates System ab.

Meiner Meinung nach kann nur ein dezentral gesteuertes, staatsfernes System die Plattform für wirtschaftliche Effizienz und Stabilität liefern. Ein staatliches System wird immer anfällig für eine bürokratisch-sozialistische Einflussnahme des Souveräns sein. Ein abrupter Wechsel von unserem gegenwärtigen Fiat-Geldsystem mit fraktionaler Reservehaltung zum Goldstandard mit voller Reservehaltung kann aber nur stattfinden, wenn unser gegenwärtiges System in einer großen Geldkrise zusammenbricht, wie es zum Beispiel Detlev Schlichter prognostiziert.

Eine Revolution erfordert, dass das alte Regime durch eine Krise wegge-
fegt wird. Heißt dies, dass wir erst den Zusammenbruch unseres gegenwärtigen Geldsystems erleiden müssen, bevor wir ein besseres einführen
können? Ich hoffe nicht. Es sollte möglich sein, eine stabilere Geldordnung in einem evolutionären Prozess einzuführen, der weniger schmerz-
haft ist als eine ausgewachsene Revolution. Wie könnte ein solcher Prozess aussehen?

> ➤ Erster Schritt: Geld wird in unserer Rechtsordnung als »Aktivum«
> definiert. Dadurch wird die Emission von Geld als staatlicher oder
> privater Finanztitel mit dem Charakter von Eigen- oder Fremdka-
> pital untersagt. Die Zentralbank darf Zentralbankgeld nicht durch
> Kredite an den Staat schöpfen, und private Banken dürfen Giral-
> geld nicht durch Kredite an Nichtbanken produzieren. Damit er-
> hält unser Geld den Charakter von Warengeld, und das System der
> fraktionalen Reservehaltung wird beendet. Geldkonten der Banken
> sind Konten zur Verwahrung von Geld bei der Zentralbank. Geld
> ist also »Vollgeld«, das nur durch die Zentralbank geschaffen wer-
> den kann. Natürlich sind die Inhaber von Geldkonten frei, Geld
> aus diesen Konten in Spar- oder Termineinlagen umbuchen zu las-
> sen und den Banken als Mittel zur Kreditvergabe an Unternehmen,
> private Haushalte oder den Staat zur Verfügung zu stellen.

> ➤ Zweiter Schritt: Der Staat delegiert die Bereitstellung von Geld an
> eine von ihm unabhängige Instanz, die wir dem Sprachgebrauch
> folgend hier Zentralbank nennen, obwohl sie sich von den heute
> existierenden Zentralbanken deutlich unterscheidet. Da Geld als
> Aktivum definiert ist, emittiert die Zentralbank Geld gegen den
> »guten Willen« der Staatsbürger. Buchhalterisch erscheint Geld als
> Eigenkapital auf der Passivseite der Bilanz, das durch den »gu-
> ten Willen« der Bürger auf der Aktivseite gedeckt ist. Aber die
> Deckung ist Vertrauen, das nicht real, sondern nur imaginär sein
> kann. Als Tribut an die gesellschaftliche Abneigung gegen Defla-
> tion weitet die Zentralbank die Geldmenge mit dem geschätzten
> Anstieg des Produktionspotenzials von 1 bis 2 Prozent aus. Da-
> durch soll vermieden werden, dass die Preise in einer wachsenden
> Wirtschaft im Trend fallen. Die Zentralbank verfolgt aber keine

aktive Geldpolitik mit dem Ziel, die Inflation oder die Konjunktur zu steuern. Neues Geld wird geschaffen, indem die Zentralbank jedem Staatsbürger seinen anteiligen Betrag an der Geldvermehrung als Dividende auf seinem Geldkonto gutschreibt.

> Dritter Schritt: Im Finanzsektor gilt das Prinzip der unternehmerischen Freiheit, verbunden mit unternehmerischer Haftung. Staat und Zentralbank erklären, dass alle Finanzierungsinstrumente vom Ausfall des Emittenten entsprechend ihrer Stellung in der Rangordnung der Haftung betroffen sind. Der Staat verlangt von jedem Emittenten von Fremd- und Eigenkapital eine klare Einordnung des emittierten Produkts (oder aufgenommenen Kredits) in die Haftungsordnung. Der Staat verfolgt jede Aktivität als Betrug, in der Finanzprodukte als sicherer Ersatz für Geld ohne Mithaftung des Anlegers bei Ausfall des Produkts angeboten werden.

Entsprechend dem Charakter des Geldes als Aktivum nenne ich diese Geldordnung »Aktivgeldordnung« in Anlehnung an die englische Bezeichnung »positive money«.[98] Dabei ist es nicht meine Absicht, einen vollkommen neuen Vorschlag zur Geldordnung zu machen. Vielmehr möchte ich eine bestimmte Variante des Vollgeldsystems erarbeiten, die einen Brückenschlag zu den österreichischen Vorstellungen von einer staatsfernen Geldordnung erlaubt. Die stilisierten Bilanzen der Zentralbank und des Bankensystems sind in den Tabellen 6.3 und 6.4 dargestellt.

Die Geschäftsbanken verwahren die Geldeinlagen der Kunden für diese bei der Zentralbank und können die Einlagen nicht zur Finanzierung der Aktivseite ihrer Bilanz verwenden. In der konsolidierten Bilanz von Zentralbank und Geschäftsbanken ist der Wert des Geldes durch das Vertrauen – den »guten Willen« – der Geldhalter gedeckt. Auf den ersten Blick mag dies als frivole Luftbuchung erscheinen. Bei näherer Betrachtung erweist sich jedoch, dass auch in der gegenwärtig üblichen Buchungstechnik Passivgeld nur durch Vertrauen gedeckt ist: In der konsolidierten Bilanz des Bankensystems decken Forderungen der Banken an Unternehmen, Haushalte und den Staat das Giralgeld. Diese Forderungen sind aber auch nur durch das Vertrauen darauf gedeckt, dass diese Schuldner entsprechende Leistungen erbringen, die zur Erhaltung des Geldwerts nötig sind. Letztlich wird jede Form von Geld – auch Gold – nur durch das Vertrauen der Nutzer gedeckt, dass damit ein Wirtschaftsgut gekauft werden kann.

Wollen Bankkunden von ihrem Geldkonto Bargeld abheben, so verringern die Geschäftsbanken zunächst die Geldguthaben in Tabelle 6.5, die sie für ihre Kunden bei der Zentralbank halten, und erhöhen ihren Bestand an Bargeld. Im nächsten Schritt wird das Bargeld an die Kunden ausgezahlt und die Geldeinlagen der Kunden werden entsprechend verringert. Die Bilanzen der Banken haben sich um 100 GE verkürzt. Die Bilanzsumme der Zentralbank bleibt unverändert, aber die Ausgabe von Bargeld steigt um 100 GE, während sich der Deckungsstock für die Geldkonten der Banken um 100 GE verringert (Tabelle 6.6).

Aktiva	Passiva
Währungsreserven, Gold	Bargeld
Guter Wille	Geldeinlagen der Banken zur Deckung
Sachanlagen	von Geldeinlagen der Nichtbanken
	Eigenkapital

Tabelle 6.3 Bilanz der Zentralbank

Aktiva	Passiva
Bargeld	Geldeinlagen der Nichtbanken
Geldguthaben bei der Zentralbank	Spar- und Termineinlagen der
zur Deckung der Geldeinlagen der	Nichtbanken
Nichtbanken	Eigenkapital
Kredite an Nichtbanken	

Tabelle 6.4 Bilanz der Geschäftsbanken

Wollen Kunden nun Geldeinlagen längerfristig anlegen, dann können die Banken Kredite vergeben. Die Buchungen in der Bilanz der Geschäftsbanken für den Fall eines Anstiegs der Ersparnis um 100 GE und die Vergabe eines Kredits über diese Summe sind in Tabelle 6.7 dargestellt. Im ersten Schritt sinken die Geldguthaben und steigen die Spar- und Termineinlagen um jeweils 100 GE. Gleichzeitig sinken die Geldeinlagen der Banken bei der Zentralbank zur Deckung der Geldkonten der Nichtbanken.

Aktiva	Passiva
Bargeld	Geldeinlagen der Nichtbanken
1. Schritt: + 100	2. Schritt: – 100
2. Schritt: – 100	Spar- und Termineinlagen der
Geldguthaben bei der Zentralbank	Nichtbanken
zur Deckung der Geldeinlagen der	Eigenkapital
Nichtbanken	
–1. Schritt: 100	
Kredite an Nichtbanken	
–100	–100

Tabelle 6.5 Veränderung der Bilanz der Geschäftsbanken bei Barabhebung von 100 Geldeinheiten

Aktiva	Passiva
Währungsreserven, Gold	Bargeld
Guter Wille	1. Schritt: + 100
Sachanlagen	Geldeinlagen der Banken zur Deckung
	von Geldeinlagen der Nichtbanken
	2. Schritt: – 100
	Eigenkapital
0	0

Tabelle 6.6 Veränderung der Bilanz der Zentralbank bei Barabhebung von 100 Geldeinheiten

Im zweiten Schritt steigen die Kreditforderungen der Banken, und das im Kreditvertrag vereinbarte Darlehen von 100 GE wird dem Kreditnehmer auf seinem Geldkonto gutgeschrieben. Dadurch steigen die Geldbestände, die die Banken zur Deckung der Geldkonten der Kunden bei der Zentralbank halten, ebenfalls um 100 GE. Da Spareinlagen geschaffen und zur Finanzierung von Krediten eingesetzt wurden, hat sich die Bilanzsumme der Banken nun um 100 GE ausgeweitet. Dagegen sind die Geldeinlagen und die Bilanzsumme der Zentralbank gleich geblieben (Tabelle 6.8).

Die Verringerung der Geldeinlagen der Banken nach der Umbuchung der Kundengelder von Geld- zu Sparkonten im ersten Schritt wurde durch die Buchung der Darlehenssumme auf dem Geldkonto des Kreditnehmers ausgeglichen. Man könnte sagen, dass in der Zahlungsabteilung der Bank 100 Geldeinheiten vom Konto des Sparers zu dem des Kreditnehmers transferiert wurden und dieser Vorgang in der Anlage- und Kreditabteilung entsprechend registriert wurde. Durch die Kreditvergabe sind weder die Bargeldbestände noch die Geldkonten gestiegen. Anders als bei der Kreditvergabe im Kreditgeldsystem ist die gesamte Geldmenge also unverändert geblieben.

Aktiva	Passiva
Bargeld	Geldeinlagen der Nichtbanken
Geldguthaben bei der Zentralbank	1. Schritt: − 100 GE
zur Deckung der Geldeinlagen der	2. Schritt: + 100 GE
Nichtbanken	Spar- und Termineinlagen der
1. Schritt: −100 GE	Nichtbanken
2. Schritt: + 100 GE	1. Schritt: + 100 Sparbetrag
Kredite an Nichtbanken	Eigenkapital
2. Schritt: + 100 GE	
+ 100 GE	+ 100 GE

Tabelle 6.7 **Veränderung der Bilanz der Geschäftsbank bei Kreditvergabe**

Aktiva	Passiva
Währungsreserven, Gold	Bargeld
Guter Wille	Geldeinlagen der Banken zur Deckung von
Sachanlagen	Geldeinlagen der Nichtbanken
	1. Schritt: − 100 GE
	2. Schritt: + 100 GE
	Eigenkapital
0 GE	0 GE

Tabelle 6.8 **Veränderung der Bilanz der Zentralbank bei Kreditvergabe durch die Geschäftsbank**

In der Aktivgeldordnung ist ein Anstieg der Ersparnis notwendig, damit zusätzliche Kredite vergeben werden können. Ist die Kreditvergabe abgeschlossen, haften die Sparer mit ihrem Sparkapital, wenn Kreditausfälle das Eigenkapital der Bank übersteigen. Die Inhaber von Geldkonten sind dagegen vor Verlusten gefeit, denn ihre Geldeinlagen sind in vollem Umfang bei der Zentralbank hinterlegt. Ihre Stellung ist ähnlich der von

Inhabern von Wertpapierdepots. Fällt die verwahrende Bank aus, gehen die Wertpapiere zurück an ihre Besitzer.

Entsprechend kann Aktivgeld durch Zusammenbrüche von Banken nicht verloren gehen. Sein Wert wird nur dann beeinträchtigt, wenn der »gute Wille«, man könnte auch sagen das Vertrauen ins Geld, verloren geht. Dies soll in der Aktivgeldordnung dadurch vermieden werden, dass das von der Zentralbank angebotene Geld »unelastisch« ist, also nicht stärker wächst als das Angebot von Gütern und Dienstleistungen. Im Gegensatz dazu schaffen die Banken im System der fraktionalen Reservehaltung neues Geld, wenn sie Kredite vergeben.

Geschieht die Geldschöpfung der Banken in einem Fiat-Geldsystem, wie es heute existiert, dann akkommodiert die Zentralbank die aus der Giralgeldschöpfung der Banken entstehende Nachfrage nach Zentralbankgeld in vollem Umfang. Die Geldschöpfung ist in diesem System hoch elastisch und im Prinzip unbegrenzt. Allenfalls können die Regulierungsbehörden versuchen, die Geldschöpfung durch die Vorgabe von Eigenkapitalquoten zu bremsen. Ist die Mindestgrenze für Eigenkapital erreicht, kann die Bank keine weiteren Kredite vergeben. Doch hat die Erfahrung gezeigt, dass die Banken sehr erfinderisch in der Aushöhlung und Umgehung der Vorschriften für die Bereitstellung von Eigenkapital für ihre Geschäfte sind. Da der Staat der größte Profiteur von der Geldschöpfung durch die Banken ist, drückt er gerne ein Auge zu, wenn die Banken Regulierungen zur Begrenzung der Kredit- und Geldschöpfung umgehen.

Die Aktivgeldordnung entspricht einem Vollgeldsystem, in dem Geld kein Instrument zur Finanzierung des Staates, kein Passivum, sondern ein Aktivum mit einem immateriellen eigenen Wert ist. Dies drückt sich darin aus, dass Geld nicht durch staatliche Verpflichtungen, sondern durch den »guten Willen« der Bürger gedeckt ist und Gewinne der Geldschöpfung nicht dem Staat als Organisation, sondern dem einzelnen Bürger, vom neugeborenen Kind bis zum Greis, zugutekommen. Die Zentralbank ist direkt den Bürgern und nicht dem Staat für die Qualität des Geldes verantwortlich.

Der Unterschied zwischen der von mir bevorzugten Aktivgeldordnung einerseits und dem 100-Prozent-Reservegeld nach dem Chicago-Plan sowie dem Vollgeldsystem nach Huber andererseits wird an der Behandlung der Gewinne aus der Umstellung des bestehenden Kreditgeldsystems deutlich.

Im Kreditgeldsystem erfolgt die Geldschöpfung nach dem Prinzip eines Kettenbriefs. Nehmen wir an, ich überweise einem Bekannten fünf Euro und fordere ihn auf, mir 5,50 Euro zurückzuüberweisen. Er selbst soll ebenfalls 0,50 Euro verdienen, indem er einem seiner Bekannten auch fünf Euro überweist und von ihm sechs Euro zurückverlangt. Solange der Kettenbrief läuft, verdient jeder Teilnehmer 0,50 Euro. Bricht jedoch ein Teilnehmer den Kettenbrief ab, indem er den ihm überwiesenen Betrag behält, verliert der vorletzte Teilnehmer seinen Einsatz.

Auf ähnliche Weise vollzieht sich die Geldschöpfung im Kreditgeldsystem. Banken erzeugen Giralgeld, indem sie Kredite vergeben. Werden die Kredite mit Zins zurückgezahlt, wird das mit ihnen geschaffene Giralgeld wieder vernichtet. Im Allgemeinen kommt es dazu jedoch nicht, weil die Banken das zurückfließende Giralgeld einem neuen Kreditnehmer gut schreiben und vom empfangenen Zins ihre Betriebsausgaben bestreiten und Gewinne vereinnahmen.

Hören die Banken nun mit der Giralgeldschöpfung durch Kreditvergabe auf, fließen die Kredite nur zurück und werden nicht wieder ausgereicht. Die Giralgeldmenge schrumpft. Die Verknappung des Geldes führt zu einem Verfall der Preise für Güter und reale Vermögenswerte. Gewinner sind die Besitzer von Bargeld, dessen Kaufkraft steigt. Verlierer sind die Banken, die im Kreditgeldsystem bei Rückfluss und neuer Ausleihung des geschöpften Kredits die darauf gezahlten Zinsen behalten haben.

Um eine Geldverknappung und eine damit verbundene Senkung des Preisniveaus zu verhindern, schlug Irving Fisher vor, dass die staatliche Zentralbank (die er Currency Commission nannte) die Banken mit Reserven ausstattet, indem sie ihnen die auf ihrer Bilanz stehenden Staatsanleihen mit neu geschaffenem Zentralbankgeld abkauft. Da zu seiner Zeit der Umfang der von den Banken gehaltenen Staatsanleihen ungefähr den bei den Banken gehaltenen Sichtguthaben der Einleger entsprach, schien dies eine Möglichkeit, zwei Fliegen mit einer Klappe zu schlagen: Die

Geldmenge und damit das Preisniveau brauchten sich nicht zu ändern und der Staat konnte sich entschulden.

Heute würden wir allerdings diagnostizieren, dass mit dieser Operation die Staatsschuld schlicht und einfach monetisiert werden sollte.[99] Die Anhänger des Vollgeldsystems wollen nach der Ausbuchung des Giralgelds aus den Bankbilanzen dieses durch Forderungen der Zentralbank ersetzen. Dadurch erzielt die Zentralbank einen Gewinn, der sich in einem Anstieg des Eigenkapitals entsprechend der Höhe der Umstellungskredite ergibt. Rückfließendes Kreditgeld verwenden die Banken, um den Zentralbankkredit abzulösen. Dadurch sinkt die umlaufende Vollgeldmenge während der Bestand der Zentralbank an Vollgeld steigt.

Die Zentralbank soll nun den ihr zulaufenden Betrag an Vollgeld als Gewinn an den Staat ausschütten, der diesen dazu verwenden soll, fällig werdende Staatsanleihen zu tilgen oder ausstehende Anleihen zurückzukaufen. Wie im Chicago-Plan soll sich der Staat dadurch entschulden.

In beiden Vorschlägen entspricht der dem Staat zufließende Gewinn aus der Beendigung der Kreditgeldschöpfung dem Gewinn aus dem Abbruch eines Kettenbriefs. Dies entbehrt nicht einer gewissen Logik. Schließlich hat der Staat ja die Kreditgeldschöpfung lizenziert, weil er von der Bonität der Banken profitieren wollte. Die Abgabe eines Teils der »Seigniorage« aus der Geldschöpfung an die Banken war der Preis dafür. Daher mag es nur recht und billig erscheinen, wenn sich der Staat den Gewinn aus der Seignorage bei der Abwicklung der Kreditgeldschöpfung wieder zurückholt.

Man kann sich aber auch auf den Standpunkt stellen, dass dadurch der Bock zum Gärtner gemacht wird. Schließlich hat sich der Staat im Lauf der Geschichte als notorischer Geldverschwender erwiesen. Der frühere Finanzminister Waigel hat diese Schwäche einmal mit dem Ausspruch beschrieben, dass es leichter ist, einen Hund zur Bewachung eines Vorrats an Wurst zu bringen, als den Staat zum Sparen anzuhalten. Man muss schon geschichtsvergessen oder ein unverbesserlicher Optimist sein, wenn man den Staat mit den Gewinnen aus der Geldumstellung aus seiner Schuld entlässt und erwartet, dass er nicht bald wieder neue Schuld anhäuft.

Im Vollgeldsystem soll dies zwar dadurch vermieden werden, dass die Zentralbank eine der Gerichtsbarkeit entsprechende, von der Politik unabhängige Stellung erhält. Wenn es sich um Staatsangelegenheiten handelt, ist heute jedoch auch die Rechtsprechung trotz ihrer formalen Unabhängigkeit gehörigem Druck ausgesetzt. Bei staatlichen Geldangelegenheiten dürfte dieser Druck ungleich höher und damit unwiderstehlich sein.

Wer aber sollte dann den Umstellungsgewinn bekommen? Die Antwort in der von mir bevorzugten Aktivgeldordnung ist: der Bürger, der das Geld nutzt. Rufen wir uns in Erinnerung: Bei der Rückzahlung des Kreditgelds kommt es unter im Übrigen gleichbleibenden Bedingungen zur Verknappung der Geldmenge und einem Fall des Preisniveaus. Das ist im Prinzip gut, denn dadurch steigt die Kaufkraft derjenigen, die Vollgeld in Form von Bargeld halten. Sie, die Bürger, bekommen den Umstellungsgewinn in Form von höherer Kaufkraft.

Allerdings kann der Fall des Preisniveaus auch unerwünschte Nebeneffekte haben. Unter dem in realen Größen gemessenen Anstieg der Schuld können Schuldner zusammenbrechen und ihre Gläubiger mit in den Bankrott ziehen. Aus diesem Grund ist es geraten, den Bürgern den Umstellungsgewinn in Form von höherer Kaufkraft nicht über sinkende Preise, sondern über eine Ausweitung ihres Geldvermögens bei stabilen Preisen zukommen zu lassen.

Timm Gudehus hat errechnet, dass der Gewinn aus der Umstellung des Giralgelds im Euroraum ungefähr 3.912 Milliarden Euro betragen könnte.[100] Auf jeden der 335 Millionen Einwohner kämen somit rund 12.000 Euro Gewinn. Da der Umstellungsgewinn nicht über Nacht sondern über mehrere Jahre – sagen wir drei – anfallen würde, kämen somit über drei Jahre rund 4.000 Euro pro Jahr auf jeden Bürger. Diesen Betrag könnte die Zentralbank während der Zeit der Rückzahlung des Kreditgelds den Bürgern in Form einer Bürgerdividende jedes Jahr auf ihr Aktivgeldkonto überweisen. Mit der gleichen Verteilung des Umstellungsgewinns auf jeden Einzelnen würde zumindest ein kleiner Teil der Ungerechtigkeit in der Verteilung von Einkommen, die bei der Schöpfung von Kreditgeld entsteht, korrigiert.[101]

Die Aktivgeldordnung unterscheidet sich andererseits vom Goldstandard der Neo-Austrians dadurch, dass der Geldwert nicht an Gold gebunden ist. Damit werden Zufallsgewinne der Goldhalter bei der Geldumstellung, die im Vollgeldsystem dem Staat zukommen sollen, vermieden und die Ausweitung der Geldmenge von der Steigerung der Produktion im Goldbergbau gelöst.

Detlev Schlichter hat ausgerechnet, dass der Preis von Gold auf 14.230 US-Dollar pro Unze steigen müsste, wenn man die gegenwärtige US-Zentralbankgeldmenge an die vorhandene Menge von 8,1 Tonnen Gold anbinden würde.[102] Dies brächte den Goldbesitzern einen Gewinn von gegenwärtig rund 13.000 Dollar pro Unze, was durch nichts zu rechtfertigen wäre. Im Prinzip könnte dieser Umstellungsgewinn durch den Staat zu hundert Prozent besteuert werden. Praktisch wäre dies aber kaum möglich, weil der Staat keine vollständige Information über die von Privaten gehaltenen Goldbestände hat.

Jesus Huerta de Soto hat geschätzt, dass die Goldproduktion um ungefähr ein Prozent pro Jahr steigt, sodass eine an Gold gebundene Geldmenge nur wenig unter der Rate des realen Produktionspotenzials der Weltwirtschaft wachsen könnte.[103] Doch können Schwankungen der Goldproduktion einerseits und langfristige Veränderungen des Produktionspotenzials andererseits nicht ausgeschlossen werden, sodass Veränderungen des Geldangebots und der –nachfrage auftreten können. Dies mag zwar kein prinzipielles Problem sein, wie Detlev Schlichter ausführt, da sich die Preise aller anderen Güter im Gleichschritt verändern können, wenn das Angebot von Geld steigt oder fällt.

Aber Variationen des Geldangebots in Abhängigkeit von Produktionsschwankungen im Goldbergbau können unnötige Irritationen auslösen, da dadurch ausgelöste Preisveränderungen möglicherweise nicht sofort von allen wirtschaftlichen Akteuren als solche erkannt werden. Schließlich fällt im Goldstandard der Gewinn aus der Geldproduktion bei den Besitzern von Goldminen an. Warum aber sollten gerade diese von der Geldvermehrung profitieren?

In der Aktivgeldordnung ist die Rolle von Banken als Vermittler zwischen Sparern und Investoren unverfälscht. Wer sein Aktivgeld einer Bank als

Sparkapital zur Verfügung stellt, muss darauf vertrauen, dass die Bank Kreditrisiken gut kontrolliert und ausreichend Eigenkapital zur Verfügung hat, falls sie unerwartete Kreditausfälle erleidet. Der Zins auf Sparkapital wird daher nicht nur die Zeitpräferenz der Sparer, sondern auch ihre Einschätzung der Qualität des Managements und die Höhe des Eigenkapitals als Puffer für Verluste widerspiegeln.

Im Wettbewerb der Banken untereinander und mit Investmentfonds für Unternehmensanleihen wird die optimale Eigenkapitalquote am Markt gebildet. Entsprechendes gilt für die Fristentransformation. Eine zu hohe Fristeninkongruenz zwischen den Laufzeiten der vergebenen Kredite und des für die Finanzierung eingesetzten Sparkapitals führt zu Zinsaufschlägen zur Kompensation des Liquiditätsrisikos. In der Aktivgeldordnung sind über die Definition von Geld als Aktivum und die Pflicht der Banken zu Bilanz- und Produkttransparenz hinaus keine Regulierungen nötig – es herrscht das Prinzip des »Free Banking«.

Die Entscheidung, ob ich Aktivgeld halte oder es als Sparkapital auf bestimmte Zeit (als Kredit) oder unbestimmte Zeit (als Eigenkapitaleinlage) einem anderen überlasse, hängt von der Differenz zwischen der Dividende auf Aktivgeld und dem Zins oder der Dividende des Kapitalnehmers ab. Entspricht die Bürgerdividende auf Aktivgeld, die Gelddividende, dem erwarteten Wachstum des realen Produktionspotenzials der Wirtschaft, dann muss ein Kapitalnehmer entsprechend höhere Zinsen oder Dividenden anbieten. Folglich wird die Nachfrage nach Fremdkapital so lange steigen, bis der Ertrag des letzten, marginalen Projekts der Gelddividende entspricht.

Da die Zentralbank den wirklichen Anstieg des Produktionspotenzials nicht kennt, kann sie die zu zahlende Gelddividende nur durch Versuch und Irrtum finden. Setzt sie diese zunächst zu hoch an, werden die Preise in ihrer Gesamtheit steigen, da das Potenzialwachstum der Wirtschaft nicht mit der Ausweitung der Aktivgeldmenge Schritt halten kann. Die Zentralbank muss dann die Gelddividende nach unten korrigieren. Setzt sie die Gelddividende zu niedrig an, werden die Preise in ihrer Gesamtheit fallen.

Da dies den Realzins, der sich aus dem realen Potenzialwachstum der Wirtschaft ergibt, nicht berührt, wäre dies kein Problem, wenn alle

Nominalzinsen, Dividenden und der Wert der ausstehenden Schuld an die Rate der Veränderungen des Preisniveaus gekoppelt wären. Bei nominal fixierten Kreditverhältnissen mit festen nominalen Zinsen entstehen durch Deflation (und Inflation) jedoch Effekte auf die Einkommensverteilung. Deflation begünstigt die Gläubiger, Inflation die Schuldner. Daher sollte sich die Zentralbank durch eine Anpassung der Gelddividende sowohl gegen positiven wie negativen langfristigen Druck auf die Preise stemmen.

Um nicht missverstanden zu werden: Es geht hier nur um die Vermeidung langfristig deflationärer oder inflationärer Trends, und nicht um die Verfolgung von Inflationszielen, wie sie heute von den meisten Zentralbanken betrieben wird.

Kritiker mögen einwenden, dass die Abschaffung der Kreditschöpfung aus dem Nichts die Dynamik einer Wirtschaft beeinträchtigt. Nach Schumpeter ist es ja eben die Fähigkeit, Kredit zu vergeben, ohne auf Ersparnisse angewiesen zu sein, die den Kapitalismus treibt. In der Praxis haben sich Banken in der heutigen Zeit bei der Finanzierung von Wagnissen jedoch nicht besonders hervorgetan. In der Regel bevorzugen sie den vermeintlich sicheren Immobilienkredit.

Für Unternehmensgründungen spielen Wagniskapitalfonds meist eine wichtigere Rolle. Sicherlich ist es kein Zufall, dass es in Ländern, wo Wagniskapitalfonds weiter verbreitet sind, mehr Unternehmensgründungen gibt als in solchen, wo die Finanzierung über Bankkredite die Norm ist. Außerdem sind seit der Finanzkrise Nichtbanken erfolgreich in die Bresche gesprungen, die die Banken bei der Kreditvergabe aufgemacht haben, um über die Einschränkung von Krediten ihre Bilanzen zu verkürzen und Eigenkapitalquoten zu erhöhen.[104] Daher wird der Verzicht auf die Kreditschöpfung aus dem Nichts aller Wahrscheinlichkeit nach keine Einbuße an wirtschaftlicher Innovationskraft zur Folge haben.

Andere Kritiker mögen einwenden, dass das im Aktivgeld gebundene Vertrauenskapital einer materiellen Absicherung, beispielsweise durch Gold, bedarf. Dem steht entgegen, dass seit dem Ende des Goldstandards Edelmetalle nicht länger als die zum Tauschmittel gewordene Ware, sondern als Investitions- und Spekulationsmittel gesehen werden. Das Beispiel der Internetwährung Bitcoin lässt die Vermutung zu, dass durch gesellschaftliche Konvention geschaffenes immaterielles Aktivgeld inzwischen möglich ist.[105]

Fazit

Für den Philosophen John Locke, einen Vordenker der Aufklärung und Vater des Liberalismus, waren Freiheit, Gleichheit, Unverletzlichkeit der Person und privates Eigentum höchste Rechtsgüter. Der Mensch hat nicht nur ein Recht auf Eigentum, sondern darf es auch akkumulieren, solange er sein Kapital nicht verschwendet. Da Warengeld, also Gold oder Silber, im Gegensatz zu Naturprodukten nicht verdirbt, kann es ohne natürlich bedingte Verluste akkumuliert werden. Locke war daher ein überzeugter Befürworter von Waren- oder Aktivgeld und Gegner von Geld als Finanzinstrument. In der Debatte um die Geldreform in England gegen Ende des 17. Jahrhunderts nutzte er seinen Einfluss, um die materielle Deckung des Geldes durchzusetzen.

Aktivgeld muss heute jedoch nicht mehr wie Warengeld dinglich unterlegt sein. Eine Ware wird schließlich zu Geld, weil die Akteure in der Wirtschaft daran glauben, dass sie gegen diese spezielle Ware andere Dinge eintauschen können. Dieses Vertrauen muss nicht auf materielles Geld beschränkt sein. Aktivgeld kann auch immateriell sein, wie das Beispiel der Internetwährung Bitcoin zeigt. Worauf es bei Aktivgeld ankommt, ist, dass dieses Geld keine Verbindlichkeit repräsentiert und sich nicht, wie das Zentralbankgeld heute, der Nachfrage elastisch anpasst.

Das Angebot von Aktivgeld ist unelastisch. Aktivgeld kann wie Gold unter Einsatz von Land, Kapital und Arbeit geschürft werden, es kann wie Bitcoin mittels eines Algorithmus produziert werden, oder es kann durch öffentliche oder private Institutionen, wie Hayeks entnationalisiertes Geld, entsprechend einer Regel erzeugt werden. Es darf jedoch nicht mittels fraktionaler Reservehaltung zu Schuldgeld umfunktioniert oder als eigenkapitalähnliche Verbindlichkeit von einer Zentralbank zur Finanzierung des Staates emittiert werden.

Der Deckungsstock von Aktivgeld ist das Vertrauen, das ihm als Mittel zum Tausch und zur Aufbewahrung von Vermögen entgegengebracht wird. Da es nicht über die Vergabe von Kredit erzeugt wird, kann es auch nicht durch eine Forderung in der Bilanz der erzeugenden Institution gedeckt sein, wie das gegenwärtig bei Zentralbankgeld der Fall ist. Wird die Ausgabe von Aktivgeld bilanziert, so steht auf der Aktivseite der Bilanz das dem Geld entgegengebrachte Vertrauen.

Aktivgeld könnte von einer öffentlichen Institution erzeugt werden, die von der Regierung unabhängig ist. Da das Geldangebot unelastisch sein soll, müsste diese Institution die Aktivgeldmenge entsprechend einer festen Regel ausweiten. Milton Friedman, der ein Anhänger unelastischen Geldes war, hat dafür den Ausdruck »K-Prozent-Regel« geprägt, wobei das »K« für die von der Zentralbank gesetzte Wachstumsrate der Geldmenge steht.

Allerdings hat Friedman die fraktionale Reservehaltung der Banken nicht ausgeschlossen, was die Durchsetzung der Regel schwierig machte. Das Vertrauenskapital von Aktivgeld entsteht durch gesellschaftliche Konvention. So gesehen ist Aktivgeld Teil der spontanen Ordnung der Wirtschaft, die ohne staatliche Gestaltung auskommt, wie von Hayek und anderen Vertretern der Österreichischen Schule beschrieben. Aktivgeld könnte daher auch von privaten Institutionen erzeugt werden. Im Goldstandard waren es Bergbauunternehmen, die die Ausweitung der Geldbasis bestimmten (wobei jedoch das gesamte Geldangebot durch die fraktionale Reservehaltung der Banken in gewissen Grenzen elastisch wurde). Wie das Beispiel Bitcoin zeigt, könnten heute Private virtuelles Aktivgeld elektronisch erzeugen.

In einem Aktivgeldsystem hat die Geldschöpfung durch Banken mittels fraktionaler Reservehaltung keinen Platz. Denn dadurch würde ja wieder privates Schuldgeld geschaffen, was der Intention des Aktivgeldsystems zuwiderläuft. Dort ist es Aufgabe der Banken, Geldeinlagen sicher zu verwahren und den unbaren Zahlungsverkehr abzuwickeln.

Im Goldstandard liegt der Nutzen dieser Dienstleistung auf der Hand. Banken machen es möglich, dass Zahlungen auch ohne den physischen

Transport von Gold abgewickelt werden können. Bei elektronischem Aktivgeld ist die Funktion von Banken weniger offensichtlich, da dieses von den Nutzern selbst aufbewahrt und bewegt werden kann. Allerdings ist die Sicherheit der Aufbewahrung von elektronischem Geld und die Abwicklung von Zahlungen im Internet nicht groß, wenn nicht besondere Einrichtungen für diese Zwecke geschaffen werden. Daher würde es auch bei rein elektronischem Aktivgeld einen Bedarf für die Dienstleistung von Banken für den Zahlungsverkehr und die Geldverwahrung geben. Natürlich könnten die Banken auch weiterhin Kredite vergeben. Aber wie wir in den vorangegangenen Kapiteln gesehen haben, könnten Banken oder andere Finanzinstitute Kredite nur dann vergeben, wenn diese in vollem Umfang durch angespartes Aktivgeld gedeckt sind.

In einem Aktivgeldsystem spielt der Staat nur eine passive Rolle, denn Aktivgeld beruht auf gesellschaftlicher Konvention und nicht auf staatlichem Zwang. Aktivgeld entsteht am besten im Wettbewerb um die Gunst der Nutzer. Auf diese Weise haben sich in der Vergangenheit Gold und Silber als Warengeld durchgesetzt. Der Staat sollte jedoch für Transparenz und Fairness im Währungswettbewerb sorgen und gegen Betrug vorgehen. Bildet sich im Wettbewerb ein Oligopol der Geldanbieter heraus, so muss staatliche Ordnungspolitik den Missbrauch der Marktmacht der Oligopolisten verhindern.

Jeder Vorschlag zur Geldreform muss sich daran messen lassen, ob er eine Chance zur Verwirklichung hat. Da die Aktivgeldordnung evolutionär entstehen kann und keine Geldkrise mit anschließender Revolution im Geldsystem voraussetzt, ist die Aussicht dafür prinzipiell nicht schlecht. Dies soll im nächsten Kapitel am Beispiel der Europäischen Währungsunion demonstriert werden.

Kapitel 7: Wie geht es weiter mit dem Euro?

Was ist der Euro: staatliches Passivgeld oder staatenloses Aktivgeld? Diese Frage wurde bis heute nicht klar beantwortet. Bei seiner Einführung konkurrierten beide Vorstellungen im Hintergrund miteinander. Die europäischen Politiker, die eine gemeinsame Währung wollten, um die Vormachtstellung der D-Mark in Europa abzuschaffen, konnten sich Geld kaum anders als staatliches Passivgeld vorstellen. Natürlich würde der Euro von einer Zentralbank emittiert werden, die der Politik verantwortlich ist. Dies sollte dadurch erreicht werden, dass die Europäische Zentralbank in eine Wirtschaftsregierung eingebunden würde.

Die deutsche Seite, die die Abschaffung der D-Mark um des lieben Friedens in Europa willen hinnahm, wollte unpolitisches Geld, das einer Goldwährung näher stand als staatlichem Passivgeld. Im Ringen dieser beiden Vorstellungen miteinander kam eine Verfassung für den Euro heraus, die viele Lücken und Zweideutigkeiten enthielt. Einerseits wurde auf deutsches Drängen die EZB der Politik so fern wie möglich positioniert und Finanzhilfen für Not leidende Staaten vertraglich ausgeschlossen. Andererseits wurde die Fähigkeit der Banken, durch Kreditvergabe an die Bürger und Staaten der EWU unbegrenzt Geld zu schöpfen, nicht angetastet.

So kam es, wie es kommen musste: Eine übermäßige Kredit- und Geldproduktion durch die Banken, die von der EZB unterstützt wurde, führte zur Überschuldung von privaten und öffentlichen Haushalten. In der darauf folgenden Kredit- und Schuldenkrise stützte die EZB Banken und Staaten. Im Krisenmanagement nahm der Charakter des Euro nun eine klare Form an: Er wurde zum staatlichen Passivgeld oder, präziser gesagt, zum staatlich lizenzierten privaten Schuldgeld mit Option auf Verwandlung in Staatsgeld bei Zahlungsunfähigkeit der privaten Emittenten.

Problematisch ist dabei jedoch, dass es keinen klar definierten Staat für den Euro gibt. Um den Euro als Staatsgeld aufzustellen, wurden deshalb staatliche Strukturen für die EWU geschaffen, die man wegen ihrer Undurchsichtigkeit einen Schattenstaat nennen könnte. Dieser Schattenstaat ist nicht nur unfähig, die EWU nachhaltig zu stabilisieren, sondern er bedroht auch die Einheit der Europäischen Union, indem er die Entwicklung zu einem europäischen Bundesstaat notwendig macht.

Die Europäische Union wurde zur Sicherung von Frieden und Freiheit in Europa geschaffen. Ihre Strukturen wurden jedoch in einem geteilten Europa des 20. Jahrhunderts entwickelt. Die Idee der »immer engeren Union« wurde in dem kleinen Kreis weitgehend homogener westeuropäischer Länder, mit Frankreich und Deutschland im Zentrum, in der Nachkriegszeit geboren. Für ein großes und offenes Europa ist sie untauglich.

Damit die EU auch in einem vereinten Europa des 21. Jahrhunderts ihre Aufgabe erfüllen kann, müssen die Strukturen angepasst werden. Das Modell eines europäischen Bundesstaats passt nicht zu einem Europa der Vielfalt und Offenheit. Zur Erhaltung der europäischen Idee und der Europäischen Union in der Zukunft ist deshalb eine konföderale Struktur für Europa die einzige Lösung. Die dafür passende Geldordnung ist das in Kapitel 6 beschriebene Aktivgeld.

Die Eurokrise als Reaktion auf den Zinsschock

Am Anfang stand ein positiver Zinsschock zu Beginn der EWU. Dieser Schock kam dadurch zustande, dass nationale Geld- und Kapitalmarktzinsen nicht auf den Durchschnitt, sondern auf den Tiefpunkt der vor Einführung des Euro herrschenden nationalen Zinsen hin konvergierten. Erklärt wurde dies damals damit, dass die den Geldmarktzins bestimmende Geldpolitik im Euroraum nicht den Durschnitt der nationalen Politik widerspiegeln, sondern sich an der in der Vergangenheit besten nationalen Politik orientieren werde.

Das Land mit der in der EWU-Ländergruppe historisch niedrigsten Inflation war Deutschland. Der deutsche Zins hatte aber nicht nur eine sehr niedrige Inflationsprämie, sondern war auch durch die schwache Entwicklung der Realwirtschaft Ende der 1990er-Jahre nach unten gedrückt. Die Konvergenz der Geldmarktzinsen der Eurokandidaten auf das niedrige deutsche Niveau eliminierte also nicht nur die dort herrschenden höheren Inflationsprämien, sondern senkte den effektiven Realzins in den meisten Ländern weit unter den dort herrschenden originären Zins.

Die Zinssenkung hatte je nach Land zwei Folgen: Sie stimulierte erstens die privaten Investitionsausgaben und zweitens die Staatsausgaben. In Ländern wie Spanien und Irland stiegen vor allem die Investitionen in den Wohnungsbau, in Portugal nahmen die Staatsausgaben zu, und in Griechenland stiegen sowohl die Staatsausgaben als auch die Wohnungsbauinvestitionen. Das BIP stieg, und die Produktionsstruktur verschob sich hin zu Investitionsgütern und staatsnahen Aktivitäten.

Da der Zinsimpuls nach Ländern unterschiedlich war, kam es auch zu regionalen Produktionsverzerrungen. Wo der Marktzins sehr weit unter den originären Zins fiel, wurde die Produktion sehr stark ausgeweitet (zum Beispiel Irland, Spanien oder Griechenland); wo der Zinsimpuls sehr schwach oder nicht vorhanden war, blieb auch die Produktion schwach (vornehmlich Deutschland).

Die Zinsänderungen führten nicht nur zu Änderungen in der Produktions- und Nachfragestruktur, sondern auch im Sparverhalten. In Ländern, wo die Marktzinsen weit unter den originären Zins fielen, ging auch die nationale Ersparnis zurück. Wo dies nicht der Fall war und höhere Marktzinsen in benachbarten Euroländern winkten, flossen die Ersparnisse ins Ausland. Dadurch ergaben sich hohe regionale Ungleichgewichte.

In Deutschland, aber auch in den Niederlanden stiegen die Leistungsbilanzüberschüsse, während sich die Defizite in Ländern wie Spanien oder Griechenland stark ausweiteten. Wie von der in Kapitel 4 besprochenen Zinstheorie vorhergesagt, blieben in Ländern, wo höhere Investitions- und Staatsausgaben mit höheren Konsumausgaben rivalisierten, die Raten der Lohn- und Konsumentenpreisinflation überdurchschnittlich hoch.

Auch die Krise verlief in dem von der Theorie vorhergesagten Muster. Der Anstieg der Marktzinsen aufgrund höherer Risikoprämien in den überschuldeten Ländern führte zu einem Absturz der privaten Investitionstätigkeit und der Nachfrage des Staates. Die Folge davon waren tiefe, lang anhaltende, an die Depression grenzende Rezessionen mit einem starken Anstieg der Arbeitslosigkeit.

Die Anpassung wurde in den Krisenländern abgefedert, aber auch verzögert, indem ausgetrockneter privater Kredit durch öffentliche Kredite von finanziell stärkeren Ländern und – in weit höherem Umfang – durch das System der Europäischen Zentralbanken (ESZB) gewährt wurde. Nationale Zentralbanken versorgten vom Kapitalmarkt abgeschnittene Banken in ihren Ländern großzügig mit Krediten zu einem weit unter dem Marktzins liegenden Zins gegen eine sehr weit gefasste Palette von Sicherheiten (bis hin zu unbesicherten Rückzahlungsversprechungen, »Emergency Lending Assistance« genannt).

So mit Finanzmitteln versorgt, konnten diese Banken die Zahlungsbilanzdefizite finanzieren, die sich aus Kapitalabflüssen bei weiterhin vorhandenen Leistungsbilanzdefiziten ergaben. Gleichzeitig intensivierte die EZB ihre Bemühungen, klammen Staaten durch Interventionen am Sekundärmarkt für ihre Anleihen unter die Arme zu greifen. Dadurch sollten aus Furcht vor einem Auseinanderbrechen der EWU induzierte Kapitalabflüsse eingedämmt und die Finanzierung von Zahlungsbilanzdefiziten durch nationale Notenbanken reduziert werden.

Die Errichtung eines Schattenstaats zur Stabilisierung der EWU

Der Reflex der sich als »proeuropäisch« verstehenden Politiker ist nun, eine föderal organisierte politische Union zu bilden, um so in der Tradition des staatlichen Passivgelds hinter den bisher staatenlosen Euro einen Staat zu stellen. Die entscheidende Weichenstellung erfolgte im Frühjahr 2012. Nachdem die zum Jahresbeginn arrangierte Umschuldung Griechenlands nicht die erhoffte Entlastung gebracht hatte, stellte sich die Frage, ob das Land schließlich die EWU würde verlassen müssen.

Die Entscheidung lag in der Hand der deutschen Bundeskanzlerin. Würde sie auf einen Austritt Griechenlands hinarbeiten, wäre das Land nicht in der EWU zu halten. Nach Aussagen ihrer Berater suchte die Kanzlerin Antworten auf drei Fragen:

1. Was wären die Konsequenzen eines Austritts Griechenlands für die Finanzmärkte?
2. Was wären die politischen Wirkungen?
3. Wie könnte ein Austritt rechtlich gestaltet werden?

Auf alle drei Fragen erhielt die Kanzlerin nur unbefriedigende Antworten. Die von ihr befragten Finanzexperten sahen sich nicht in der Lage, die Reaktion der Märkte mit hinreichender Sicherheit voraussagen zu können. Man bewegte sich hier auf »unvermessenem Gelände«, das keine Prognose erlaubte. Ihre politischen Berater waren ähnlich ratlos bezüglich der politischen Konsequenzen, und die Juristen sahen keine Tür in den EU-Verträgen, durch die Griechenland die EWU verlassen könnte, ohne ebenfalls aus der EU auszutreten. Man würde sich noch weiter von geltendem Recht entfernen, als man es schon bei den Rettungsoperationen getan hatte. Angesichts dieser Antworten entschied sich die Kanzlerin gegen den »Grexit«, mit dem die angelsächsische Presse den möglichen Austritt Griechenlands bezeichnet hatte.

Sollte das Land in der EWU gehalten und ein möglicher Dominoeffekt durch einen Austritt vermieden werden, durch den andere Länder aus der EWU geschleudert werden könnten, so war Geld, möglicherweise viel Geld notwendig. Angesichts der im Herbst 2013 anstehenden Bundestagswahlen sah die Kanzlerin es als gefährlich an, die strauchelnden Staaten der Eurozone durch die Vergemeinschaftung der Staatsschulden zu stützen. Eurobonds, so die Kanzlerin, würde es mit ihr nicht geben.

Andererseits gaben sich die Märkte mit dem für den Europäischen Stabilitätsmechanismus gesetzten Rahmen zur Unterstützung Not leidender Staaten nicht zufrieden. Sicherlich war die Summe von 500 Milliarden Euro, die der ESM ausleihen konnte, beachtlich. Doch die Kommentatoren überboten sich mit Schätzungen, was wirklich nötig wäre, um die

Eurokrise zu beenden. 1 Billion war besser als 500 Milliarden, 2 Billionen besser als 1 Billion – für die aufgerufenen Summen schien es keine Grenze zu geben. Da lag es nahe, jede Grenze zu sprengen, zu tun, »was immer nötig ist«, um den Euro zu erhalten. Dies aber konnte nur die EZB, das Gold spinnende Rumpelstilzchen.

In EZB-Präsident Draghi fand die Bundeskanzlerin einen kongenialen Partner zur Rettung des Euro. Draghi würde die keine Grenzen kennende Bilanz der Zentralbank hinter den Euro stellen. Merkel würde die Regierungen der Euroländer darauf verpflichten, ihre Staatshaushalte in Ordnung zu bringen und ihre Volkswirtschaften zu reformieren, auch wenn der Druck des Marktes zur Disziplin durch die Garantie der EZB ausgehebelt würde. Der (informelle) Merkel-Draghi-Pakt war geschlossen und wurde Mitte 2012 sichtbar.

In seiner inzwischen berühmten Rede in London im Juli 2012 versprach Draghi den Märkten, »zu tun, was immer notwendig ist«, um den Bestand des Euro zu garantieren. Der kleine Zusatz »innerhalb unseres Mandats« wurde von den Märkten als formale rechtliche Absicherung ohne praktische Bedeutung gewertet. Schließlich setzte das Mandat der EZB, für Preisstabilität im Euroraum zu sorgen, die Existenz des Euro voraus. Zuerst galt es, den Euro zu erhalten, dann für Preisstabilität zu sorgen, so die Lesart der Märkte.

Draghis Versprechen verdichtete sich im Herbst 2012 zu einem Programm der EZB, »Outright Monetary Transactions« oder kurz OMT genannt, in dem die EZB zugunsten von Ländern in Finanznot im Sekundärmarkt für Staatsanleihen intervenieren konnte, sofern sich diese Länder einem vom Europäischen Stabilitätsmechanismus überwachten wirtschaftspolitischen Programm unterworfen hatten. Parallel zu dem Versprechen der EZB, hinter den Euroländern zu stehen, beschloss der Europäische Rat unter informeller Führung von Bundeskanzlerin Merkel den ESM-Vertrag, der zusammen mit vorbeugenden Programmen wie den nationalen Fiskalpakten, dem Sixpack (erweiterter Stabilitätspakt), dem Twopack (vorausschauende Budgetkoordinierung) sowie dem Euro-Plus-Pakt (Strukturreformen) für Disziplin in der Fiskalpolitik und größere Flexibilität in der Wirtschaft sorgen sollte.

Ebenfalls im Verlauf von 2012 wurde das Projekt der Bankenunion begonnen, mit dem die Aufsicht und Abwicklung der Banken auf
EWU-Ebene zentralisiert und der durch die Krise verursachte Rückfall
in die nationale Segmentierung des Bankensektors überwunden werden
sollten. Hinter den Banken sollten auf EWU-Ebene angesiedelte Institutionen stehen, um die in der Krise sichtbare fatale Verbindung von
Banken und Staaten, durch die Banken Staaten und Staaten Banken in
Finanznot gebracht hatten, zu überwinden.

Das Ergebnis der informellen Kooperation zwischen Bundeskanzlerin
Merkel und EZB-Präsident Draghi ist das in Schaubild 7.1 skizzierte Sys-
tem zur Erreichung der für eine stabile EWU notwendigen Zwischenziele
»Preisstabilität«, »Fiskaldisziplin«, »Finanzstabilität« und »wirtschaftliche
Flexibilität«.

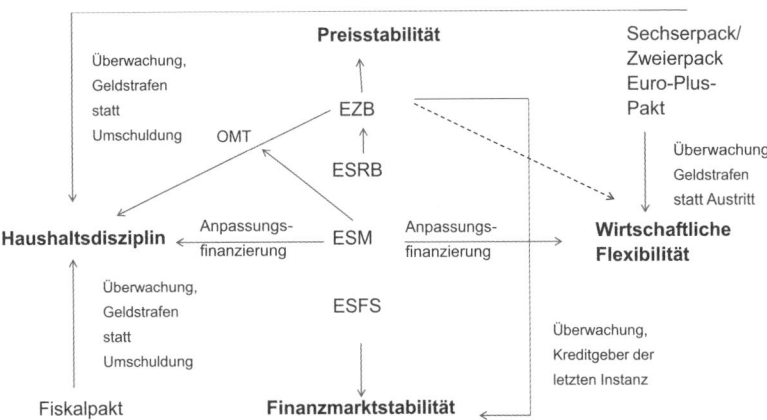

**Schaubild 7.1 Wie die für eine stabile EWU notwendigen Ziele erreicht wer-
den sollen**
Quelle: Flossbach von Storch

In diesem System soll die EZB weiterhin Preisstabilität garantieren, aber
gleichzeitig auch die Führung in der Bankenaufsicht übernehmen und
damit für Finanzstabilität sorgen. Sie soll bei diesen Aufgaben vom European Systemic Risk Board (ESRB) unterstützt werden. Damit nicht genug
soll die EZB zudem durch Interventionen am Sekundärmarkt für Staatsanleihen Länder unterstützen, denen der Markt mangelnde Fiskaldisziplin

unterstellt und daher misstraut. Die Unterstützung soll an ein vom Europäischen Stabilitätsmechanismus (ESM) anerkanntes und zumindest formal (zum Beispiel in Form einer Kreditlinie) unterstütztes Programm gebunden sein.

Offiziell wird die Unterstützung der EZB mit von überhöhten Marktzinsen verursachten Mängeln im monetären Transmissionsmechanismus begründet und deshalb als »Outright Monetary Transaction« bezeichnet. Damit ist die EZB in die Verfolgung von drei der vier für das Funktionieren der EWU wichtigen Ziele explizit eingebunden. Das Ziel der Finanzstabilität wird außerdem noch von den für die Banken-, Versicherungs- und Marktaufsicht geschaffenen EU-Behörden im European System for Financial Stability (EFSF) verfolgt.

Das Ziel der Fiskaldisziplin soll sowohl im Rahmen eines aus dem Stabilitäts- und Wachstumspakt hervorgegangenen »Sixpack« und »Twopack« genannten Regelwerks auf EU-Ebene als auch durch im nationalen Recht verankerte Fiskalpakte auf Länderebene erreicht werden. Außerdem soll im Rahmen des Euro-Plus-Paktes größere wirtschaftliche Flexibilität durch strukturelle Reformen angestrebt werden. Die Anstrengungen der Länder zum Erreichen dieser Ziele sollen von den EU-Institutionen überwacht und Zielverfehlungen mit Geldstrafen geahndet werden. Für Länder in Schwierigkeiten soll der Europäische Stabilisierungsmechanismus Anpassungsprogramme finanzieren.

Die mit dem Merkel-Draghi-Pakt geschaffene Wirtschaftsregierung für die EWU leidet an einer mangelnden rechtlichen und politischen Legitimation. In einem bemerkenswerten Beitrag hat Bundesfinanzminister Wolfgang Schäuble das Problem beschrieben:

»Grundsätzlich wetteifern in der internationalen Föderalismusdebatte zwei Modelle: Das eine Modell ist das des Grundgesetzes, mit einer weitgehend einheitlichen Regelungskompetenz – bei abgegrenzten Zuständigkeitsbereichen für die Untereinheiten – sowie weitgehend dezentral im Vollzug. Logisch zwingend ist dabei in diesem Modell die Beteiligung der Untereinheiten an der zentralen Gesetzgebung. Die Alternative, das andere Modell, findet sich in der Schweiz oder in den Vereinigten Staaten von Amerika. Dort haben die Zentral- und Teileinheiten grundsätzlich voneinander abzugrenzende Teilzuständigkeiten, für die sie aber jeweils die Regelungskompetenz und zum Teil auch die Vollzugskompetenz haben.«[106]

Schäuble ordnet die Struktur der Europäischen Gemeinschaft grundsätzlich dem Konstruktionsprinzip des ersten, deutschen Modells zu, sieht aber in der EU nicht einmal eine ausreichende Bereitschaft zum Verzicht auf nationale Souveränität, um das zweite, weniger anspruchsvolle Modell verwirklichen zu können. Daraus leitet er die Notwendigkeit ab, den staatlichen Hintergrund für den Euro durch die »intergouvernmentale Methode« auf inkrementale Weise zu errichten.

Dazu werden vertragliche Vereinbarungen möglichst vieler Mitgliedstaaten außerhalb des europäischen Primär- und Sekundärrechts geschlossen, die zwar nur »Second-best-Lösungen« und damit suboptimal sind, aber nach Schäuble Wegbereiter für künftige, systemgerechte Lösungen sein sollen. Das Problem dabei ist, dass der so geschaffene staatliche Hintergrund für den Euro – man könnte ihn einen Schattenstaat nennen – zu einem kaum entwirrbaren Netz von interventionistischen Vereinbarungen und Verträgen führt, das durch keine »systemgerechte Lösung« ersetzt werden wird, falls die Völker Europas nicht auf wundersame Weise ihre Vorbehalte gegen die Aufgabe nationaler politischer Souveränität abstreifen.

Wesentliche Elemente des Schattenstaats kamen gleich bei ihrer Einführung unter juristischen Beschuss. Noch im Sommer 2012 reichten mehrere Gruppen deutscher Bürger eine Klage gegen den ESM-Vertrag beim Bundesverfassungsgericht ein. Kern der Klage war, dass durch diesen Vertrag das in der Verfassung garantierte Recht deutscher Staatsbürger, durch ihre Wahl zum deutschen Bundestag Einfluss auf den Haushalt der Bundesregierung nehmen zu können, ausgehebelt würde. Durch den ESM-Vertrag, so die Kläger, könnten europäische Institutionen den deutschen Staatshaushalt aus den Angeln heben.

In einem vorläufigen Urteil im November 2012 stellte das Gericht fest, dass der ESM-Vertrag die deutsche Souveränität in der Gestaltung der

Staatsfinanzen nicht berührte, solange jedes vom ESM durchgeführte Programm zur Entscheidung dem Bundestag vorgelegt und die deutsche Haftung aus dem ESM-Vertrag insgesamt begrenzt würde. Da die Grenze der deutschen Haftung aus dem Vertrag nicht eindeutig hervorging, veranlasste das Gericht die Bundesregierung, dem Vertrag ein Protokoll anzuhängen, in dem diese Grenze mit 190 Milliarden Euro festgelegt wurde.

Inzwischen hatte die EZB das Versprechen ihres Präsidenten, alles Notwendige zu tun, um den Euro zu erhalten, in das bereits erwähnte Interventionsprogramm umgesetzt, das zur Betonung seines geldpolitischen Charakters den Namen »Outright Monetary Transactions« erhielt. Begründet wurde das Programm mit der Furcht der Märkte vor dem Zerbrechen der EWU. Sie habe zu ökonomisch ungerechtfertigten Aufschlägen auf die Renditen der Staatsanleihen von Krisenländern geführt, die eine normale Transmission der Zinspolitik der EZB auf die Kapitalmarktzinsen in den jeweiligen Ländern verhinderten.

Wie wir in Kapitel 2 gesehen haben, möchte die Zentralbank über die Steuerung des Geldmarktsatzes die Kapitalmarktzinsen beeinflussen. Dabei soll die Differenz zwischen Geldmarkt- und Kapitalmarktzins die Zeitpräferenzen der Wirtschaftssubjekte und die sich aus der Unsicherheit über die Entwicklung der Geldmarktzinsen sowie der Bonität der Anleiheemittenten ergebenden Risikoprämien widerspiegeln. Eine Risikoprämie für den Zerfall der EWU hatte dabei nichts verloren.

Um sicherzustellen, dass von dem Programm keine Staaten profitierten, die eine unsolide Wirtschafts- und Fiskalpolitik verfolgten, machte die EZB die Anwendung ihres Programms davon abhängig, dass der betroffene Staat ein Abkommen zur Unterstützung durch den ESM abgeschlossen hatte, das eine Überwachung seiner Wirtschaftspolitik garantierte. Wie der EZB-Präsident wiederholt betonte, sollte dies eine notwendige, aber keine hinreichende Bedingung für den Beginn von Anleihekäufen durch die EZB im Rahmen des OMT-Programms darstellen. Darüber hinaus war natürlich ein Beschluss des EZB-Rates notwendig.

Nach Verkündung des vorläufigen Urteils über den ESM-Vertrag im November 2012 machten die Kläger gegenüber dem Verfassungsgericht

geltend, dass das OMT-Programm der EZB gegen die Grundsätze ver-
stieße, die das Gericht für die Unbedenklichkeit des ESM-Vertrags aufgestellt hätte. Da die EZB im Rahmen des OMT-Programms Staatsanleihen kaufen würde, hätte das Programm nicht nur geld-, sondern auch
fiskalpolitischen Charakter. Von daher wäre es bis auf einen Umstand mit
der ESM-Fazilität zur Intervention im Sekundärmarkt für Staatsanleihen
deckungsgleich: Die ESM-Fazilität war begrenzt, das OMT-Programm
aber sollte unbegrenzt sein.

Daher unterminiere das OMT-Programm die Begrenzung der möglichen
Verpflichtungen Deutschlands aus Hilfsprogrammen für Länder der Eurozone, auf die das Gericht in seinem vorläufigen Urteil zum ESM-Vertrag bestanden hatte. Weil das OMT-Programm auch fiskalpolitischen
Charakter habe und Unterstützung für Euroländer in unbegrenztem Umfang erlaube, stelle es einen »ausbrechenden Rechtsakt« der EZB dar. Die
Kläger monierten also, dass die EZB ihren in den EU-Verträgen erteilten
Auftrag zur gemeinsamen Geldpolitik mit dem OMT-Programm über-
dehne und dadurch in den fiskalischen Hoheitsbereich der Mitgliedstaaten einbreche.

Das Gericht akzeptierte die Erweiterung der ESM-Klage auf das
OMT-Programm der EZB und schloss sich in seiner im Januar 2014
verkündeten Entscheidung zu diesem Programm weitgehend der Auffassung der Kläger an. Nach Meinung der Mehrheit der über die Klage
urteilenden Richter stellte das Programm einen ausbrechenden Rechtsakt
dar.[107] Zwei der acht Richter fanden in einem Minderheitsvotum, dass die
Klage nicht hätte zugelassen werden sollen, da es nicht in der Kompetenz
des Gerichts liege, darüber zu urteilen.

Das Gericht entschied jedoch nicht, dass es deutschen Staatsorganen un-
tersagt wäre, an OMT-Programmen teilzunehmen, sondern legte dem Europäischen Gerichtshof (EuGh) Fragen zur Auslegung des Programms
vor. Der Anfrage gab es seine eigene Definition des OMT-Programms
mit auf den Weg, die es mit dem Auftrag der EZB in Einklang bringen
könnte. Danach dürften Interventionen im Markt nicht unlimitiert sein,
und Eingriffe in die Preisbildung für Staatsanleihen müssten so weit wie
möglich vermieden werden. Die Konditionalität von ESM-Programmen

dürfe nicht unterlaufen werden, und die Wirtschaftspolitik der Union müsse insgesamt unterstützt werden. Ein Schuldenschnitt wäre ausgeschlossen.[108] Bis zur Antwort des EuGh setzte das Gericht das endgültige Urteil aus und machte klar, dass es nach der EuGh-Entscheidung das letzte Wort haben werde.

Nach der Verkündung der Entscheidung meinten viele Marktteilnehmer, dass die Auslegung durch das Bundesverfassungsgericht dem OMT-Programm die Zähne ziehen würde. Schließlich hatten sie darauf gesetzt, dass die EZB unlimitiert am Markt intervenieren könne, um die Preise von Staatsanleihen zu stabilisieren, und dass die EZB als Gläubiger bei einer möglichen Umschuldung keinen Vorrang vor anderen Gläubigern beanspruchen würde. Nur dadurch, so die überwiegende Meinung, könne das OMT-Programm effektiv sein.

Vor diesem Hintergrund war es überraschend, dass die Verkündung der Entscheidung des Gerichts keine negativen Reaktionen am Markt auslöste. Im Gegenteil, die Verringerung der Zinsdifferenzen, die nach Verkündigung des OMT-Programms im Sommer 2012 begonnen hatte, setzte sich sogar beschleunigt fort. Anleger, die von den im Verlauf von 2013 aufkommenden ökonomischen und politischen Turbulenzen in den Schwellenländern verunsichert waren, flohen mit ihren Geldern in die Länder an der Peripherie der Eurozone. Diese Länder boten nicht nur einen sicheren Hafen, sondern auch eine attraktivere Rendite als beispielsweise Anleihen der Bundesrepublik Deutschland oder der Vereinigten Staaten von Amerika.

Die Anleger glaubten weiterhin fest daran, dass die EZB alles tun würde, um diese Staaten zu stützen. Dagegen hatte Janet Yellen, die frisch ernannte Chefin der amerikanischen Fed, kurz nach Amtsantritt erklärt, dass die amerikanische Zentralbank ihren Kurs allein an Entwicklungen der Wirtschaft der USA ausrichten und Auswirkungen ihrer Politik auf die Schwellenländer nicht berücksichtigen würde.

Der feste Glaube an die Unterstützung durch die EZB im Krisenfall beruhte darauf, dass Anleger den im Merkel-Draghi-Pakt sichtbar gewordenen politischen Willen zum Erhalt der EWU weit höher schätzten als

die vom deutschen Bundesverfassungsgericht aufgebauten Hürden für
diesen Pakt. Gegen diesen Willen konnten auch unzureichende Erfolge
der Länder in der strukturellen und fiskalpolitischen Anpassung an die
Erfordernisse der EWU nicht ankommen.

Diese Haltung der Anleger erinnerte an die Zeit um den Beginn der EWU
bis zur Finanzkrise im Jahr 2007. Auch damals setzte der Markt auf die
Konvergenz der Zinsen von Staatsanleihen der Euroländer und ignorier-
te die unzureichende Anpassung vieler Länder an die Erfordernisse der
EWU und das Verbot der Finanzhilfe durch andere Staaten, die Europäische Union oder die EZB im Krisenfall (die No-Bail-out-Klausel in Artikel 125 des EU-Vertrags). Im starken Glauben an den sicheren Bail-out
im Falle einer Krise trieben die Anleger die Differenz zwischen den Renditen deutscher und griechischer Staatsanleihen mit 10 Jahren Laufzeit
auf sage und schreibe 0,09 Prozentpunkte im Januar 2005.

Die Zerstörung dieses Glaubens durch den Schuldenschnitt für Griechenland löste dann Panik aus und trieb die Zinsdifferenz auf 32,7 Prozentpunkte im Dezember 2011. Damals wie heute war es die Politik, nicht
ökonomische Entwicklungen oder das Recht, auf der die Stabilität der
EWU ruhte. Wie damals kann auch heute eine Änderung der Politik die
Stabilität der EWU wieder bedrohen.

Die gefährlichste Drohung gegen den Merkel-Draghi-Pakt geht von gegen
die EU und die EWU gerichteten politischen Strömungen auf nationaler
Ebene aus. Der durch den Pakt errichtete europäische Schattenstaat bringt
eine Einschränkung nationaler Souveränität mit, die durch den Wähler nur
indirekt legitimiert ist. Zwar haben sich demokratisch gewählte Regierungen zu diesen Einschränkungen und zur Unterwerfung unter Behörden
auf EU-Ebene verpflichtet, aber sie haben sich für diese weitreichende
Entscheidung keine besondere Legitimation von ihren Wählern geholt.

Die meisten Regierungen sehen diese Entscheidung durch den in den allgemeinen Wahlen erteilten Regierungsauftrag gedeckt. Eine zunehmende
Minderheit der Wähler sieht dies jedoch anders. Das eröffnet Spielraum
für politische Kräfte, die den Willen dieser Minderheit zum Ausdruck
bringen. Das Erstarken EU-kritischer Parteien in der Europawahl im Mai

2014 mag zwar keine direkten Konsequenzen für die Arbeit der Europäischen Union haben. Es war jedoch ein Warnschuss für viele Regierungen, die Skepsis der Wähler bezüglich weiterer Verlagerungen nationalstaatlicher Kompetenz auf die EU-Ebene ernst zu nehmen.

Vor allem aber stellt das Erstarken EU-kritischer Kräfte die Hoffnung infrage, den Schattenstaat für den Euro in einen demokratisch legitimierten föderalen europäischen Staat weiterzuentwickeln. Es scheint, dass sich diesem Projekt nicht nur die ewigen EU-Skeptiker in Großbritannien in den Weg stellen, sondern dass es auch in den Kernstaaten der EWU, vor allem aber in Frankreich, abgelehnt wird. Der eingeschlagene Weg einer staatlichen Konstituierung des Euro dürfte daher zum Scheitern verurteilt sein.

Nicht nur werden die Kernstaaten der EWU über den Aufbau des Schattenstaats kaum hinauskommen, sondern die Europäische Union insgesamt dürfte daran zerbrechen. Großbritannien wird eher die EU verlassen, als weitere Schritte zu mehr Integration mitzumachen. Tritt dieses Land aber aus der EU aus, könnte der Prozess der europäischen Einigung umgekehrt werden. Andere Länder wie zum Beispiel Schweden, die Tschechische Republik oder Ungarn könnten sich überlegen, dem Beispiel Großbritanniens zu folgen, und Beitrittskandidaten wie zum Beispiel die Türkei könnten das europäische Projekt aufgeben.

Fallstudie Bankenunion

Die Problematik des Umbaus des Euro zu staatlichem Passivgeld ohne demokratisch verfassten Staat wird am Bau der Bankenunion deutlich. In einem System, in dem die Banken im staatlichen Auftrag und unter staatlicher Mitwirkung Geld produzieren, sollte ein einheitliches Regime für Banken eine Selbstverständlichkeit sein. Aufgrund der politisch bedingten Unklarheit über den Charakter des Euro war ein solches Regime nicht Bestandteil der EWU bei ihrer Gründung.

Erst in der Krise wurde allen Verantwortlichen deutlich, wie eng Banken und Staaten in dem auf der öffentlich-privaten Partnerschaft zur

Geldproduktion beruhenden System verflochten sind. In Finanznot geratene Banken zogen ihre Staaten mit in die Krise, und finanziell bedrängte
Staaten setzten ihre Banken unter Druck. Bankkunden begannen, zwischen Einlagen in verschiedenen Staaten zu unterscheiden.

Wenn aber eine Bankeinlage von beispielsweise 1.000 Euro bei einer griechischen Bank nicht mehr denselben Wert hatte wie dieselbe Einlage bei
einer deutschen Bank, weil die Wahrscheinlichkeit des Ausfalls in Griechenland größer war als in Deutschland, dann gab es den Euro als Einheitswährung faktisch nicht mehr. Nur noch Bargeld repräsentierte einen
einheitlichen Wert. Bargeld konnte vielleicht gehortet werden, aber einheitlich denominierte Bankeinlagen in einer auf unbaren Zahlungsverkehr angewiesenen Wirtschaft nicht ersetzen.

Daher wurde zunächst überlegt, über eine gemeinsame Einlagenversicherung auf EWU-Ebene die Gleichheit der Einlagen in unterschiedlichen
Ländern wiederherzustellen. Dadurch sollte dem beginnenden Zerfall
des einheitlichen Giralgelds Einhalt geboten werden.

Von der Überlegung zu einer gemeinsamen Einlagenversicherung führte
der Weg direkt zu Überlegungen für einen gemeinsamen Mechanismus
zur Abwicklung und der Überwachung von Banken. Schließlich konnte
eine gemeinsame Versicherung kaum geschaffen werden, wenn weiterhin
nationale Unterschiede in Überwachung und Abwicklung von Banken bestehen würden. Ein Land könnte ja die gemeinsam finanzierte Versicherung ausbeuten, wenn es gegenüber seinen Banken Nachsicht walten ließe.

Folglich entstand im Laufe des Jahres 2012 die Idee, eine »Bankenunion« zu errichten, die auf drei Säulen stehen sollte: (1) einer einheitlichen
Überwachung von Banken, (2) einem einheitlichen Mechanismus zur
Umstrukturierung und Abwicklung von in Schieflage geratenen Banken
und (3) einer einheitlichen Einlagenversicherung. Die ersten Komponen-
ten der Bankenunion, die gemeinsame Überwachung und Abwicklung,
sollten ab 2013 zum Einsatz kommen. Insbesondere sollte es dem ESM
ermöglicht werden, direkte Finanzhilfe bei der Rekapitalisierung von
Banken zu geben, ohne dafür den Umweg über ein Darlehen an den entsprechenden Staat gehen zu müssen.

Die politische Debatte um die Bankenunion ergab jedoch sehr schnell, dass die Bereitschaft zur Vergemeinschaftung der von den Banken zur Geldproduktion eingegangenen Kreditrisiken gering war. Zwar forderten die Krisenländer dies lautstark, aber die finanziell stärkeren Länder lehnten die Vergemeinschaftung ab. So kam es, dass man sich zwar auf eine gemeinsame Überwachung der Banken durch die EZB einigen konnte, aber schon die gemeinsame Finanzierung der Rekapitalisierung und Abwicklung der Banken hinausschob und die Idee einer gemeinsamen Einlagenversicherung stillschweigend fallenließ.

In dieser Bankenunion ist der einzige Garant für die Einheitlichkeit von nationalem Giralgeld die Zentralbank, die durch Kreditausfälle zerstörtes Giralgeld der Banken beliebig durch Zentralbankgeld ersetzen kann. Wie dies geht, konnte man am Beispiel Zyperns beobachten, wo die zyprische Nationalbank als Teil des Systems der europäischen Zentralbanken die insolventen zyprischen Banken über lange Zeit mit Notkrediten versorgte, ohne dass die EZB dagegen einschritt.

Die Versicherung der Einlagen soll auf nationaler Ebene verbleiben. Allerdings hat die EU-Kommission schon in einer 2008 erlassenen Direktive festgelegt, dass alle Einlagen durch die EU-Staaten mit mindestens 100.000 Euro zu versichern sind. Eine darüber hinausgehende Versicherung bleibt den Staaten freigestellt. Wie dies zur völligen Austauschbarkeit von Giralgeld unter Eurostaaten führen soll, ist allerdings unklar.

Ein hoch verschuldeter Staat wird es sich trotz Beteiligung der Bankgläubiger an Verlusten und dem von den Banken finanzierten Abwicklungsfonds kaum leisten können, Einlagen über mehr als 100.000 Euro unter allen Umständen zu garantieren(und unglaubwürdig sein, wenn er es dennoch tut). Wie im Fall Zypern geschehen, muss er möglicherweise schon durch einen Beistandskredit des ESM gestützt werden, um diese Versicherungsleistung erfüllen zu können. Ein finanziell starker Staat kann dagegen glaubwürdig die Versicherungsgrenzen sehr hoch ansetzen (oder er kann ohne im Gesicht rot zu werden pauschal verkünden, dass alle Bankeinlagen sicher sind, wie es Bundeskanzlerin Merkel und Finanzminister Steinbrück nach der Lehman-Pleite getan haben). Damit ist Giralgeld in diesem Staat sicherer als in dem finanziell schwächeren und die Einheitlichkeit der Währung nicht mehr vorhanden. Bankkunden, die höhere Summen als Bankeinlagen zur Abwicklung des Zahlungsverkehrs halten müssen oder wollen, werden dafür finanziell starke Staaten bevorzugen und schwache meiden. Dies verzerrt den Wettbewerb unter Banken in der Bankenunion.

Zur Herstellung gleicher Wettbewerbsbedingungen könnte die EU-Kommission die Versicherungssumme für Bankeinlagen auf genau 100.000 Euro festlegen. Dies würde jedoch größere Einlagen unversichert lassen. Unter normalen Umständen dürfte dies die meisten Bankkunden wenig stören. Sie können über 100.000 Euro hinausgehende Einlagen bei Banken tätigen, die hohe Eigenkapitalpuffer zur Abfederung etwaiger Verluste haben. Im Falle einer Finanzkrise müssten sie jedoch auf die Unterstützung durch die EZB vertrauen oder ihre Einlagen in andere Währungen tauschen, wo sie durch den Staat und die Zentralbank gemeinsam abgesichert sind.

Der 2014 beschlossene einheitliche Rahmen für die Sanierung und Abwicklung von Kreditinstituten sowie der einheitliche Abwicklungsmechanismus werden dieses Problem nicht lösen können. Dort ist vorgesehen, dass in einer Bankenkrise die Aktionäre und nicht versicherten Gläubiger einen Beitrag zur Sanierung von Banken in Höhe von 8 Prozent aller Bankverpflichtungen leisten sollen. Danach soll ein Abwicklungsfonds Kosten in Höhe von 5 Prozent der Bankverpflichtungen übernehmen. Damit kann man jedoch nur einzelne Banken abwickeln, aber nicht eine systemische Bankenkrise meistern.

Der Abwicklungsfonds soll Mittel in Höhe von nur 1 Prozent der versicherten Einlagen erhalten. Auf der Basis von Daten für 2014 sollen dies 55 Milliarden Euro sein. In der Krise von 2007 bis 2010 verloren die europäischen Banken laut EU-Kommission jedoch beinahe eine Billion Euro und mussten zwischen Oktober 2008 und Dezember 2012 mit 591,1 Milliarden Euro gestützt werden. Außerdem erhielten sie staatliche Bürgschaften von einer Billion Euro.

Zwar sollen nun auch Bankaktionäre und -gläubiger herangezogen werden – der gesetzte Rahmen von 8 Prozent aller Bankverpflichtungen entspricht auf der Basis von Daten für 2014 einem Beteiligungsvolumen von zwei Billionen Euro. Aber wird man es in einer systematischen Krise wagen, die Aktionäre und unversicherten Gläubiger der Banken mit Hunderten von Milliarden oder gar zwei Billionen Euro zu belasten? Würde man nicht fürchten, dass nach einer solchen Belastung weitere Kreditausfälle entstehen würden, sodass es zu der gefürchteten Schuldendeflation kommen würde?

Angesichts der damit verbundenen Risiken ist es sehr unwahrscheinlich, dass man die Aktionäre und nicht versicherten Gläubiger während der letzten Krise mit den rund 600 Milliarden Euro direkter Finanzhilfe und der weiteren Billion an Bürgschaften belastet hätte, wenn die Direktive zur Sanierung und Abwicklung von Banken schon in Kraft gewesen wäre. In einem Passivgeldsystem ist es unvermeidlich, dass Zentralbank und Staat in einer Systemkrise einspringen müssen.

Staatsgeld ohne Staat

Die Stabilisierung der EWU seit 2012 beruht auf der Garantie der EZB, im Notfall aus dem Nichts produziertes Geld dafür einzusetzen, die Zahlungsunfähigkeit und den Austritt von Staaten aus der EWU zu verhindern. Dabei hat der Schattenstaat die Funktion, die Mitgliedstaaten der EWU zu fiskal- und wirtschaftspolitischer Disziplin anzuhalten, sodass dieser Notfall unwahrscheinlich wird. Den meisten Beteiligten scheint dabei klar zu sein, dass der Schattenstaat langfristig nicht von Bestand sein kann.

Wie in dem schon zitierten Beitrag von Bundesfinanzminister Schäuble ausgeführt, soll der Schattenstaat den Übergang zu einer demokratisch legitimierten föderalen Struktur der EWU möglich machen. Wir haben aber auch gesehen, dass der Widerstand der Wähler gegen einen europäischen Bundesstaat gewaltig ist. Wer daran zweifelt, sollte sich die Frage beantworten, ob er in einer Volksabstimmung für die Abschaffung des Grundgesetzes und die Einführung einer europäischen Verfassung stimmen würde, die wesentliche Teile der nationalen Souveränität, einschließlich der Bestimmung von Steuern und Sozialleistungen, auf die europäische Ebene verlagert.

Es dürfte schwer sein, dafür in Deutschland auf absehbare Zeit eine Mehrheit zu gewinnen, und es scheint nahezu ausgeschlossen, eine derartige Verlagerung der Souveränität in Frankreich zu verwirklichen. Daher ist das Risiko groß, dass wir über den Schattenstaat nicht hinauskommen und dass dieser sich als unfähig erweisen wird, die notwendige Disziplin der souveränen Mitgliedstaaten der EWU zu erzwingen.[109]

Ein Staatsgeldsystem ohne effektiven Staat ist aber langfristig nicht stabil. Dies zeigt das Beispiel der Rubelzone, die nach dem Zerfall der Sowjetunion im Jahr 1991 geboren wurde. Zunächst schien es naheliegend, dass die ehemaligen Sowjetrepubliken, die sich das sowjetische Zentralbanksystem und die dazugehörige Währung geteilt hatten, auch nach Erlangung ihrer Souveränität an diesem System und der gemeinsamen Währung festhalten sollten.

In den Jahren 1991/92 wurden mehrere Versuche unternommen, die Wirtschafts- und Fiskalpolitik der an der Rubelzone teilnehmenden Länder abzustimmen und an die gemeinsame Geldpolitik anzupassen. Doch scheiterten diese Versuche an dem Widerstand der Länder, ihre gerade gewonnene politische Souveränität wieder einschränken zu lassen.

Die Einrichtung einer gemeinsamen Zentralbank, die das gemeinsame Geld ohne durch eine supranationale Instanz auferlegte Disziplin für die nationale Wirtschaftspolitik emittierte, führte dazu, dass die Staaten ungeregelten Zugang zu der Bilanz der Zentralbank bekamen. Wer Finanzlöcher zu stopfen hatte, bediente sich der Gelddruckerpresse, die allen und jedem zur Verfügung stand. Das Ergebnis war ein Wettrennen um die Kredite der Zentralbank. Wer schnell war, konnte mit dem neu gedruckten Geld Waren und Dienstleistungen kaufen. Wer zu spät kam, sah nur die Kaufkraft seines Geldes dahinschwinden.

Bald begannen Staaten, die an stabilerem Geld interessiert waren, die Rubelzone zu verlassen. Im Jahr 1992 traten die baltischen Staaten aus und koppelten ihre Währungen an die D-Mark und später an den Euro. Zwei davon, Estland und Lettland, sind inzwischen Mitglieder der EWU, Litauen wird bald folgen. Im Jahr 1993 trat schließlich sogar Russland aus der

Rubelzone aus und emittierte den russischen Rubel in eigener Verantwortung. Bald danach löste sich die gemeinsame Rubelzone auf.

Das Schicksal der Rubelzone ist natürlich nicht direkt mit dem der EWU ohne Staat vergleichbar. Der Zerfall geschah dort in der Geschwindigkeit eines Films im Zeitraffer. Die Probleme der Rubelzone sind jedoch denen der EWU sehr ähnlich: Es waren die Probleme eines Staatsgelds ohne Staat.

Eine konföderale Struktur für Europa

Nicht nur zum Erhalt des Euro, sondern auch zum Erhalt der Idee eines in Frieden und Freiheit vereinten Europas wäre ein Wechsel des politischen Modells für die EU dringend notwendig. Zum Erhalt der europäischen Idee ist nicht der europäische Zentralstaat, sondern ein konföderales Europa in der Form eines Staatenverbunds geeignet. Dieses konföderale Europa sollte den Prinzipien Freiheit, Demokratie, Recht, Subsidiarität und Offenheit für alle Völker Europas verpflichtet sein, die diese Prinzipien teilen. Dadurch böte es ein Haus nicht nur für europäische Länder mit einem starken Willen zur politischen Integration, sondern auch für solche, die größeren Wert auf den Erhalt nationaler Souveränität legen.

In seiner Rechtsprechung zu den Verträgen von Maastricht und Lissabon hat das deutsche Bundesverfassungsgericht die Europäische Union als eine über einen Staatenbund hinausreichende Verbindung ohne bundesstaatlichen Charakter definiert und als »Staatenverbund« bezeichnet. Dazu heißt es im Lissabon-Urteil, Absatz 229:

> »Der Begriff des Verbundes erfasst eine enge, auf Dauer angelegte Verbindung souverän bleibender Staaten, die auf vertraglicher Grundlage öffentliche Gewalt ausübt, deren Grundordnung jedoch allein der Verfügung der Mitgliedstaaten unterliegt und in der die Völker – das heißt die staatsangehörigen Bürger – der Mitgliedstaaten die Subjekte demokratischer Legitimation bleiben.«[110]

Des Weiteren in Absatz 231:

»Die Ermächtigung, supranationale Zuständigkeiten auszuüben, stammt allerdings von den Mitgliedstaaten einer solchen Einrichtung. Sie bleiben deshalb dauerhaft die Herren der Verträge. Die Quelle der Gemeinschaftsgewalt und der sie konstituierenden europäischen Verfassung im funktionellen Sinne sind die in ihren Staaten demokratisch verfassten Völker Europas. Die ›Verfassung Europas‹, das Völkervertrags- oder Primärrecht, bleibt eine abgeleitete Grundordnung. Sie begründet eine im politischen Alltag durchaus weitreichende, aber immer sachlich begrenzte überstaatliche Autonomie. Autonomie kann hier nur – wie im Recht der Selbstverwaltung gebräuchlich – als eine zwar selbständige, aber abgeleitete, das heißt von anderen Rechtssubjekten eingeräumte Herrschaftsgewalt verstanden werden.«[111]

Im Staatenverbund geht staatliche Gewalt also von den Völkern aus, die Teile nach dem Prinzip der Subsidiarität vertraglich auf die europäische Ebene übertragen können, dabei aber die Herren über die Verträge und damit die europäische Ebene bleiben. Ein europäischer »Demos« ist in diesem Konstrukt nicht notwendig, denn die Demokratie findet auf nationaler Ebene statt.

Das vom deutschen Bundesverfassungsgericht entwickelte Konzept des Staatenverbunds entspricht dem von einigen Politologen entwickelten Modell einer europäischen »Demoikratie«, also einer Demokratie mit mehreren »demoi« (dem Plural von »demos«).[112] Darin soll eine vertiefte Zusammenarbeit verschiedener Gruppen von Völkern in von diesen ausgewählten Bereichen möglich sein, wobei aber die Souveränität über die Frage der Zusammenarbeit selbst und in allen übrigen, von der Zusammenarbeit nicht betroffenen Bereichen beim auf nationaler Ebene existierenden »demos« liegt.

In diesem Modell, wie auch im Konzept des Staatenverbunds, ist europäische Integration weder zwangsläufig noch irreversibel. Sie bleibt immer von dem souveränen Willen der Völker abhängig, der sich auf nationaler Ebene im demokratischen Verfahren bildet. Eine Verkürzung des Prozesses der Willensbildung mit dem Hinweis auf einen faktischen Zwang zur Integration kann es in einem richtig verstandenen Staatenverbund oder in einer »Demoikratie« nicht geben.

Für das konföderale (»demoikratische«) Europa sollte eine freiheitliche Wirtschaftsverfassung in der Form der sozialen Marktwirtschaft in der jeweiligen nationalen Prägung gelten. Wirtschaftlicher Wohlstand entsteht im marktwirtschaftlichen Wettbewerb freier Unternehmen. Der Staat kann die Mehrung des Wohlstands unterstützen, indem er dafür sorgt, dass der Wettbewerb auf allen Märkten uneingeschränkt und fair stattfindet. Wohlstand wird auch durch die angemessene Bereitstellung öffentlicher Güter gemehrt. Auch soll der Staat diejenigen unterstützen, die ohne eigenes Verschulden im Wettbewerb scheitern und dadurch in wirtschaftliche Notlagen kommen.

Während die Regeln für den Wettbewerb für alle EU-Länder einheitlich gelten müssen, können die Bereitstellung öffentlicher Güter und die Ausgestaltung der sozialen Sicherungssysteme den Nationalstaaten überlassen bleiben. Eine Wettbewerbsordnung kann nicht für Teile eines gemeinsamen Markts, sondern muss für den Markt insgesamt gelten. Deshalb muss ihre Ausgestaltung an die europäische Ebene delegiert werden.

Dagegen kann die Bereitstellung öffentlicher Güter und sozialer Absicherung auf nationaler Ebene erfolgen. Dafür geben die Familie im Dorf, die Dorfgemeinschaft in der Region und die Region im Bundesstaat entsprechende Beispiele. Jedoch wird wie in den angeführten Beispielen auf niedrigerer Ebene die Großzügigkeit der sozialen Absicherung durch die Fähigkeit der jeweiligen Volkswirtschaft begrenzt, die dafür entstehenden Kosten zu tragen, ohne im europäischen Wettbewerb zurückzufallen.

Kern der europäischen Wirtschaftsverfassung ist ein gemeinsamer Binnenmarkt für Güter und Dienstleistungen und freier Außenhandel. Auch mehr als zwei Jahrzehnte nach der ersten Welle der Handelsliberalisierung im Rahmen des Projekts »Europa 1992« ist der einheitliche Binnenmarkt noch nicht in allen Bereichen vollendet. Defizite gibt es noch in der gegenseitigen Anerkennung von Schul- und Berufsabschlüssen, im Zugang zur Produktion von Dienstleistungen und im Bereich der öffentlichen

Aufträge. Daher muss die Öffnung nationaler Märkte für den Wettbewerb auf europäischer Ebene weitergehen. Ein gemeinsamer europäischer Markt muss natürlich in eine freiheitliche globale Handelsordnung eingebettet sein. Eine »Festung Europa« mit Handelsbarrieren gegenüber anderen Ländern würde Wohlstandsverluste für die Bürger Europas mit sich bringen und dadurch die Ziele des Binnenmarkts konterkarieren.

Die Regeln des Binnenmarkts müssen auch für den Energiesektor gelten, der gegenwärtig in Deutschland im Alleingang unter massivem Einsatz von Subventionen umfassend umgebaut wird. Eine mit dem Binnenmarkt konsistente Energiepolitik kann nur auf europäischer Ebene erfolgen, weil es sonst zu erheblichen Wettbewerbsverzerrungen kommt. Insbesondere muss ein europäischer Konsens über die Rolle von Kernenergie und erneuerbaren Energieträgern im gemeinsamen Energiemarkt erreicht werden. Dieser Konsens kann dann zum Beispiel in entsprechenden Quoten für die Kernenergie und für erneuerbare Energieträger an der gesamten Energieerzeugung ausgedrückt werden. Globale Klimaziele können durch europäischen Handel mit Verschmutzungsrechten verfolgt werden.

In einem konföderalen, demoikratischen Europa muss Freizügigkeit für Personen und Kapital gewährleistet sein. Während dies im Falle von Kapital weitgehend erreicht ist, besteht Nachholbedarf im Bereich der Freizügigkeit von Personen. Es ist offensichtlich, dass ein gemeinsamer Arbeitsmarkt zu einem gemeinsamen Binnenmarkt gehört, jeder EU-Bürger also frei ist, im EU-Staat seiner Wahl zu leben und zu arbeiten. Doch kommt die Freizügigkeit von Personen politisch unter Druck, wenn sie zur Erschleichung von Sozialleistungen benutzt wird.

Damit Freizügigkeit auf politisch sicherem Boden steht, darf es keine Arbitrage zwischen unterschiedlich gestalteten Sozialsystemen geben. In der freien Wahl des Arbeitsorts, des Wohnorts und der Kapitalanlage wird Freiheit in Europa erlebt. Freiheit und Eigenverantwortung gehören jedoch zusammen. Wer nicht in der Lage ist, wirtschaftlich für sich selbst zu sorgen, muss sich auf die Unterstützung seiner näheren Umgebung verlassen, die durch Familien- oder Staatszugehörigkeit bestimmt ist. In einem demoikratischen Europa sind die nationalen Sozialsysteme für die soziale Absicherung der Staatsangehörigen verantwortlich.

Für eine freiheitliche Geldverfassung

In einem konföderalen, demoikratischen Europa muss es eine freiheitliche Geldverfassung geben, die Europa nicht nach »Ins« und »Outs« in Bezug auf die gemeinsame Währung spaltet. Auch Länder, die auf unabsehbare Zeit nicht der EWU beitreten werden, müssen einen Platz in einem europäischen Verbund haben.

Ursprünglich sollte die einheitliche Währung für alle europäischen Länder gelten. Aber schon bei der Verhandlung des Vertrags von Maastricht zur Gründung der EWU zeichnete sich ab, dass nicht alle EU-Mitgliedsländer in die EWU eintreten würden. Großbritannien sicherte sich die Möglichkeit des »Opt-out« aus den Vereinbarungen zur EWU noch während der Vertragsverhandlung; Dänemark bekam die Möglichkeit des »Opt-out«, nachdem das Referendum zum Maastricht-Vertrag im Jahr 1992 gescheitert war.

Nach dem Start der EWU im Jahr 1999 zeichnete sich dann ab, dass Schweden trotz seiner vertraglichen Verpflichtungen nicht beitreten wollte. Später, im Zug der Eurokrise, distanzierten sich weitere Länder, darunter Polen und die Tschechische Republik, von der EWU, obwohl sie sich verpflichtet hatten, dem Euroraum so bald wie möglich beizutreten. Gegenwärtig scheint die EWU-Mitgliedschaft hauptsächlich für kleinere und schwächere Länder interessant zu sein, die sich von der Einführung des Euro eine internationale Aufwertung und möglicherweise den Zugang zu Finanzhilfen erwarten. Größere und stärkere Staaten dagegen befürchten, durch die EWU-Mitgliedschaft ökonomische Nachteile zu erleiden und politisch geschwächt zu werden.

Jedoch erzeugt die zunehmende Verlagerung politischer Souveränität der EWU-Mitgliedsländer auf die EU-Ebene im Zuge der Stabilisierung des Euro eine Sogwirkung auf die anderen EU-Länder. Jüngstes Beispiel dafür ist die Bankenunion, die zwar in einem gemeinsamen Markt für Finanzdienstleistungen für alle EU-Mitgliedsländer gelten sollte, aber vornehmlich nach den Bedürfnissen der EWU-Mitgliedsländer konstruiert wurde. Zunehmend stellt sich die Frage, inwieweit Länder, die der EWU nicht beitreten wollen, gleichberechtigte Mitglieder der EU bleiben können. In Großbritannien hat die durch die gemeinsame Währung beförderte zunehmende Integration Kräfte gestärkt, die das Land aus der EU lösen wollen.

Um die Spaltung Europas zu vermeiden, muss die eingeleitete Politisierung des Euro rückgängig gemacht und die EWU als offene Aktivgeldunion wieder hergestellt werden. Das heißt, der Euro muss als Angebot verstanden werden, das Länder, die für dieses Angebot bereit sind und die damit verbundenen Bedingungen akzeptieren und einhalten, annehmen können. Verletzen sie die Bedingungen oder entscheiden sie sich dafür, die Mitgliedschaft wieder aufzugeben, so muss ein Austritt möglich sein. In einer Demoikratie kann der Souverän, das Volk, nicht zur irreversiblen Zusammenarbeit mit anderen Völkern in einem bestimmten Bereich verpflichtet werden.

Wesentliche Elemente des die EWU konstituierenden Vertrags von Maastricht waren:

> die Verpflichtung der EZB auf Preisstabilität als einziges Ziel, ohne Wachstum oder Finanzstabilität als gleich- oder nachrangige Nebenziele,

> das strikte Verbot der monetären Finanzierung von staatlichen Budgetdefiziten und

> das strikte Verbot der Nothilfe (Bail-out) für in finanzielle Schieflagen geratene Staaten durch die EU oder andere Staaten.

Damit erhielt die EWU Charaktereigenschaften, die denen des Goldstandards im 19. Jahrhundert ähnelten.[113] Der Euro sollte den Charakter von Aktivgeld erhalten. Es wurde jedoch versäumt, klar die Konsequenzen eines wirtschaftlichen Fehlverhaltens in einem dem Goldstandard ähnlichen System aufzuzeigen. Dort gehen überschuldete Länder in die Insolvenz, wenn sie ihre Schuld nicht länger mit Aktivgeld bedienen können. Und wenn sie überhöhte Kosten und Preise nicht senken oder harte Budgetrestriktionen nicht einhalten können, müssen sie ihre Währung vom Goldanker lösen und abwerten.

Die Alternativen liegen auf der Hand: Entweder hält man an den Bedingungen für die Währungsunion fest; dann müssen Länder, die sich nicht an die Bedingungen halten, die EWU verlassen. Oder man erklärt die Mitgliedschaft für irreversibel; dann müssen die Bedingungen so angepasst werden, dass jedes einmal eingetretene Land sie immer erfüllen kann. Von außen gemachte Auflagen können nicht erzwungen werden, da dies dem demokratischen Prinzip widerspricht.

Um die EWU ihrem ursprünglichen Anspruch gemäß als Aktivgeldunion erhalten zu können, müssen deshalb staatliche Insolvenzen und Austritte möglich sein. Ist dies nicht der Fall, kann ein Land, das die Bedingungen nicht erfüllen kann oder will, die Gemeinschaft der EWU-Länder zwingen, die Bedingungen seinen Notwendigkeiten oder Wünschen gemäß zu verwässern.

Im Verlauf der EWU-Krise ist dies längst geschehen. So wurde entgegen den Bestimmungen des Vertrags von Maastricht insolvenzgefährdeten Staaten Finanzhilfe gewährt und die EZB zur Absicherung von Staatsanleihen eingesetzt. Durch diese Schritte wurde der Charakter des Euro vom Aktivgeld zum Passivgeld gewandelt; er wurde zum Staatsgeld.

Statt die EZB als Kreditgeber der letzten Instanz für Staaten aufzustellen, ist deshalb zum Erhalt einer Aktivgeldunion eine Insolvenzordnung für Staaten nötig. In einem nationalen (Fiat-)Geldsystem ohne materiellen Anker besteht immer die Möglichkeit, dass die Zentralbank zum Kreditgeber der letzten Instanz für den Staat wird. Auch bei Unabhängigkeit von der Regierung wird sich die Zentralbank letztendlich dem Willen des Parlaments, den Staatsbankrott zu verhindern, beugen müssen. Allerdings kann der Wähler Abgeordnete, die der Zentralbank diese Funktion zumuten, mit Abwahl bestrafen.

In der EWU ist dagegen für die EZB die Rolle des Kreditgebers der letzten Instanz für Staaten weder vorgesehen noch kann sie dazu gezwungen werden. Fehlt jedoch die Möglichkeit einer geordneten Insolvenz für überschuldete Staaten, kann sie sich veranlasst sehen, diese Rolle zu übernehmen, um den durch eine ungeordnete Insolvenz möglichen Zusammenbruch der Währungsunion zu verhindern.

Abgesehen von offenen rechtlichen Fragen im Zusammenhang mit dem weiter in den EU-Verträgen bestehenden Verbot von Bail-outs kann dies dazu führen, dass sich die Staaten auf den Beistand der Institutionen der EWU verlassen, anstatt für solide Finanzen zu sorgen. Die Finanzmärkte können dank der Garantie der EZB auch unsolide Staaten zu günstigen Konditionen finanzieren. Um dies zu verhindern, müssen überschuldete Staaten in die Insolvenz gehen, anstatt von der EZB unterstützt zu werden.

Statt über den ESM insolvente Staaten auf Dauer zu finanzieren, müssen Anpassungshilfen zeitlich befristet werden. Auch für langfristig solvente Staaten kann der Zugang zum Kapitalmarkt zeitweilig versperrt sein, wenn die Marktteilnehmer dem wirtschaftspolitischen Kurs der Regierung misstrauen. Derartige Liquiditätsengpässe können durch Finanzhilfen des ESM, die mit Auflagen für die Wirtschaftspolitik verbunden sind, behoben werden.

Sind die für die Wiederherstellung notwendigen Auflagen jedoch nicht durchsetzbar oder bleibt der Erfolg aus, dann mutieren Liquiditäts- zu Solvenzkrisen. Um zu vermeiden, dass eine Solvenzkrise mit Mitteln für die Liquiditätskrise bekämpft wird, müssen Anpassungsprogramme zeitlich strikt begrenzt sein. Während der Laufzeit eines Anpassungsprogramms sollte die Rückzahlung von ausstehenden Schulden ausgesetzt werden, um zu verhindern, dass private Gläubiger mit öffentlichen Mitteln bedient werden. Bleibt der Erfolg innerhalb der vorgegebenen Zeit aus, dann muss die Anpassungshilfe beendet und die Insolvenz eingeleitet werden.

Grundsätzlich sind drei Arten von staatlichen Insolvenzverfahren denkbar. Erstens kann sich der Staat dadurch entschulden, dass er eine einmalige Abgabe auf das Vermögen der Steuerpflichtigen erhebt. Dies ist der am nächsten liegende Schritt, haben die steuerpflichtigen Staatsbürger doch von den auf Kredit finanzierten Aktivitäten des Staates direkt oder indirekt profitiert. Ein in Notlage geratener Staat sollte daher vor allem auf die Solidarität seiner Staatsbürger vertrauen können. Allerdings setzt dies voraus, dass über eine Vermögensabgabe politische Einigkeit erzielt werden kann. Dies dürfte eine nicht geringe Hürde für diese Art der Entschuldung darstellen.

Die zweite Form der staatlichen Insolvenz ist die geordnete Umschuldung der staatlichen Verbindlichkeiten, die unter Umständen vom Europäischen Stabilitätsmechanismus durch Garantien für die herabgesetzte Schuld erleichtert werden kann. Garantien könnten drei nützliche Funktionen erfüllen:

> Erstens würden sie den Gläubigern nach einem Forderungsverzicht Sicherheit bezüglich der Restforderung bieten und so die Bereitschaft zum Forderungsverzicht erhöhen.

> Zweitens würden sie zu einem realistischen Abschlag auf die ausstehende Schuld zwingen, da der ESM für die Restschuld haften würde.

> Drittens würden sie einen übertriebenen Verfall des Marktwerts der ausstehenden Forderungen der Gläubiger verhindern.

Garantien für herabgesetzte Schuld im Rahmen einer staatlichen Umschuldung wurden im Zuge der Schuldenkrise der Schwellenländer in den 1990er-Jahren gewährt und unter der Bezeichnung »Brady-Bonds« bekannt. Sie erleichterten vielen Investoren die Teilnahme an der Umschuldung, weil sie danach keine weiteren Ausfälle zu fürchten brauchten.

Die dritte Form der Umschuldung ist der Austritt aus der Währungsunion und die Redenominierung der Staatsschuld in eine nationale Währung. Die Entschuldung findet dann durch die Abwertung der Währung gegenüber dem Euro statt. Diese Form der Umschuldung hat den Vorteil, dass sie nicht nur die Last der Staatsschuld verringert, sondern einer ineffizienten Wirtschaft zu höherer internationaler Wettbewerbsfähigkeit verhilft. Dazu sind Kosteneinsparungen und Investitionen in neue Produktionsanlagen nötig.

In der Regel ist es einfacher, einen Preis, den Wechselkurs der Währung, zu ändern, als alle Preise anzupassen, um verlorene Wettbewerbsfähigkeit wiederherzustellen und neue Investitionen möglich zu machen. In einer Währungsunion ist die einfachere Lösung, die Abwertung der heimischen Währung, nicht möglich. Soll das Land in der Union verbleiben, müssen

alle Preise statt nur des einen angepasst werden. Ist dies nicht möglich,
weil zum Beispiel die Preise nicht flexibel genug sind, sind nur Mengenan-
passungen möglich. Dies bedeutet aber Schrumpfung der Wirtschaft und
Anstieg der Arbeitslosigkeit.

Eine lang anhaltende Schrumpfung der Wirtschaft und ein starker Anstieg der Arbeitslosigkeit können die soziale und politische Struktur eines
Landes destabilisieren. Das im Vergleich dazu kleinere Übel mag der Austritt aus der Währungsunion und die Abwertung der neuen nationalen
Währung sein. Deshalb sollte ein Austritt aus der EWU prinzipiell möglich sein, und zwar ohne dass dadurch gleichzeitig die Mitgliedschaft in
der EU verloren geht (wie es gegenwärtig der Fall ist).

Dabei ist das Argument, dass der Austritt eines Landes weitere Austritte
zur Folge haben und die EWU durch diesen Dominoeffekt auseinanderbrechen lassen könnte, kein Grund für eine irreversible Mitgliedschaft.
Schwache Länder können nur andere schwache Länder, nicht aber starke
Länder anstecken. Vertreter der Dominotheorie nehmen daher implizit
an, dass kein Land wirklich fit für die Mitgliedschaft in der Währungsunion ist. Damit wäre aber die EWU insgesamt ein gescheitertes Projekt.

In einem konföderalen, demoikratischen Europa muss die Koexistenz
von Euro, weiteren Gemeinschaftswährungen, nationalen Währungen
und privaten Währungen, wie sie zum Beispiel gegenwärtig als elektronische Zahlungs- und Wertaufbewahrungsmittel entstehen, möglich sein.
Bürger sollten die Freiheit haben, Verträge in gegenseitigem Einverneh-
men in den von ihnen bevorzugten Währungen abzuschließen.

Offensichtlich wollen nicht alle Mitgliedsländer der EU in die EWU eintreten. Deshalb wird es in der EU auf unabsehbare Zeit mehrere Währungen geben. Dabei könnte es neben dem Euro und nationalen Währungen auch andere Zusammenschlüsse nationaler Währungen zu einem
Währungsverbund geben. Ohne die Tabuisierung eines Austritts aus der
EWU wäre es denkbar, dass eine Teilmenge der gegenwärtigen EWU-Mit-
gliedsländern möglicherweise mit anderen Ländern, die nicht der EWU
angehören, eine weitere Währungsunion bildet. Mögliche Kandidaten
dafür wären Deutschland und andere zentraleuropäische Länder, deren

Wirtschaft eng mit der deutschen verwoben ist. Mit dem Wachstum des Internethandels dürften auch privat emittierte elektronische Währungen als Alternative zu den öffentlich emittierten Währungen an Bedeutung gewinnen. Daher sollte in einem konföderalen, demoikratischen Europa Währungsvielfalt statt Währungseinheit möglich sein.

Heutzutage haben die von staatlichen Zentralbanken herausgegebenen Währungen den Status des »gesetzlichen Zahlungsmittels«. Zwar können Verträge zwischen privaten Parteien in jeder beliebigen Währung abgeschlossen werden, aber Transaktionen zwischen privaten Parteien und dem Staat sowie zwischen Banken und Zentralbank finden ausschließlich in der als gesetzliches Zahlungsmittel definierten Währung statt.

In einem konföderalen Europa mit mehreren Währungen könnte das nationalstaatliche oder (für die EWU) regionale Währungsmonopol entfallen. Banken könnten Einlagen in Währungen verschiedener öffentlicher und privater Emittenten anbieten und diese Einlagen gegebenenfalls durch Haltung von entsprechenden Reserven bei den Emittenten absichern (siehe unten). Für den Einleger wäre damit eine weitere Versicherung mit staatlicher Rückversicherung überflüssig. Für die Banken wäre ein Kreditgeber der letzten Instanz, wie er in einem System der teilweisen Reservehaltung nötig ist und durch die Zentralbank verkörpert wird, unnötig.

Mit der Einführung des Euro als Einheitswährung wurde die Idee eines Währungswettbewerbs in Europa zunächst zurückgewiesen. Mit der Krise der EWU seit 2010 sollte sie wiederbelebt werden. Denkbar wäre eine Konkurrenz öffentlicher und privater Währungsemittenten.

Für Währungswettbewerb

Im Gegensatz zu staatlichem Passivgeld, das seine Akzeptanz aus der rechtsverbindlichen Erklärung zum gesetzlichen Zahlungsmittel bezieht, entsteht die Akzeptanz von Aktivgeld durch gesellschaftliche Übereinkunft. Aktivgeld ist daher Teil der von Hayek beschriebenen »spontanen Ordnung«, die sich in einer freien Gesellschaft auch ohne staatlichen

Zwang bildet. Zur Gestaltung der Geldordnung in einem demoikratischen Europa bietet es sich deshalb geradezu an, die Hayek'sche Idee des Währungswettbewerbs wieder aufzunehmen.

Hayeks Idee wurde von zwei Seiten kritisiert. Zum einen störten sich die Chartalisten und Neochartalisten, für die Geld immer staatlich verfasst sein muss und bequemerweise von einer staatlichen Zentralbank zur Finanzierung der Staatsschuld emittiert wird, am privaten Charakter des Geldes in Hayeks Konzept.

Auf der anderen Seite standen die Neo-Austrians, für die Geld ein aus einer Ware heraus entstandenes Tauschmittel ist. Sie konnten sich zwar mit dem privatwirtschaftlichen Charakter des Geldes in Hayeks Konzept anfreunden, sahen aber durch die Vielfalt der Tauschmittel die Effizienz des Tauschs beeinträchtigt. Warum sollten Banken privates Geld in Konkurrenz zueinander herausgeben, wenn es so viel einfacher war, Geld mit voller Deckung an Gold zu koppeln?

Meine Antwort auf die Neo-Austrians ist, dass Hayeks Konzept in einem demoikratischen Europa die einzig legitime Lösung darstellt. Ist einmal die Emission verschiedener Währungen möglich, dann kann sich ein vollständig durch Gold gedecktes Geld am Markt gegen andere Währungen durchsetzen, wenn es tatsächlich die beste Geldform darstellt.

Realistischer als ein atomistischer Wettbewerb vieler privater Anbieter könnte jedoch in einem demoikratischen Europa der Wettbewerb nationaler sowie einer oder zweier staatlich emittierter gemeinsamer Währungen zum Euro sein. Angenommen, die Werthaltigkeit des Euro wird durch die EZB den Präferenzen der Mehrheit der Euroraumbewohner angepasst, die in den »lateinischen« Ländern wie Frankreich, Italien, Spanien und Belgien leben, dann könnte eine im Norden des Euroraums, also im Wesentlichen in Deutschland, den Niederlanden und ein paar kleineren Ländern lebende Minderheit eine härtere Währung bevorzugen.

Andererseits könnte eine zweite Minderheit im Süden, beispielsweise in Griechenland, Zypern, Malta oder auch Portugal, eine weichere Währung als den Euro wollen. Es wäre also eine dreigliedrige Union vorstellbar, in der zwei regionale Parallelwährungen virtuell als Buchgeld zum Euro umlaufen. Der Euro könnte ohne Probleme als Bargeld für alle erhalten bleiben, da der Tausch von Buch- zu Bargeld an jedem Geldautomaten zum Tageskurs möglich ist, auch wenn Buch- und Bargeld in verschiedenen Währungen denominiert sind.

Mit dem Erhalt des Euro als Bargeld für die gesamte Wirtschafts- und Währungsunion würden nicht nur die Kosten der Einführung von physischem Parallelgeld und die später anfallenden Transaktionskosten vermieden, sondern es bliebe in Form des gemeinsamen Bargelds auch die von vielen gewollte politische Verbindung der EWU-Mitgliedsländer zumindest in schwächerer Form erhalten.

Der erste Schritt zur Einführung von Parallelwährungen wäre in den nördlichen Ländern die Indexierung aller finanziellen und realwirtschaftlichen Verträge sowie der Zahlungen von und an die Regierung an die dortige Inflationsrate. Damit wären die Bewohner dieser Länder vor einer lockereren Geldpolitik der EZB gemäß den Präferenzen der lateinischen Länder geschützt.

Sollte die Inflation in den nördlichen Ländern ein gewisses Maß überschreiten, so könnten diese Verträge in eine neue Währung überführt werden, die von einem Tochterunternehmen der weiterhin im Eurosystem verbleibenden nationalen Zentralbanken dieser Länder ausgegeben würde. Diese Parallelwährung würde als virtuelles Mittel zur Wertaufbewahrung, zu bargeldlosen Zahlungen und als Maßeinheit in Verträgen hauptsächlich in den nördlichen Ländern verwendet. Sie könnte aber auch in anderen Regionen des Euroraums benutzt werden, ebenso wie der Euro in den nördlichen Ländern.

Vermutlich würde die nördliche Parallelwährung gegenüber dem Euro an Wert gewinnen, und der Kaufkraftverlust wäre geringer als beim Euro, entsprechend den Präferenzen der Nutzer dieser Währung. Natürlich müssten diese einen höheren Grad an Kostendisziplin üben, um nicht an Wettbewerbsfähigkeit zu verlieren, wenn sich die nördliche Parallelwährung gegenüber dem Euro aufwertet.

Für einige südliche Länder könnte der Euro immer noch mehr Kosten-
und Finanzdisziplin verlangen, als die Bevölkerung aufbringen kann. Die
nationalen Zentralbanken dieser Länder könnten ebenfalls ein Tochterunternehmen gründen, das den dortigen Regierungen großzügige Kredite gewährt und damit eine Währung emittiert, die sich bei höherer Inflation sowohl gegenüber der nördlichen Parallelwährung als auch gegenüber
dem Euro abwertet. Vermutlich würde diese Währung wegen ihres Wert-
verlusts nur eine geringe Rolle als Mittel zur Wertaufbewahrung spielen
und vornehmlich als Mittel zu Transaktionen und als Maß in Verträgen
dienen.

Natürlich könnte eine solche dreigliedrige EWU nicht auf dem Reißbrett
entstehen, sondern müsste sich evolutorisch entwickeln. Dabei könnte
die südliche, weiche Parallelwährung geboren werden, wenn das Anpas-
sungsprogramm in Griechenland vollends scheitert und die Regierung
keine weiteren Finanzhilfen von ihren Partnern erhält. Der Staat wäre
dann gezwungen, Primärdefizite über die Ausgabe von Schuldscheinen
zu finanzieren, die den Charakter einer Währung annehmen, wenn sie
gehandelt werden.

Die nördliche Parallelwährung könnte schrittweise wie oben beschrieben
entstehen, wenn die Inflation in den nördlichen Ländern wegen einer
akkommodierenden Geldpolitik der EZB ein von der dortigen Bevölkerung nicht akzeptiertes Maß annimmt. Aus gegenwärtiger Perspektive
erscheint ein Kollaps des griechischen Anpassungsprogramms in der näheren Zukunft wahrscheinlicher als ein deutlicher Anstieg der Inflation in
den nördlichen Ländern. Daher könnte die südliche Parallelwährung vor
der nördlichen entstehen.

Einmal eingeführt, gäbe es natürlich Konkurrenz unter den verschiedenen virtuellen Währungen. Da die Nutzer Weichwährungen meiden und
Hartwährungen vorziehen, würde die Konkurrenz, wie von Hayek beschrieben, zur Härtung aller Währungen führen. Diese würde den Druck
zu höherer Flexibilität auf die Realwirtschaft erhöhen und die Wachstumskräfte stärken.

Unternehmerische Freiheit und Haftung für Banken

In einem konföderalen Europa muss es einen freien Binnenmarkt für Finanzdienstleistungen geben. Dazu sollten Finanzinstitute so organisiert werden, dass sie ohne staatliche Unterstützung auch unter schwierigen Marktbedingungen im gegenseitigen Wettbewerb stehen können. Deshalb ist eine Insolvenzordnung für alle Banken, einschließlich der »Systemically Important Financial Institutions« nötig. »Too big to fail« ist eine Kategorie, die mit einer freien Marktwirtschaft nicht vereinbar ist.

Die Insolvenzordnung muss für den ganzen Binnenmarkt gelten und darf nationalen Behörden keinen Spielraum bei der Abwicklung von Banken einräumen. Denn sonst bilden sich unterschiedliche Erwartungen bezüglich der Behandlung von Bankgläubigern in den jeweiligen Ländern, die den Wettbewerb verzerren. Banken in finanziell starken Ländern könnten mit weicheren Konditionen bei Restrukturierungen rechnen als Banken in finanzschwachen Ländern. Daher wären ihre Finanzierungskosten geringer. Werden Bankeinlagen über nationale Versicherungen abgesichert, ergibt sich das gleiche Problem: Banken, die in finanzstarken Staaten beheimatet sind, können sich günstiger verschulden, weil die Einleger größeres Vertrauen in die Versicherung haben.

Wie bei anderen Wirtschaftsunternehmen auch sollen Eigner und Gläubiger der Banken – und nicht der Steuerzahler – die unternehmerischen Risiken des Bankgeschäfts tragen. Um aber den Zahlungsverkehr sicherzustellen und Bankkunden eine sichere Einlage bieten zu können, sollten die Voraussetzungen dafür geschaffen werden, dass Banken Kundeneinlagen durch die Hinterlegung von Zentralbankgeld bei der Zentralbank absichern können. Dies wäre der erste Schritt hin zum Euro als Aktivgeld.

In unserem Bankensystem der fraktionalen Reservehaltung, in dem Bankeinlagen durch Kreditvergabe entstehen, wird die Abwicklung von Banken dadurch erschwert, dass die Vergabe von Krediten mit der Schaffung von Geld und der Durchführung des unbaren Zahlungsverkehrs verwoben ist. Gerät eine Bank in Schieflage, kann der gesamte Zahlungsverkehr bedroht sein. Bei einem Zusammenbruch des Zahlungsverkehrs droht aber eine Wirtschaftskrise. Auch aus diesem Grund sind Regierungen in der Regel geneigt, Banken in finanziellen Schwierigkeiten zu stützen, statt sie abzuwickeln.

Die Abwicklung wird leichter, wenn Kreditvergabe und Zahlungsverkehr getrennt sind. Eine Möglichkeit zur Trennung ist es, Sichteinlagen der Banken durch die Hinterlegung von Zentralbankgeld durch die Geschäftsbanken bei der Zentralbank abzusichern, also Aktivgeld einzuführen. Dadurch wird es letztlich möglich, sicheres bargeldloses Giralgeld durch die Zentralbank und nicht durch die Geschäftsbanken zu schöpfen. Bei der Abwicklung von Banken bleibt dieses Giralgeld erhalten und der Zahlungsverkehr intakt.

Die Einführung von Aktivgeld kann schrittweise und am Anfang in Konkurrenz zu Kreditgeld erfolgen. Im ersten Schritt bildet die Bank eine Überschussreserve bei der Zentralbank, indem sie von dieser am Kreditfenster Zentralbankgeld borgt und sofort wieder auf ihrem Konto bei der Zentralbank einlegt. Im zweiten Schritt wird die Bilanz der Bank in eine Kredit- und Zahlungsabteilung aufgeteilt.

Wichtig ist dabei, dass die Zahlungsabteilung keinerlei Haftung für Verluste der Kreditabteilung übernimmt. Solange die Kreditabteilung vollständig abgewickelt werden kann ohne die Zahlungsabteilung in Mitleidenschaft zu ziehen, können beide Abteilungen als selbstständige Einheiten in einer als Holding aufgestellen Bankgesellschaft bleiben.

Die Bilanzen der Bank und der Zentralbank nach diesen Veränderungen sind verkürzt und vereinfacht in Schaubild 7.2 dargestellt. Im dritten Schritt kommt die Bank der Nachfrage nach sicheren Einlagen nach, indem sie den nachgefragten Betrag von dem in der Kreditabteilung geführten Kundenkonto auf ein Kundenkonto in der Zahlungsabteilung überweist. Zur Deckung der sicheren Einlage überweist sie gleichzeitig einen entsprechenden Betrag an Zentralbankreserven von der Kreditabteilung an die Zahlungsabteilung. Dieser Schritt ist in Schaubild 7.3 dargestellt.

Bank		Zentralbank	
Aktiva	**Passiva**	**Aktiva**	**Passiva**
Kreditabteilung		1 ZBC	1 MR
99 K	99 ID	9 ZBC	9 ÜR ←┘
1 MR	1 ZBC	10	10
9 ÜR	9 ZBC ←┘		
Zahlungsabteilung			
0	0		
109	109	—	

K = Bankkredit; ID = Investoreinlage + EK; MR = Mindestreserve; ZBC = Zentralbankkredit; ÜR = Überschussreserve

Schaubild 7.2 Schaffung der Zahlungsabteilung und Überschussreserve

Bank		Zentralbank	
Aktiva	**Passiva**	**Aktiva**	**Passiva**
Kreditabteilung		1 ZBC	1 MR
99 K	90 ID	9 ZBC	9 ÜR
1 MR	1 ZBC	10	10
0	9 ZBC		
Zahlungsabteilung			
9 ÜR	9 SD ←┘		
109	109		

K = Bankkredit; ID = Investoreinlage + EK; MR = Mindestreserve; ZBC = Zentralbankkredit; ÜR = Überschussreserve; SD = sichere Einlage

Schaubild 7.3 Schaffung der sicheren Einlage

Nun ist die Einlage von 9 Geldeinheiten (GE) in der Zahlungsabteilung durch bei der Zentralbank gehaltene Überschussreserven in vollem Umfang abgesichert. Außerdem hat die Kreditabteilung keinen Zugriff auf Guthaben oder Verpflichtungen der Zahlungsabteilung. Deshalb nenne ich die Einlage in der Zahlungsabteilung nun die sichere Einlage. Im Gegensatz dazu kann die in der Kreditabteilung verbleibende Einlage zum Ausgleich von Verlusten aus der Kreditvergabe herangezogen werden,

wenn diese das (in den Tabellen als »EK« bezeichnete) Eigenkapital der
Bank übersteigt. Deshalb nenne ich diese Einlage Investoreinlage.

Während die sichere Einlage nur eine Geldverwahrung darstellt und deshalb nicht verzinst werden kann (und womöglich mit einer Gebühr zur Deckung der Kosten der Bank für die Geldverwahrung belegt wird), finanziert
die Investoreneinlage Kredite und wird entsprechend ihrer Fristigkeit und
den von der Bank eingegangenen Kredit- und Liquiditätsrisiken verzinst.

Das Konzept der sicheren Einlage wäre für den Start der Bankenunion
in der EWU besonders passend. Sie würde sofort und ohne die staatliche Rückendeckung einer privaten Einlagenversicherung ein sicheres Aktivum für die Eurozone schaffen. Staatsanleihen können diese Funktion
nicht wie in anderen Ländern erfüllen, da der sie emittierende Staat keinen Zugriff auf die Notenpresse der EZB hat. Staatsanleihen von Euroländern sind prinzipiell vom Zahlungsausfall des Emittenten bedroht.

Mit der sicheren Einlage im Rücken ließe sich auch leichter die Beteiligung der anderen Bankgläubiger an der Umstrukturierung und Abwicklung einer Bank durchsetzen. Die Anleger hätten ja grundsätzlich
die Wahl zwischen völliger Sicherheit ihrer Einlage unter Verzicht auf
Zins und der Übernahme von Ausfallrisiken gegen Kompensation durch
Zins. Wenn dabei die Höhe des Zinses von der Zeitpräferenz der Einleger und den von der Bank eingegangenen Kredit- und Liquiditätsrisiken
bestimmt würde, so hätte die Bank es in der Hand, durch die Qualität
ihres Kreditportfolios und den Grad der Fristentransformation einen der
Risikoneigung des Anlegers entsprechenden Zins zu bieten.

Ein auf Sicherheit bedachter Anleger würde eine Bank wählen, die großen Wert auf die Qualität ihres Kreditportfolios legt und Kredite nur fris-
tenkongruent finanziert. Ein risikobereiter Anleger würde dagegen eine
andere Bank wählen, die Abstriche an der Qualität ihres Kreditportfolios
macht und einen hohen Grad an Fristentransformation in Kauf nimmt,
um einen attraktiveren Zins bieten zu können.

Möglicherweise wird der Leser gegen dieses Geschäftsmodell für Banken
einwenden, dass die Beurteilung des Kreditportfolios und des Grads der

Fristentransformation einer Bank für den Bankkunden gar nicht möglich ist. Bei der heute gängigen Praxis der Banken zur Rechnungslegung trifft dieser Einwand zu. Nur können heute nicht einmal mehr professionelle Anleger die in Bankbilanzen steckenden Risiken abschätzen. Der hohe Grad an Intransparenz der Bankbilanzen ist nur möglich, weil sich alle Anleger darauf verlassen, im Fall von Schieflagen von Banken vom Steuerzahler gerettet zu werden.

Fällt die explizite (in Form von Einlagenversicherungen) und implizite (in Form von Tolerierung von systemisch wichtigen Instituten) staatliche Garantie des Bankgeschäfts weg, wird die Rechnungslegung der Banken schnell transparent und eine Einschätzung der von ihnen eingegangenen Kredit- und Liquiditätsrisiken möglich werden, denn sonst werden die Banken schnell sowohl Einleger als auch Anleger verlieren und ihre Geschäfte beenden müssen.

Wie erwähnt soll der Übergang von unserem gegenwärtigen Geldsystem zu einer Aktivgeldordnung evolutionär sein und die sichere Einlage neben der »normalen« Investoreneinlage zunächst parallel existieren können. Je mehr die Investoreneinlage aber an Geldcharakter verliert und je populärer die sichere Einlage wird, desto geringer wird die Möglichkeit der Banken zur eigenen Geldschöpfung.

In unserem Beispiel wird das durch den Rückgang des Geldmultiplikators mit Einführung der sicheren Einlage sichtbar. Vor Bildung der Überschussreserven betrug der Wert der Investoreneinlagen (ID) 99 GE und die Mindestreserve (MR) 1. Der Geldmultiplikator betrug 99 (= 99 ID ÷ 1 MR). Nach Einführung der sicheren Einlage sank der Multiplikator auf nur noch 9,9 (= (90 ID + 9 SD) ÷ (1 MR + 9 ÜR)). Wenn nun die Investoreneinlagen durch längere Fristigkeiten und Beteiligung an den Kosten von Kreditausfällen den Geldcharakter verlieren und die Mindestreserve nicht länger gilt, dann ist der Geldmultiplikator bei 1 angekommen, das heißt, er ist verschwunden.

Die Zentralbank kann den Übergang zur Aktivgeldordnung steuern, indem sie Überschussreserven, die die Banken zur Absicherung der sicheren Einlage halten, attraktiv verzinst. Dies würde es den Banken erleichtern, die sichere Einlage den Kunden als ebenfalls attraktive Alternative zur Investoreneinlage anzubieten. Das System der Kreditgeldschöpfung würde dadurch rasch vertrocknen.

In dem Umfang, in dem die Banken ihre Rolle bei der Geldschöpfung verlieren, gewinnt die Rolle der Zentralbank an Gewicht. Wie wir in Kapitel 6 gesehen haben, kann die Zentralbank die Geldproduktion problemlos in Eigenregie durchführen, wenn sie jedem Staatsbürger seinen gleichen Anteil an dem neu zu schaffenden Geld auf das sichere Konto überweist. Zum Ausgleich ihrer Bilanz schreibt die Zentralbank den auf der Aktivseite stehenden »guten Willen« hoch.[114]

Wie aber kann aus dem gegenwärtigen System heraus die Erstausstattung der Wirtschaft mit Geld erreicht werden? Und wie können die Banken von der süßen Droge der bequemen Staatsfinanzierung entwöhnt werden, die dazu geführt hat, dass ihre Bilanzen mit Staatsanleihen aufgebläht sind? Eine Möglichkeit bestünde darin, dass die Zentralbank, in diesem Fall also die EZB, den Banken die Staatsanleihen abkauft. Für die ausstehende Geldmenge würde sich dadurch nichts ändern, da die Forderungen der Banken an die Staaten einfach durch Forderungen an die EZB ersetzt würden. Die Passivseite der Bilanz der Banken würde sich auch nicht ändern.

Nun hätten die Banken aber reichlich Überschussreserven, um die Nachfrage nach sicheren Einlagen zu befriedigen. Die EZB würde die erworbenen Staatsanleihen in eine »Bad Bank« auslagern. Diese hätte Forderungen an die Staaten und Verpflichtungen an die EZB. Ziel der »Bad Bank« wäre es, mit Rückzahlung der fällig werdenden Staatsanleihen ihre Forderungen an die Staaten und Verpflichtungen an die EZB abzubauen.

Die EZB würde die über die Bad Bank kommenden Rückzahlungen der Staatsschulden über Dividendengutschriften auf die sichere Einlage wieder in den Geldbestand zurückführen. Dabei kann sie die aus der Rückzahlung der Anleihen eines jeweiligen Staates erhaltenen Gelder den Bürgern dieses Staates gutschreiben, sodass zwischenstaatliche Umverteilungen durch den Abbau der Staatsschuld vermieden werden. Am Ende des Prozesses wäre die bisher von Banken gehaltene Staatsschuld getilgt, die Geldkonten der Banken durch Guthaben bei der EZB abgesichert, und das von der EZB ausgegebene Geld durch ihr Vertrauenskapital, den »guten Willen«, gedeckt.

Wir wollen die weitere Entwicklung der Bilanzen der Zentral- und Geschäftsbanken im Übergang zur Aktivgeldordnung nun in unserer vereinfachten Darstellung verfolgen. In Schaubild 7.4 kauft die Zentralbank der Geschäftsbank Staatsanleihen in Höhe von fünf Geldeinheiten (5 GB) gegen Zentralbankgeld ab. Folglich fallen die Kreditforderungen von 99 K auf 94 K. Zum Ausgleich steigen die Überschussreserven der Bank auf 5 ÜR (linke Bilanz in Schaubild 7.4). Die Zentralbank verbucht die Staatsanleihen in Höhe von 5 GB auf der Aktivseite und die Überschussreserven in Höhe von 5 ÜR auf der Passivseite ihrer Bilanz (rechte Bilanz in Schaubild 7.4).

Über die Zeit verschwinden die Staatsanleihen wieder von der Bilanz der Zentralbank, wenn der Staat seine Schuld tilgt. Die Zentralbank verringert in gleichem Maß die Überschussreserven in der Kreditabteilung der Bank, indem sie die entsprechende Summe der zur Finanzierung der Überschussreserven gewährten Zentralbankkredite fällig stellt.

Bank		Zentralbank	
Aktiva	**Passiva**	**Aktiva**	**Passiva**
Kreditabteilung		1 ZBC	1 MR
94 K (−5 GB)	90 ID	9 ZBC	9 ÜR
1 MR	1 ZBC	5 GB (+5)	5 ÜR (+5)
5 ÜR (+5) ←	9 ZBC	15	15
Zahlungsabteilung			
9 ÜR	9 SD		
109	109		

Posten verschwinden mit Tilgung der Staatsschuld

K = Bankkredit; ID = Investoreinlage + EK; MR = Mindestreserve; ZBC = Zentralbankkredit; ÜR = Überschussreserve; SD = sichere Einlage; GB = Staatsanleihen

Schaubild 7.4 Entflechtung von Staat und Banken: Zentralbank kauft Banken Staatsanleihen gegen Zentralbankgeld ab

Im nächsten Schritt wird die nun nicht mehr benötigte Mindestreserve in der Kreditabteilung der Bank aufgelöst und der dort noch verbleibende Zentralbankkredit zurückgezahlt. Wie aus Schaubild 7.5 ersichtlich, wird der für die Haltung der Mindestreserve gegebene Zentralbankkredit in Höhe von 1 ZBC einfach mit dem Guthaben der Bank von 1 MR auf dem Konto für die Mindestreserve getilgt, und der Posten kann auf beiden Bilanzen gestrichen werden. Das Konto für Staatsanleihen auf der Bilanz der Zentralbank ist ebenfalls verschwunden, aber die Kreditabteilung der Bank schuldet der Zentralbank auch nach Auflösung der Überschussreserve noch immer 4 ZBC. Diese können bei Rückzahlung von Krediten getilgt werden.

In Schaubild 7.5 nehmen wir an, dass fünf Geldeinheiten an ausstehenden Krediten fällig und getilgt werden. Vier Geldeinheiten werden verwendet, um den Zentralbankkredit zurückzuzahlen, sodass die Kreditabteilung der Bank nun schuldenfrei gegenüber der Zentralbank ist. Die verbleibende eine Geldeinheit wird dazu verwendet, die Investoreinlage um eine Geldeinheit zu verringern. Insgesamt, hat sich Bilanz der Bank in Schaubild 7.5 um elf Geldeinheiten gegenüber Schaubild 7.4 verkürzt, wobei fünf Geldeinheiten wegen der Tilgung der Überschussreserve, eine Geldeinheit wegen Tilgung der Mindestreserve und die verbleibenden fünf Geldeinheiten durch die Rückzahlung des Kredits verschwunden sind.

Im Gegensatz zur Bilanz der Bank ist aber die Passivseite der Zentralbank nur um sechs Geldeinheiten gefallen (eine Geldeinheit wegen der Auflösung der Mindestreserve und fünf Geldeinheiten wegen der Auflösung der Überschussreserve). Nach Rückzahlung des in der Kreditabteilung der Bank verbliebenen Zentralbankkredits von vier Geldeinheiten scheinen der Zentralbank auf der Aktivseite genau diese vier Geldeinheiten zu fehlen.

Würde sie ihre Bilanz nun mechanisch ausgleichen, dann würde dies zu einer Schrumpfung der Aktivgeldmenge führen. Dieses Problem hatten wir ja schon im vorangegangenen Kapitel im Zusammenhang mit der Umstellung auf Vollgeld und Aktivgeld diskutiert. Entsprechend der dort vorgeschlagenen Lösung können wir diesem Problem hier dadurch abhelfen, dass wir die in Schaubild 7.4 zur Deckung der neun Geldeinheiten an sicherer Einlage in der Zahlungsabteilung der Bank gewährten Zentralbankkredite in Vertrauenskapital oder »guten Willen« umbuchen.

Nach Abschluss dieses Schritts haben wir also in der Kreditabteilung der Bank Kredite in Höhe von 89 K, die mit haftenden Investoreneinlagen und Eigenkapital in Höhe von 89 ID gedeckt sind. Die Zahlungsabteilung der Bank verwahrt sichere Einlagen in Höhe von 9 SD, die in der Zentralbank in Form von 9 ÜR hinterlegt sind. Die Werthaltigkeit dieser sicheren Einlage ist bei der Zentralbank mit Vertrauenskapital in Höhe von 9 Einheiten »guter Wille« gedeckt.

Bank		Zentralbank	
Aktiva	**Passiva**	**Aktiva**	**Passiva**
Kreditabteilung		0 ZBC (−1)	0 MR (−1)
89 K (−5)	89 ID (−1)	9 „guter Wille"	9 ÜR
0 MR (−1)	0 ZBC (−1)	9 (-6)	9 (-6)
0 (−5)	0 ZBC (−4)		
Zahlungsabteilung			
9 ÜR	9 SD		
98 (−11)	98 (−11)		

Vertrauen in die Werthaltigkeit des Geldes (früher durch die Hinterlegung von physischem Gold abgesichert)

K = Bankkredit; ID = Investoreinlage + EK; MR = Mindestreserve; ZBC = Zentralbankkredit; ÜR = Überschussreserve; SD = sichere Einlage

Schaubild 7.5 Auflösung der Mindestreserve und Ablösung des Zentralbankkredits in der Kreditabteilung bei Rückzahlung von Krediten

Im Prozess der Umstellung haben sich die von der Kreditabteilung der Bank gewährten Kredite um insgesamt zehn Geldeinheiten verringert. Der Rückgang um fünf Geldeinheiten aufgrund der Verringerung der Staatsschuld mag ja gewollt sein. Aber der Rückgang um weitere fünf Geldeinheiten durch die Rückzahlung von Krediten an private Nichtbanken könnte die Sorge auslösen, dass der Übergang zur Aktivgeldordnung zwangsläufig mit der Einschränkung der Kreditvergabe des Bankensystems verbunden ist.

Um dieser Sorge vorzubeugen, wollen wir uns im letzten Schaubild dieses Kapitels ansehen, wie in der Aktivgeldordnung neue Kredite vergeben werden können. In Schaubild 7.6 entscheidet sich der Inhaber einer sicheren Einlage dafür, fünf Geldeinheiten zu sparen, weil der vom Kreditnehmer angebotene Zins die erwartete Gelddividende übersteigt. Im ersten Schritt werden diese Geldeinheiten aus der sicheren Einlage in die Investoreneinlage umgebucht. Diese steigt nun um fünf Geldeinheiten auf 94 ID. Die Bank kann nun fünf Geldeinheiten an neuen Krediten vergeben, sodass im zweiten Schritt die Kredite auf 94 K steigen. Die Kreditabteilung der Bank hat nun 94 K an Kreditforderungen die in vollem Umfang mit 94 voll haftenden ID gedeckt sind. Im dritten Schritt wird der zusätzlich gewährte Kredit dem Kreditnehmer als sichere Einlage gutgeschrieben.

Die im ersten Schritt um fünf Geldeinheiten verringerte sichere Einlage steigt also um diesen Betrag wieder an. Dieses Geld kann der Kreditnehmer nun dazu verwenden, um es mittels einer weiteren Überweisung gegen eine Ware, Dienstleistung oder einen Vermögenswert einzutauschen. Wir sehen, dass sich die Bilanz der Kreditabteilung der Bank um fünf Geldeinheiten auf die nach Tilgung der Staatsschuld verbleibenden 94 K wieder ausgeweitet hat, die mit vollumfänglich haftenden 94 ID gedeckt sind.

Die Bilanz der Zahlungsabteilung und daher auch die der Zentralbank ist gleich geblieben. Um die Kreditgewährung möglich zu machen, mussten aber 5 SD vom Konto des Sparers auf das Konto des Kreditnehmers überwiesen werden. Zahlt der Kreditnehmer diesen Betrag schließlich zurück, so fallen K und ID wieder auf 89 (zuzüglich des vom Kreditnehmer erwirtschafteten Zinses) und fünf Geldeinheiten (plus Zins) werden vom Konto des Kreditnehmers auf das des Sparers überwiesen.

Will die Zentralbank die Geldmenge erhöhen, bucht sie neue Geldeinheiten in ihr Vertrauenskapital (im Buchungsposten »guter Wille«) ein und überweist diese anteilsmäßig an die Besitzer von sicheren Einlagen in Form einer Gelddividende oder Bürgerdividende. Entsprechend steigen die Posten ÜR in der Bilanz der Zahlungsabteilung der Bank und auf der Passivseite der Bilanz der Zentralbank. Diese Art der Geldmengenerhöhung entspricht dem von Milton Friedman einmal etwas salopp beschriebenen »Helikopterabwurf« von Geld. Dabei wird die Geldmenge völlig unabhängig von der Kreditgewährung verändert und Geld allen Bürgern gleichmäßig zugeteilt.

Bank		Zentralbank	
Aktiva	**Passiva**	**Aktiva**	**Passiva**
Kreditabteilung		9 „guter Wille"	9 ÜR
94 K (+5) ←₂ 94 ID (+5)		9	9
Zahlungsabteilung /₁			
9 ÜR	9 SD (−5+5)		
103	103		
3			

1. Überweisung von 5 GE von Geldkonto an Investoreinlage

2. Finanzierung von 5 GE Kredit über Investoreinlage (wie bei Investmentfonds)

3. Kreditbetrag wird dem Geldkonto des Kreditnehmers gutgeschrieben

K = Bankkredit; ID = Investoreinlage + EK; ÜR = Überschussreserve; SD = sichere Einlage

Schaubild 7.6 Vergabe von Krediten im neuen System

Demgegenüber wird in unserer heute bestehenden Passivgeldordnung Geld über die Vergabe von Krediten geschaffen und den Kreditnehmern zugeteilt, die es dann entsprechend ihren Präferenzen im Austausch gegen Güter, Dienstleistungen oder Vermögenswerte an andere weitergeben. Wie wir in den vorangegangenen Kapiteln gesehen haben, neigt die Passivgeldordnung nicht nur zur Instabilität, sondern befördert auch eine Verteilung von Einkommen und Vermögen zugunsten der Kreditnehmer.

Die Stärke der Europäischen Union liegt in ihrer Fähigkeit, demokratisch organisierte Staaten in einem gemeinsamen Wirtschaftsraum mit Freizügigkeit für Menschen, Güter und Kapital zusammenzubringen. Einheitliches Staatsgeld ist ein Fremdkörper in einer als Staatenverbund organisierten, »demoikratisch« legitimierten EU. Wie ich an anderer Stelle ausgeführt habe, war ein wesentlicher Grund für die Einführung des Euro die Absicht Frankreichs, ein vereintes Deutschland in einem nach dem Fall der Sowjet-Union vergrößerten Europa wirtschaftlich und finanziell einzuhegen.[115] Aus französischer Sicht sollte der Euro daher unter französischem Einfluss geschaffenes Staatsgeld sein.

Diese Absicht ist jedoch gescheitert. Seit der Eurokrise ist der wirtschaftliche und politische Einfluss Deutschlands gestiegen und der Frankreichs gefallen. Es ist daher folgerichtig, dass in den Wahlen zum Europäischen Parlament im Mai 2014 die französischen Wähler den Front National zur stärksten Partei gewählt haben, der verspricht, Frankreich aus dem Euro und aus der EU herauszubrechen. Die Absicht dieser Partei könnte man damit auf den Punkt bringen, dass sie einem Klub, den sie nicht beherrschen kann, lieber nicht angehören will. Die Reaktion der anderen Parteien auf die Herausforderung durch den Front National wird sein, dass sie die Wähler überzeugen wollen, dass ein Austritt nicht nötig ist, da sie es Frankreich ermöglichen werden, den Klub weiter zu beherrschen.

Diese Überlegungen zeigen, dass es für eine stabile Geldordnung nicht ausreichen wird, die EZB als einzigen Emittenten für ein europäisches Aktivgeld aufzustellen. Statt um die Zinspolitik der Zentralbank im Kreditgeldsystem von heute wird der politische Streit um die Gelddividendenpolitik in einer Aktivgeldordnung von morgen gehen. Der EZB wurde im Vertrag von Maastricht eine politische Unabhängigkeit gegeben, die der Idee der »Monetative« der Anhänger des Vollgelds sehr nahekommt. Aber auch diese vertragliche Absicherung konnte nicht verhindern, dass die EZB in den letzten Jahren politisiert wurde. Ebenso würde eine europäische »Monetative« durch den Kampf um die Höhe der Gelddividende – oder der Höhe der Gewinnüberweisung der Zentralbank an den Staat – politisiert. In einer europäischen Aktivgeldordnung kann deshalb nur Währungswettbewerb stabiles Aktivgeld schaffen.

Entsprechend dem oben skizzierten Vorgehen könnte die Bundesbank in einem ersten Schritt eigenes Aktivgeld in Konkurrenz zum Euro herausgeben. Die Gelddividende der Bundesbank könnte sich am erwarteten realen Wachstum des deutschen Produktionspotenzials orientieren. Angesichts der deutschen Präferenz für hohe Geldwertstabilität würde die Bundesbank wahrscheinlich eine geringere Gelddividende als die EZB ausschütten, die einem dem Wunsch ihrer Mitglieder entsprechenden Inflationsaufschlag auf ihre Gelddividende machen würde.

Damit würde sich das von der Bundesbank emittierte Aktivgeld gegenüber dem von der EZB emittierten Euro mit der Zeit aufwerten. Die

Folge davon wären Terms-of-Trade-Gewinne für die Nutzer des Bundes-bankgeldes gegenüber den Nutzern des Euro. Der übermäßige deutsche Leistungsbilanzüberschuss könnte sinken, da Deutschland mehr impor-tieren und weniger exportieren würde.

Mit der Zeit wäre es aber auch möglich, dass private Bankenkonsortien privates Aktivgeld in Konkurrenz zu dem von der Bundesbank und der EZB emittierten Geld herausgeben. Entsprechend ihren unterschiedli-chen Präferenzen für Inflation würden sich Netzwerke von Nutzern der verschiedenen Währungen bilden. Natürlich hätte in dieser europäischen Währungsvielfalt auch britisches (oder nur englisches) Kreditgeld seinen Platz, obwohl es gegenüber Aktivgeld nur eine Randerscheinung sein dürfte.

Fazit

Im Vertrag von Maastricht wurde dem Euro die Eigenschaft eines unpoli-tischen Aktivgelds mit auf den Weg gegeben. Die EZB sollte fern der Re-gierungspolitik die Wirtschaft so mit Geld versorgen, dass die Kaufkraft des Geldes erhalten bliebe. Keine EU-Institution und kein Staat sollte einen anderen Staat aus einer selbst verschuldeten finanziellen Notlage herauspauken.

Die technische Umsetzung dieser Prinzipien führte jedoch zu einer schleichenden Veränderung der vertraglich angelegten Eigenschaften der neuen Währung. Die Verfolgung eines numerischen Ziels für die Konsu-mentenpreisinflation förderte die Entstehung von Vermögenspreisinfla-tion und eine aktive Geldpolitik. Das System der fraktionalen Reserve-haltung zwang die EZB in die Rolle des Kreditgebers der letzten Instanz für Banken, wobei sich in der Praxis eine scharfe Trennung zwischen Finanzhilfen wegen mangelnder Liquidität und mangelnder Solvenz als sehr schwierig erwies.

Gleichzeitig bahnte die Vernachlässigung der vertraglich vereinbarten Obergrenzen für die Staatsverschuldung und die Vorzugsbehandlung staatlicher Schuldtitel in der Bankenregulierung der EZB den Weg zum

Kreditgeber der letzten Instanz für EWU-Mitgliedstaaten. Im Zuge der Eurokrise verlor der Euro seinen von Anfang an eher schwach angelegten Charakter eines Aktivgelds und wandelte sich zum staatlichen Passivgeld, da die Zahlungsfähigkeit der hoch verschuldeten Eurostaaten ohne Rückendeckung der Zentralbank nicht mehr gewährleistet war.

Als staatliches Passivgeld ohne Staat ist der Euro auf Dauer nicht lebensfähig. Vertragliche Vereinbarungen, die staatliche Strukturen ersetzen sollen, können ohne zentrale Staatsgewalt in der EWU nicht dauerhaft durchgesetzt werden. Andererseits ist ohne einen europäischen »demos« ein demokratisch organisierter europäischer Bundesstaat unmöglich. Für die EU und die EWU ist die »demoikratische« Konföderation, auch Staatenverbund genannt, die einzig angemessene Staatsform. In einem Staatenverbund kann es aber kein staatliches Passivgeld als Einheitsgeld geben.

Die Alternative zu nationalen Währungen sind als Aktivgeld konzipierte Gemeinschaftswährungen für Ländergruppen innerhalb der bestehenden EWU. Im Gegensatz zur Passivgeldordnung, die den Staat braucht, stützt sich die Aktivgeldordnung auf gesellschaftliche Konvention und kann daher auch in einem Staatenverbund ohne Zentralstaat bestehen. Da Aktivgeld ohne staatlichen Annahmezwang auskommt, kann es jedoch nur Gemeinschaftswährung, aber keine staatlich verordnete Einheitswährung sein. Deshalb sollte gemeinschaftliches Aktivgeld in der EWU im Hayek'schen Währungswettbewerb entstehen.

Kapitel 8: Was wird aus unserem Papiergeldsystem?

In den vorangegangenen zwei Kapiteln haben wir uns mit Alternativen zu unserem bestehenden Geldsystem und der weiteren Entwicklung der europäischen Einheitswährung beschäftigt. Wir kamen zu dem Schluss, dass unser elastisches Papiergeldsystem, das wir auch Passivgeldsystem oder Fiat-Geldsystem genannt haben, instabil ist, aber ein Systemwechsel zu einer Aktivgeldordnung nicht in Sicht ist. In diesem Kapitel wollen wir die Diskussion vertiefen, indem wir die Entwicklung des Papiergelds von seiner Entstehung bis zur jüngsten Finanzkrise nachverfolgen und einige Überlegungen über die Zukunft dieses Systems anstellen.

Vorhang auf für Papiergeld

Am 15. August 1971 trat US-Präsident Nixon vor die Fernsehkameras und verkündete einem überraschten Publikum in den USA und weltweit:

»Wir müssen die Position des US-Dollars als eines Stützpfeilers der Währungsstabilität überall in der Welt schützen. In den letzten sieben Jahren kam es durchschnittlich jedes Jahr zu einer internationalen Währungskrise. Wer profitiert von solchen Krisen? Nicht der Arbeiter, nicht der Kapitalanleger, nicht die wahren Produzenten von Vermögenswerten. Die Gewinner sind die internationalen Geldspekulanten. Weil sie von Krisen leben, helfen sie mit, Krisen zu schaffen. In den letzten Wochen haben die Spekulanten einen Krieg mit allen Mitteln gegen den amerikanischen Dollar entfacht. Die Stärke der Währung einer Nation beruht auf der Stärke ihrer Wirtschaft – und die amerikanische Wirtschaft ist die bei Weitem stärkste der ganzen Welt. Dementsprechend habe ich den Finanzminister beauftragt, die zur Verteidigung des Dollars gegen Spekulanten erforderlichen Maßnahmen zu ergreifen. Ich

habe Finanzminister Connally angewiesen, vorübergehend die
Konvertibilität des Dollar in Gold oder andere Reservemittel aus-
zusetzen, ausgenommen bei Beträgen und unter Bedingungen, die
als im Interesse der Währungsstabilität und als im besten Interesse der Vereinigten Staaten liegend angesehen werden. [...] Diese Maßnahme wird uns keine Freunde unter den internationalen
Geldhändlern einbringen, aber unsere Sorge gilt in erster Linie den
amerikanischen Arbeitern und einem fairen Wettbewerb überall
auf der Welt. [...] Ich bin entschlossen, dafür zu sorgen, dass der
amerikanische Dollar nie wieder ein Spielball in den Händen der
internationalen Spekulanten sein wird.«

Damit beendete Nixon nicht nur das Bretton-Woods-System fester Wechselkurse mit diskretionärer Anpassungsmöglichkeit, sondern er kappte
auch den Goldanker des US-Dollar. Von da an waren der Dollar und die
anderen im Bretton-Woods-System an ihn gekoppelten Währungen nur
noch so gut wie das Vertrauen des Publikums in die Disziplin der sie produzierenden Banken und Zentralbanken. Wohl ohne sich dessen bewusst
zu sein, trat Nixon in die Fußstapfen von John Law, der im Frankreich
des frühen 18. Jahrhunderts seine Theorie vom ankerlosen Geld testen
konnte. Law war ein Glücksspieler und Spekulant, Nixon dagegen wollte,
dass der Dollar »nie wieder ein Spielball in den Händen der internationalen Spekulanten« sein solle.

Er erreichte das Gegenteil. Zwei Ölpreisschocks und eine irregeleitete
Geldpolitik der US Federal Reserve fachten die Inflation in der gesamten Welt an und schickten den US-Dollar, die frühere Leitwährung im
Bretton-Woods-System, an der sich alle anderen Währungen orientierten,
gegen Ende des Jahrzehnts auf Tiefststände gegenüber der D-Mark und
dem japanischen Yen. Im Jahr 1978 war das Vertrauen in die amerikanische Währung und in die amerikanische Politik und Wirtschaft so tief
gesunken, dass die Carter-Regierung in D-Mark und Schweizer Franken
denominierte amerikanische Staatsanleihen emittierte. Indem man sich
in anderen Währungen verschuldete, die unter Anlegern und Devisen-
händlern höheres Ansehen genossen als der US-Dollar, wollte man sein
Interesse an einer Stabilisierung des US-Dollar zeigen.

Viel Erfolg war dem Unternehmen nicht beschieden. Laws ankerloses Geld überlebte gerade mal ein Jahr. Der Nixon- und Carter-Dollar war immerhin schon um die sieben Jahre alt, als er in eine Existenzkrise fiel. Aber die Probleme waren die gleichen: Das Publikum traute dem Geld nicht mehr, da es von der Politik beliebig vermehrt werden konnte. Der »Law Moment« schien nicht mehr fern. So kam es, dass der frischgebackene Fed-Chairman Paul Volcker die IWF-Jahrestagung im Oktober 1979 frühzeitig mit einem grimmigen Entschluss verließ.

Am 30. September hielt der frühere Fed-Chairman Arthur Burns die jährliche Peer-Jacobsson-Vorlesung zum Auftakt des IWF-Treffens in Belgrad. Er hatte ihr den Titel »Das Leid der Zentralbanker« gegeben. Burns klagte, es sei der Fed unmöglich gewesen, die Inflation zu kontrollieren, weil politischer Druck vom US-Kongress, dem sie ja verantwortlich war, dies verhindert hatte. Heute würde man sagen, die Fed wurde von der Fiskalpolitik »dominiert«. Burns schien sich darein zu schicken und für die Zentralbank das Handtuch im Kampf gegen die Inflation werfen zu wollen. Auf den Märkten stieg folgerichtig der Goldpreis.

Daraufhin entschloss sich Volcker, seine Teilnahme an dem IWF-Treffen abzubrechen und nach Washington zurückzukehren, um den Kampf gegen die Inflation aufzunehmen. Er überzeugte die Mitglieder des Federal Open Market Committee, eine neue geldpolitische Strategie zu verfolgen: Von nun an wollte sich die Fed jedem politischen Einfluss entziehen und ein Ziel für das Wachstum der Geldmenge anpeilen. Am 6. Oktober, einem Samstag vor einem langen Wochenende, gab er die neue Strategie vor der Presse bekannt. Sie bedeutete eine geldpolitische Vollbremsung. Volcker hatte den »Law Moment« noch einmal abgewendet.

In der Zeit nach der Pressekonferenz bis zum Januar 1981 stieg der Zins zwischen den Banken, die Fed Funds Rate, auf ein Hoch von mehr als 19 Prozent und blieb auf zweistelligem Niveau bis zum Oktober 1982. Das reale Bruttoinlandsprodukt sank um knapp 2 Prozent im Jahr 1982. Aber die Inflationsrate ging von 10,7 Prozent im Jahr 1980 auf 2,2 Prozent im Jahr 1986 zurück. Mit seinem Kraftakt hatte Paul Volcker nicht nur die Inflation in den USA besiegt, sondern auch dem System des

künstlichen Geldes das Leben gerettet. Ohne Volckers Einsatz wäre es
womöglich gerade mal zehn Jahre alt geworden.

Der Maestro betritt die Bühne

Am 11. August 1987 löste Alan Greenspan Volcker als Fed-Chairman ab.
Greenspan war kein Unbekannter. Über viele Jahre hatte er Präsidenten
als Berater gedient; ein besonders enges Verhältnis verband ihn mit Gerald Ford. Aber als Zentralbanker war Greenspan ungetestet. Dies sollte
sich nur zwei Monate nach seinem Amtsantritt ändern.

Am 19. Oktober 1987 krachte der Aktienmarkt aus scheinbar heiterem
Himmel. Mit 22,6 Prozent Rückgang erlitt der Dow-Jones-Aktienpreisin-
dex seinen schlimmsten Tagesverlust seit dem großen Krach von 1929. In
Anlehnung an den »Schwarzen Dienstag« vom 29. Oktober 1929, der als
Beginn der Weltwirtschaftskrise in die Geschichte einging, fand man für
den 19. Oktober 1987 schnell die Bezeichnung »Schwarzer Montag«.[116]
Die Angst ging um, dass sich die Geschichte wiederholen und die Welt-
wirtschaft in eine neue Depression fallen würde.

Doch Greenspan reagierte schnell. Zusammen mit Gerald Corrigan, dem
Präsidenten der Federal Reserve Bank von New York, wirkte Greenspan
auf die Banken ein, ihre Kreditlinien aufrechtzuerhalten. Am 4. November senkte er zudem den Leitzins um 0,5 Prozentpunkte. Dies war die
Geburtsstunde der proaktiven Geldpolitik der folgenden zwei Jahrzehnte, mit der Greenspan und seine Kollegen im Offenmarktkomitee der
Federal Reserve für einen langen Aufschwung im Kredit- und damit Konjunkturzyklus sorgten. Durch Verwerfungen auf den Finanzmärkten erzeugte Störungen der Konjunktur wurden durch Geldspritzen und Zins-
stimuli immer wieder schnell beseitigt (siehe Tabelle 8.1 für eine kurze
Übersicht).

Die Finanzmärkte liebten Greenspan dafür und verliehen ihm den Eh-
rentitel »Maestro«. Etwas geschäftsmäßiger bezeichneten sie das von
Greenspan für sie aufgespannte Sicherheitsnetz als »Greenspan Put«. Gemeint war damit eine Verkaufsoption auf Aktien zu einem festgelegten

Mindestpreis. Entgegen den am Markt käuflichen Absicherungen hatte der Greenspan Put aber kein Verfallsdatum, war nicht mengenmäßig begrenzt und vor allem kostenlos.

Jahr	Ereignis	Fed–Reaktion
Ende der 1980er-Jahre	Sparkassenkrise	Senkung der Fed-Funds-Rate zwischen Juni 1989 und September 1992 um 6,5 Prozentpunkte auf 3,0 Prozent
1994	Bondmarktkrach	Senkung der Fed-Funds-Rate zwischen Juli 1995 und Januar 1996 um 0,75 Prozentpunkte auf 5,25 Prozent
1997/98	Asienkrise, Russland-krise und LTCM-Krise	Senkung der Fed-Funds-Rate zwischen September 1998 und November 1998 um 0,75 Prozentpunkte auf 4,75 Prozent
2000/01	Internetblase	Senkung der Fed-Funds-Rate zwischen Januar 2001 und Juni 2003 um 6,5 Prozentpunkte auf 1,0 Prozent

Tabell 8.1 Stolpersteine auf dem Weg in die »Große Moderation«

Auf den ersten Blick schien Greenspans Geldpolitik eine den Umständen angepasste Fortentwicklung der Politik Volckers zu sein. Tatsächlich bedeutete sie aber die Abkehr von Volckers Versuch, die amerikanische Währung durch ein Ziel für das Wachstum der Geldmenge wieder zu verankern. Unter Greenspan verschwand jegliche dem Aktivgeld eigene Inelastizität, und die Währung wurde zu völlig elastischem Passivgeld. Es kam zu einer enormen Ausweitung der Kreditgeldmenge.

Die durch die Federal Reserve angeschobene Kreditexpansion breitete sich auf andere Länder aus und verringerte auch dort die früher üblichen konjunkturellen Schwankungen. Dies nährte die These, dass der traditionelle Konjunkturzyklus dank neuer geldpolitischer Techniken überwunden sei. Es schien, als sei Schumpeter widerlegt: Dank des intelligenten Managements der Zentralbanken war der Finanzkapitalismus gezähmt und zum Zugpferd für einen immer währenden Konjunkturaufschwung verwandelt worden.

Ein Zeitalter war angebrochen, das man wegen des Fehlens ausgeprägter Rezessionen die »Große Moderation« nannte, obwohl es in der Finanzindustrie und auf den Finanzmärkten alles andere als moderat zuging. Das Publikum ließ es der Branche – noch – durchgehen, da die Bewunderung der »Masters of the Universe« den Neid auf die Einkommen und den Lebensstil der Finanzmarktakteure überwog.

Der große Krach von 2007 und seine Folgen

Am 8. Februar 2007 warnte die in London beheimatete globale Bank HSBC den Markt, dass ihre Rückstellungen für Kreditabschreibungen im Vorjahr um 20 Prozent höher ausfallen würden als ursprünglich erwartet. Am 22. Februar wurde der für das US-amerikanische Hypothekengeschäft verantwortliche Manager gefeuert. Die Weltöffentlichkeit nahm nun von einem Segment des US-Hypothekenmarkts Notiz, das bisher nur Spezialisten bekannt war: in Bündeln sekuritisierte Darlehen minderer Qualität, die durch Diversifizierung weniger riskant sein sollten als die einzelnen Hypotheken und durch geschickte Tranchierung eine Palette von Anlagen verschiedener Risikograde bieten sollten.

Insbesondere Banken und institutionelle Anleger in den USA und Europa hatten in die vermeintlich sicheren Tranchen dieser Hypothekenbündel investiert und mussten nun zu ihrem Leidwesen erkennen, dass sie sich getäuscht hatten. Am 7. Juni informierte die US-Investmentbank Bear Stearns, dass sie Rückzahlungen von zwei Hedgefonds, die in Hypothekenprodukte investiert hatten, suspendieren würde, und am 9. August meldete die französische Bank BNP Paribas, dass sie in Euro denominierte Geldmarktfonds vorübergehend schließen müsse. Die Fonds hatten zur Steigerung ihrer Erträge währungsgesichert in US-Subprime-Hypothekenprodukte investiert und waren nicht in der Lage, diese Produkte zu verkaufen, um Rückzahlungen zu finanzieren, da es dafür keine Käufer mehr gab.

Im weiteren Verlauf des Jahres stiegen die Spannungen vor allem im Geldmarkt, da die Banken einander zu misstrauen begannen. Im September fiel die britische Hypothekenbank Northern Rock einem »Bank Run«

zum Opfer, weil die Einleger vermuteten, dass die Bank hohe Abschreibungen auf britische Hypotheken machen müsse und deshalb in Schieflage geraten würde. Dies war die erste Bankpanik in Großbritannien seit der Zeit von Königin Viktoria. Im März 2008 arrangierte die US Federal Reserve einen Notverkauf von Bear Stearns an die Großbank J. P. Morgan und stützte diese Transaktion mit einer Übernahme der Verluste von Bear Stearns von bis zu 30 Milliarden US-Dollar.

Im September 2008 erreichte die Kreditkrise dann ihren Höhepunkt. Am 7. September übernahm die US-Bundesregierung die halbstaatlichen Hypothekenbanken Fannie Mae und Freddie Mac, die zu dieser Zeit rund die Hälfte aller amerikanischen Hypotheken im Umfang von 12 Billionen US-Dollar besaßen oder garantierten. Am 14. September arrangierte der US-Finanzminister Hank Paulsen noch schnell einen Notverkauf von Merrill Lynch an die Bank of America, aber der von ihm ebenfalls geplante Verkauf von Lehman Brothers an die britische Bank Barclays misslang. Am darauf folgenden Montag, dem 15. September, erklärte Lehman daher die Insolvenz.

Nur wenige Tage später, am 17. September, gab die US Federal Reserve AIG, einem Unternehmen aus der Versicherungsbranche, das statt klassischem Geschäft in hohem Umfang Bankkredite versichert hatte, ein Darlehen von 85 Milliarden US-Dollar. Damit sollten der Ausfall dieser Versicherungen und der Kollaps des westlichen Finanzsystems verhindert werden, das sich auf diese Versicherungen verlassen hatte. Für den Rest des Jahres pumpten die Zentralbanken und Staaten in den USA und Europa große Summen Geld in ihre strauchelnden Banken und erreichten, dass sich die Situation im Frühjahr 2009 stabilisierte.

Im Verlauf von 2009 zeichnete sich sogar eine Erholung der Wirtschaft ab, die 2010 an Fahrt gewann. Die »Große Rezession«, die zur nächsten »Großen Depression« hätte werden können, war in weniger als einem Jahr überwunden worden. Zwar verzeichneten die meisten Industrieländer für das Jahr 2009 einen starken Rückgang der wirtschaftlichen Aktivität, aber die Kontraktion war im Wesentlichen auf den Winter 2008/09 konzentriert gewesen. Was war geschehen?

Der Schlüssel zum Verständnis des langen Konjunkturaufschwungs bis
2007, der dann einsetzenden Finanzkrise und der darauf folgenden Erholung im Jahr 2009 liegt in der Entwicklung der über die Banken und den
Kapitalmarkt arrangierten Kredite an die privaten Haushalte und Unternehmen. In den Modellen des ökonomischen »Mainstreams« spielen Kredite keine Rolle. Die Kapitalmärkte und Banken sorgen nur dafür, dass
Ersparnisse an Investoren vermittelt werden. Als Vermittler führen die
Kapitalmärkte und die Banken kein Eigenleben. Sie sind nur die fleißigen
Diener der Realwirtschaft.

Diese verkürzte Sicht der Theorie wird durch einen folgenschweren
Irrtum in der Empirie unterstützt. Die meisten empirisch arbeitenden
Volkswirte sind davon überzeugt, dass Kredite ein nachlaufender Indi-
kator für die realwirtschaftliche Aktivität sind, weil dies in Grafiken von
Kredit- und BIP-Wachstum so zum Ausdruck kommt. Die empirische
Beobachtung scheint also die theoretische Auffassung zu bestätigen.

Dabei übersehen diese Volkswirte jedoch, dass sie Äpfel und Birnen vergleichen, wenn sie das Wachstum der Kredite zu dem des BIP in Beziehung setzen. Kredite sind eine Bestandsgröße, das BIP ist eine Stromgrö-
ße. Es ist schlichtweg ein »Kategoriefehler«, Bestands- und Stromgrößen
zu vergleichen. Man muss die Kredite zu Stromgrößen transformieren,
also Kreditströme betrachten, wenn man untersuchen will, wie Kredit
und wirtschaftliche Aktivität zusammenhängen.

Macht man dies, so stellt man fest, dass es einen sehr engen Zusammenhang zwischen Kreditströmen und der gesamtwirtschaftlichen Nachfrage
gibt. Insbesondere in Krisenzeiten können die Kreditströme der Nachfrage sogar vorauslaufen, ihr einen »Impuls« geben. Aus diesem Grund
hat Michael Biggs die Veränderung der Kreditströme als »Kreditimpuls«
bezeichnet.[117]

Wie kann man sich die Wirkung des Kredits auf die Nachfrage vorstellen? Nehmen wir das Beispiel einer Familie, die einen bestimmten Betrag
pro Monat, sagen wir 1.000 Euro, für Zinsen und Tilgung einer Hypothek
an ihre Bank bezahlt. Diese 1.000 Euro fehlen natürlich für andere Ausgaben. Nun nehmen wir weiter an, dass aufgrund einer Zinssenkung der

monatlich zu zahlende Betrag auf 950 Euro sinkt. Damit sind 50 Euro für andere Verwendungen frei geworden. Wenn die Familie sich eingeschränkt hat, um den Schuldendienst für die Hypothek aufzubringen, wird sie die gewonnenen 50 Euro gerne nutzen, um ihre Nachfrage nach Gütern oder Dienstleistungen zu erhöhen. Ein Anstieg der monatlichen Kreditzahlungen an den Haushalt von minus 1.000 Euro auf minus 950 Euro führt also direkt zu einem Anstieg der realen Nachfrage um 50 Euro.

Michael Biggs hat die Veränderung der Kreditströme und der heimischen realen Nachfrage für die USA seit den 1920er-Jahren berechnet. Das Ergebnis ist in Schaubild 8.1 dargestellt. Wie leicht zu erkennen ist, sind beide Variablen hoch korreliert. Nicht immer wird in diesem langen Zeitraum die Wirkung eindeutig von den Krediten zur heimischen Nachfrage gegangen sein. Aber insbesondere in der Aufschwungsphase vor und im Abschwung während der Finanzkrise dürfte dies der Fall gewesen sein.

Kritiker mögen anführen, dass die in Schaubild 8.1 dargestellte Beziehung willkürlich ist, da ihr eine dahinter stehende Theorie fehlt. Korrelationen könnte man schließlich für gewisse Zeiträume möglicherweise auch für Aktienpreise und das Wetter finden. Doch diese Kritik geht ins Leere. Die Kritik der Theorielosigkeit stützt sich allein auf die gängigen ökonomischen Makromodelle und ignoriert völlig, dass in der Konjunkturtheorie von Friedrich von Hayek Kredit eine treibende Rolle spielt.

Schaubild 8.1 kann daher auch als Illustration der Hayek'schen Konjunkturtheorie und als Widerlegung der gängigen »kreditlosen« Modelle gesehen werden. Insbesondere die in dem Schaubild sichtbaren Zeiträume um die Große Depression in den frühen 1930er-Jahren und in der jüngeren Vergangenheit zeigen die Rolle des Kredits für die Wirtschaftsentwicklung. Sie weisen aber auch auf Unterschiede in der Politik hin, die damals und jüngst verfolgt wurde.

Nach dem Aktienmarktkrach von 1929 ließ die Politik den Dingen weitgehend ihren Lauf. Insbesondere die Federal Reserve unternahm nichts, um das durch Abschreibung von Krediten vernichtete Giralgeld der Banken durch Zentralbankgeld zu ersetzen. Folglich kollabierten die Kreditströme und zogen die reale Nachfrage in die Tiefe, wie in Schaubild 8.1 klar zu erkennen ist. Infolge des Nachfragemangels fielen die Preise auf breiter Front. Dadurch stieg die um Preisveränderungen bereinigte Schuldenlast von Haushalten und Unternehmen an und zog viele in den Bankrott.

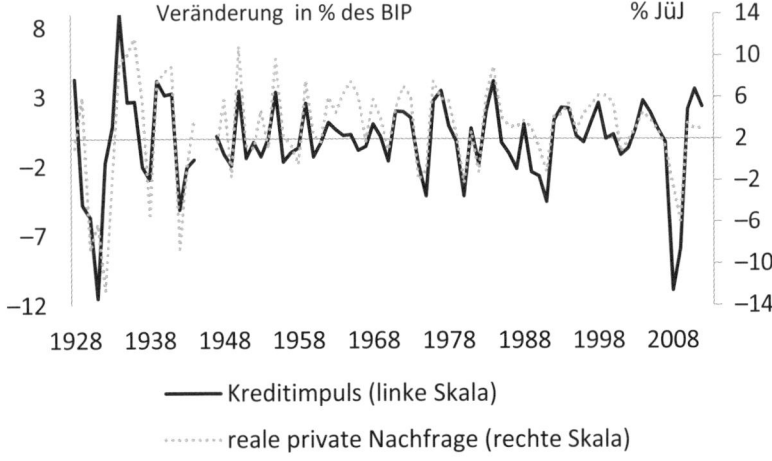

Schaubild 8.1 **Kreditimpuls und reale private Nachfrage in den USA, Quelle: Michael Biggs und Thomas Mayer,»Bring Credit back into the monetary policy framework«, PEFM-Policy-Brief, Oxford University, August 2013**

Irving Fisher, ein bekannter Ökonom in dieser Zeit, prägte dafür den Begriff der »Schuldendeflation«. Damit meinte er den durch Preisdeflation verursachten Bankrott, der einen Schuldner nach dem anderen wie Dominosteine umwarf. Erst im Jahr 1933 unternahm die frisch gewählte Regierung unter Franklin Delano Roosevelt Schritte, um den Bankensektor zu stabilisieren. Am Anfang des Jahres erklärte Roosevelt, dass die Regierung für die Sicherheit der Bankeinlagen einstehen würde.

Dies führte dazu, dass die Leute vor den Banken Schlange standen, um Geld, das sie während der Bankpaniken in bar abgezogen hatten, wieder auf ihre Konten einzuzahlen. Dadurch wurden die Banken wieder liquide. Im weiteren Verlauf des Jahres half die Regierung Banken, ihre Eigenkapitaldecke zu erhöhen. Dies erlaubte es ihnen, wieder mehr Kredit zu vergeben.

So kam es, dass sich die Wirtschaft nach einem Rückgang des BIP um 27 Prozent in den Jahren 1929 bis 1933 im Jahr 1934 wieder erholte. Zwischen 1933 und 1934 stieg das reale BIP um 11 Prozent. Allerdings war diese Erholung nicht von langer Dauer. Das BIP brach von 1937 bis 1938 wieder um 3,5 Prozent ein. Umstritten ist bis heute, ob dies an der Erhöhung der Mindestreservesätze durch die Federal Reserve oder an der zunehmend dirigistischen Politik der Regierung Roosevelt lag. Eine stetige Erholung der US-Wirtschaft setzte erst mit den Vorbereitungen für den Kriegseintritt ein.

Im Gegensatz zu den frühen 1930er-Jahren griffen Federal Reserve und Regierung nach der Pleite von Lehman Brothers sehr schnell und massiv ein. Dies verkürzte die Rezession, indem es schon im Verlauf von 2009 für einen stark positiven Kreditimpuls sorgte und half, eine Deflation wie in den 1930er-Jahren zu verhindern. Allerdings fiel die wirtschaftliche Erholung um einiges schwächer aus als in vorangegangenen Konjunkturzyklen.

Angesichts der strukturellen Verwerfungen, die während des langen Aufschwungs im Kreditzyklus erzeugt worden waren, hätte dies nicht verwundern sollen. Sektoren, die von billigem Kredit besonders profitiert hatten, wie zum Beispiel die Bau- und Immobilienwirtschaft, mussten schrumpfen, während Kapazitäten in anderen Sektoren, die ausgedünnt worden waren, erst wieder aufgebaut werden mussten. Für die Federal Reserve, die neben ihrem Ziel für Preisstabilität auch eines für Wachstum und Beschäftigung hat, war dies aber schwer hinnehmbar.

Die Leistungen der Arbeitslosenversicherung sind in den USA verglichen mit europäischen Standards sehr bescheiden. Zum Ausgleich soll die Fed mit der Geldpolitik längere Phasen hoher Arbeitslosigkeit verhindern. Dies mag im rein zyklischen Auf und Ab der Wirtschaft einigermaßen funktionieren. Ist die Arbeitslosigkeit jedoch durch eine Strukturkrise verursacht, dann läuft diese Politik ins Leere.

Dennoch schleuste die Fed ihren Leitzins für die Banken immer weiter nach unten und versuchte, nachdem er die Nulllinie erreicht hatte, durch den Ankauf von Staats- und Hypothekenanleihen selbst Geld in die Wirtschaft zu pumpen.[118] Zentralbanken in anderen Industrieländern, die ebenfalls die Angst vor Deflation umtrieb, verfolgten eine ähnliche Politik. In Anlehnung an den Begriff, den die japanische Zentralbank zu Beginn der 2000er-Jahre für Aktionen dieser Art geprägt hatte, nannte man den Ankauf von Wertpapieren durch die Zentralbank »quantitative Lockerung« der Geldpolitik.

Die »neue Normalität«

In der Zeit nach der akuten Finanzkrise wuchsen die von der Krise betroffenen Volkswirtschaften mit Raten, die im Schnitt niedriger und gleichzeitig volatiler waren als in der Zeit vorher. Es schien, als hätte sich die »Große Moderation«, in der die Raten hoch und stabil gewesen waren, in ihr Gegenteil verkehrt.

Mohamed El Erian, bis zum Jahr 2014 Ko-Chef von PIMCO, dem größten Rentenfondsmanager der Welt, prägte dafür den Begriff »neue Normalität«. Dahinter verbirgt sich die Vorstellung, dass die Weltwirtschaft nach der Finanzkrise ein neues Wachstumsgleichgewicht auf niedrigerem Niveau erreicht hätte. Dementsprechend, so die These, lebten wir nun in einer Welt sehr niedriger Realzinsen. Wie wir später sehen werden, ist die Vorstellung eines neuen, stabilen Gleichgewichts auf niedrigerem Niveau zwar höchst irreführend, aber sie fand dennoch viele Anhänger. Vor allem bahnte sie den Weg für die Wiederkehr von Theorien der säkularen Stagnation.

In einer Rede anlässlich einer IWF-Konferenz für Volkswirte stellte Lawrence (»Larry«) Summers, ehemaliger Präsidentenberater und Finanzminister der USA und einer der führenden Ökonomen der angelsächsischen Welt, am 8. November 2013 die rhetorische Frage, ob man nicht mit Theorien der säkularen Stagnation die Entwicklung der US-Wirtschaft in den vergangenen Jahren besser verstehen könne.[119] Die US-Wirtschaft, so Summers, verhalte sich, als wäre der mit Vollbeschäftigung einhergehende reale kurzfristige Zinssatz gegen Mitte des letzten Jahrzehnts auf minus 2 bis minus 3 Prozent gefallen. Wenn dies Teil der »neuen Normalität« sei, so Summers weiter, dann müssen man sich Gedanken machen, wie man Wirtschaftspolitik in einem System betreiben könne, in dem der nominale Zinssatz nicht unter Null fallen kann.

Der Kolumnist, Nobelpreisträger und Über-Keynesianer Paul Krugman reagierte enthusiastisch auf Summers' Intervention. Er habe ähnlich gedacht und dies auch durchblicken lassen, schrieb Krugman in seiner Kolumne in der *New York Times* vom 16. November. Aber Summers' Formulierung sei viel klarer und kräftiger als alles, was er selbst dazu gesagt habe.

Wie schon in Kapitel 5 erwähnt, brach auf deutscher Seite Carl Christian von Weizsäcker, der Doyen der deutschen Hochschulprofessoren, eine Lanze für die neue Normalität niedriger Realzinsen, indem er einen »Vorsorge-Albtraum« beschwor. Um dem zu entgehen, sah von Weizsäcker als einzigen Ausweg eine drastische Erhöhung der Staatsverschuldung. Nur dadurch könne die Lücke zwischen dem gewünschten und dem maximal möglichen ökonomisch produktiven Kapitalstock geschlossen werden. Die Fähigkeit der Regierung, Steuern zu erheben und Einkommen umzuverteilen, würde die Lücke zwischen dem gewünschten und dem durch einen produktiven Kapitalstock ermöglichten niedrigeren Konsum der Rentner decken. Nach von Weizsäcker sind die realen Zinsen deshalb negativ geworden, weil der Staat seine Verschuldung nicht genug erhöht hat.

Nun sind Stagnationstheorien alles andere als neu. Berühmt ist die Prognose des US-Ökonomen Alvin Hansen, der gegen Ende der 1930er-Jahre ein kräftiges Wachstum der US-Wirtschaft in der Zukunft ausschloss, da alle Wachstumstreiber, einschließlich des technischen Fortschritts und des Bevölkerungswachstums, sich erschöpft hätten.[120] Nur noch eine kräftige kreditfinanzierte Erhöhung der Staatsnachfrage könne die säkulare Stagnation abwenden. Darin sah sich Hansen in voller Übereinstimmung mit John Maynard Keynes, der die These eines stabilen Gleichgewichts bei Unterbeschäftigung aufgestellt hatte.

Summers und von Weizsäcker stoßen heute in ein ähnliches Horn. Summers bekennt sich offen zur These der säkularen Stagnation; von Weizsäcker stützt diese These indirekt, indem er riesige Fehlinvestitionen prophezeit, die zu negativen Kapitalrenditen und daraus folgend zu einer schwachen Produktion und stagnierenden oder sinkenden Einkommen führen würden.

Alvin Hansens Buch, in dem er seine These entwickelte, erschien im Jahr 1938. Zwei Jahre später schwenkte die US-Wirtschaft auf einen Wachstumspfad ein, der einen Anstieg des realen Bruttoinlandsprodukts zwischen 1938 und 1973 von annähernd 5 Prozent pro Jahr brachte. In den 1940er-Jahren war das Wachstum ohne Zweifel durch den steilen Anstieg der Staatsausgaben wegen des Krieges bedingt, was Hansens Theorie anscheinend bestätigte. Doch setzte sich das Wachstum entgegen der Prognose Hansens auch in der Nachkriegszeit fort, obwohl der Staat seine durch den Krieg bedingte Verschuldung wieder abbaute.

In den 1930er-Jahren drückten offenbar andere Kräfte als die von Alvin Hansen vermuteten das Wachstum. Es ist sehr wahrscheinlich, dass Larry Summers mit seiner Wiederbelebung der Theorie der säkularen Stagnation heute ebenso danebenliegt wie Hansen damals. Nach dem Platzen der globalen Kreditblase im Jahr 2007 mussten Fehlinvestitionen und die sie finanzierenden Kredite abgeschrieben werden. Wie Carmen Reinhart und Kenneth Rogoff beobachtet haben, wurde dadurch in der Vergangenheit das Wachstum der Wirtschaft nach Finanzkrisen im Mittel zehn Jahre lang nach unten gedrückt.[121] Um eine Wiederholung der »Schuldendeflation« der 1930er-Jahre zu verhindern, griffen Staaten und Zentralbanken in diesen Prozess ein und stützten in Bedrängnis geratene Banken, sodass sie die durch Fehlinvestitionen erzeugten Kreditausfälle verkraften konnten.

Als Nothilfe zur Stabilisierung des Finanzsystems waren diese Maßnahmen notwendig und auch erfolgreich. Doch jede Nothilfe läuft Gefahr, zur Dauerhilfe zu werden, die den Druck auf den Hilfeempfänger zur Selbsthilfe verringert. Dadurch kann sich die Phase schwachen Wachstums noch über den von Reinhart und Rogoff in der Vergangenheit beobachteten Durchschnitt von zehn Jahren verlängern. Statt nach der unmittelbaren Finanzkrise jede sich bietende Gelegenheit zu nutzen, um die Leitzinsen wieder auf ein normales Maß zu bringen, fuhren die Zentralbanken der Industrieländer ihre Zinsen auf null herunter und pumpten Geld in die Wirtschaft, indem sie Anleihen kauften. Ziel dieser Politik war es, einen Konjunkturaufschwung zu erzeugen, der die Arbeitslosigkeit zügig auf das Niveau vor der Krise zurückbringen würde.

Angesichts der während des kreditgetriebenen Aufschwungs erzeugten Verzerrungen der Wirtschaftsstruktur war dies jedoch nicht möglich. Ein großer Teil der Arbeitslosigkeit war eben nicht im traditionellen Sinne konjunkturell, sondern strukturell bedingt. Sie entstand, weil kreditnahe Sektoren, wie zum Beispiel die Bauwirtschaft, die Immobilienwirtschaft oder das Finanzgewerbe, die im Aufschwung des Kreditzyklus überproportional gewachsen waren, nun schrumpften. Mit den Mitteln der Geldpolitik konnte diese Arbeitslosigkeit nicht bekämpft werden, da sie eben nicht in erster Linie durch einen allgemeinen Nachfragemangel verursacht worden war.

Die Anwendung makroökonomischer Mittel auf mikroökonomische Probleme ist aber nicht nur erfolglos, sondern hat auch schädliche Nebenwirkungen. Nach und nach passt sich die Wirtschaft an das von der Politik gestaltete Zinsumfeld an. Niedrige Zinsen führen zu einem höheren Gegenwartswert künftiger Unternehmensgewinne und Mieteinnahmen aus Immobilien. Die Verhältnisse von Aktienkursen zu Gewinnen und Immobilienpreisen zu Mieten steigen. Angesichts hoher Preise für bestehende Anlagen werden neue Investitionen angestoßen. Doch sind diese Investitionen nur bei den durch die Politik erzwungenen niedrigen Zinsen lebensfähig. Steigen die Zinsen wieder an, rentieren diese Investitionen nicht mehr und müssen abgeschrieben werden. Von Hayek und von Mises haben deshalb prophezeit, dass ein Aufschub der nach einer Wende im Kreditzyklus notwendigen strukturellen Anpassungen durch eine Politik, die die gesamtwirtschaftliche Nachfrage stabilisieren will, den Bedarf zur Anpassung am Ende nur noch vergrößert.

Die umfangreiche Hilfe für Not leidende Banken und andere Schuldner hatte auch noch eine andere Wirkung: Statt die Schulden umfassend abzuschreiben, wurden sie nur verschoben. Zunächst wanderte der durch Abschreibungen nur mäßig verringerte Schuldenberg vom privaten zum öffentlichen Sektor. Die Staatsschulden stiegen steil an. Nach und nach verschob sich ein Teil der Schulden dann weiter zu den Zentralbanken, die zur Finanzierung der Ankäufe von staatlichen und privaten Wertpapieren die Ausgabe von Zentralbankgeld erhöhten.

Am Ende des Jahres 2013 hielt die US Federal Reserve knapp 20 Prozent aller ausgegebenen Anleihen des Bundesstaats, die Bank von Japan rund

22 Prozent und die Bank von England gut 27 Prozent. Nur die EZB, die keinem einzelnen Staat unterstellt ist, hält vergleichsweise wenige Staatsanleihen direkt auf ihrer Bilanz. Stattdessen führte sie Banken großzügig Liquidität mit Laufzeiten von bis zu drei Jahren zu, welche die Banken zum Kauf von Staatsanleihen nutzten.

Im Juni 2014 beschloss die EZB dann, den Banken weitere Kredite mit einer Laufzeit von vier Jahren und einem festen Zins von 0,25 Prozent anzubieten. Diese Zentralbankkredite sollten vornehmlich zur Finanzierung von Krediten an den privaten, nicht finanziellen Sektor, ausschließlich des Wohnungsbaus, verwendet werden. Allerdings wurde die Verwendung nur indirekt kontrolliert, sodass auch ein Teil dieser neuen Liquidität in Staatsanleihen fließen konnte. Außerdem setzte die EZB den Zins auf Einlagen der Banken auf –0,1 Prozent, dann im September weiter auf –0,2 Prozent. Damit erreichte sie eine weitere Absenkung des Zinses auf Staatspapiere und eine Schwächung des Wechselkurses des Euro. Denn wenn die Banken statt der sicheren Einlage bei der EZB ihre Überschussreserven in kurzlaufende Staatsanleihen anlegen, dann wird der Zins auf diese Papiere ebenfalls gegen null gedrückt.

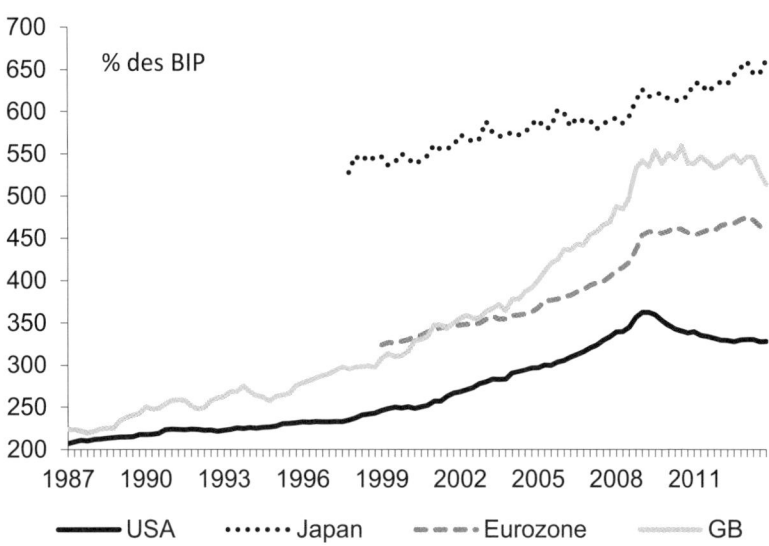

Schaubild 8.2 Gesamte heimische Verschuldung, Quelle: Haver Analytics

Dies eröffnet den Staaten die Möglichkeit, sich noch günstiger zu verschulden. Gleichzeitig können sich Hedgefonds mit Staatsanleihen besicherte niedrig verzinsliche Bankkredite im sogenannten Repomarkt verschaffen, um damit Käufe anderer Währungen zu finanzieren, die höhere Zinsen bieten.[122] Das Ergebnis ist dann eine Verbilligung des Außenwerts des Euro, die das Wachstum der Exporte unterstützen könnte. Alles in allem hatten die Maßnahmen zur Unterstützung der Schuldner den Effekt, dass trotz Schuldenkrise die gesamte Verschuldung in den meisten Länder nur wenig zurückging (siehe Schaubild 8.2). Der Schuldenüberhang droht weiter, auf uns herabzustürzen und die Wirtschaft unter sich zu begraben.

Wege zur Entschuldung

Die staatliche Hilfe für Not leidende Banken und der Einstieg der Zentralbanken in die Politik der Nullzinsen und »quantitativen Lockerung« erschienen in der Krise als angemessene Reaktion auf die Gefahr der Schuldendeflation und daraus folgenden Depression, die durch den negativen Kreditimpuls im Zuge der Finanzkrise entstanden war. Dadurch haben jedoch die hilfeleistenden Staaten ihre Kapazität zur Verschuldung ausgereizt und in manchen Fällen überreizt. Zumindest die Neuverschuldung muss nun zurückgeführt werden, wenn auch in vielen Fällen ein Rückgang der ausstehenden Schuld noch nicht in Sicht ist.

Die Wirtschaft soll wachsen, sodass der Schuldenüberhang abgebaut werden kann. Aber die Rückkehr der natürlichen Wachstumskräfte, die durch die Bereitschaft der Unternehmen zu Investitionen und der Banken zur Übernahme von Risiken entstehen, lässt auf sich warten. Zwischenzeitlich sollen es die Zentralbanken richten und die Wirtschaft mit den Mitteln der Geldpolitik auf den Wachstumspfad zurückführen.

Mit der Umwidmung der Geldpolitik zur Wachstumspolitik ist jedoch die berechtigte, zeitweilige geldpolitische Nothilfe zur Dauerhilfe geworden. Als Instrument der Wachstumspolitik ist die Geldpolitik völlig ungeeignet. Mit ihr lassen sich nur kurzfristige Nachfrageschübe erreichen, die entstehen, wenn frisches Geld unter die Leute gebracht wird.

Wird die geldpolitische Stimulanz zur Dauereinrichtung, entstehen neue Ungleichgewichte.

Gefahren drohen auf den Märkten für Güter und Vermögenswerte. Allerdings wird die Güterpreisinflation durch die Expansion der Geldpolitik nur dann angeschoben, wenn das Geldangebot die Geldnachfrage über längere Zeit übersteigt. Nach einer Finanzkrise wirken zwei Kräfte dem entgegen.

Zum einen ist die Fähigkeit der Banken, Kredit zu vergeben und damit Geld zu schaffen, eingeschränkt. Eine Ausweitung der Zentralbankgeldmenge, des »Außengelds«, die wir in den letzten Jahren sehen konnten, kann durch den Rückgang des von den Banken über die Kreditvergabe geschaffenen Giralgelds, des »Innengelds«, kompensiert werden. Es kommt dann nur zur Umschichtung zwischen Außengeld und Innengeld, aber das gesamte Geldangebot bleibt gleich.

Zum anderen kann nach einer Finanzkrise die Geldnachfrage steigen, weil die Akteure im Finanzsektor für einige Zeit Geld den Finanzanlagen vorziehen. Aus diesen Gründen ist ein Überhang des Geldangebots über die Nachfrage und daraus folgend eine Inflation der Güterpreise in den Jahren nach einer Finanzkrise wenig wahrscheinlich.

Zur Güterpreisinflation wird es erst dann kommen, wenn die Zentralbank aus Frustration über ein zum Abbau der Schulden zu niedriges Wachstum der nominalen Einkommen das Außengeld drastisch erhöht. Dafür muss aber der Leidensdruck sehr hoch sein. Dass dies lange dauern kann, hat das Beispiel Japans gezeigt, wo die Bank von Japan nach vielen Jahren milder Deflation erst nach dem Amtsantritt von Premierminister Abe im Jahr 2013 zu einer aggressiven Ausweitung des Außengelds mit dem Ziel der Verdopplung bis zum Jahr 2015 übergangen ist.

Ob die geplante Verdopplung ausreicht, ein Überangebot an Geld zu schaffen, das zu der angepeilten Inflationsrate von 2 Prozent führt, muss die Zeit zeigen. Doch ist das Risiko groß, dass sich eine Inflation nicht so präzise herstellen lässt. Es heißt nicht umsonst, dass es sich mit der Inflation verhält wie mit Ketchup: Die Zentralbank klopft erst vorsichtig auf die Flasche, ohne dass etwas herauskommt, dann klopft sie stärker und immer stärker, bis plötzlich der Inhalt im Übermaß herausschießt.

Während die Zentralbank die Ketchupflasche noch ohne den gewünschten Erfolg bearbeitet, können allerdings schon schädliche Nebenwirkungen auf den Märkten für Vermögenswerte entstehen. Bevor die Zentralbank zur »quantitativen Lockerung«, der direkten Erhöhung des Außengelds übergeht, wird sie die Zinsen an den Geld- und Kapitalmärkten gegen null drücken. Mit dem Kapitalmarktzins werden jedoch künftige Erträge von Vermögenswerten abdiskontiert und ihr Gegenwartswert ermittelt. Eine durch die Politik erzwungene Absenkung des Zinses unter die gesellschaftliche Rate der Zeitpräferenz wird daher zu einer Überhöhung der Preise für Vermögenswerte führen.

Erreicht die Politik ihr Ziel der wirtschaftlichen Erholung, muss sie natürlich den Zins auf seinen natürlichen, durch die Zeitpräferenzen gegebenen Wert zurückführen. Dadurch aber werden Abschläge auf die Preise von Vermögenswerten erzwungen, die erneute Abschreibungen von Krediten notwendig machen und eine neue Finanzkrise heraufbeschwören können. Je länger die Phase der niedrigen Zinsen andauert, desto stärker werden die Preise für Vermögenswerte verzerrt und desto größer ist die Gefahr, dass der Ausstieg aus der Politik der niedrigen Zinsen einen erneuten Einbruch der Wirtschaft und eine weitere Finanzkrise zur Folge hat.

Die in den Zentralbanken beheimateten Anhänger des ökonomischen Mainstreams wollen diesem Risiko dadurch entgehen, dass sie den Ausstieg aus der extrem lockeren Geldpolitik von einer dauerhaften Erholung der Konjunktur abhängig machen. Wann sich aber die Erholung selbst trägt und den Rückzug der Geldpolitik verkraften kann, ist völlig unklar.

In den 1930er-Jahren wurde in den USA die Phase der wirtschaftlichen Schwäche und Instabilität durch den Krieg beendet. Die Geschichte vergangener Finanzkrisen zeigt, dass es sehr lange dauern kann, bis die Erholung der Wirtschaft nachhaltig ist. Die Verantwortlichen in den angelsächsischen Zentralbanken wollten die Stärke der Erholung aus Daten zum Arbeitsmarkt und der Konsumentenpreisinflation ablesen und den Finanzmärkten darauf basierend konkrete Bedingungen für den Ausstieg aus ihrer expansiven Politik nennen. Dafür kreierten sie die Bezeichnung »Forward Guidance«.

Dass die Orientierung der Politik an diesen Daten wesentlich zu den Übertreibungen im Finanzsektor beigetragen hatte, die in die Finanzkrise geführt hatten, schien sie nicht zu stören. Es war, als vertrauten sie weiterhin auf die Anzeige eines Kompasses, der sie erwiesenermaßen in die Irre geführt hat. Folgerichtig erlitten sie mit dieser Strategie Schiffbruch. Weder aus den Daten zum Arbeitsmarkt noch zu denen aus der Konsumentenpreisinflation ließen sich eindeutige Signale zum Ausstieg aus der expansiven Geldpolitik ableiten.

Es ist möglich, dass die Zentralbanken Ausstiegsversuche auch auf der Basis wenig aussagekräftiger Daten machen werden. Es ist ebenfalls möglich, dass der Ausstieg dann gelingt. Es ist sogar möglich, dass die Volkswirtschaften so stark wachsen, dass die Schuldner ihre Schulden abtragen können. Sehr wahrscheinlich ist dies alles jedoch nicht.

Wenn aber die Entschuldung durch starkes Wachstum nicht gelingt, dann bleiben nur zwei andere Wege: der Verzicht der Gläubiger oder die Monetisierung. Es sind zwei Arten denkbar, wie Gläubiger zum Verzicht gebracht werden können. Die Schuld kann teilweise oder ganz durch den Schuldner zurückgewiesen werden. Dann trifft es speziell die Inhaber dieser Forderungen an den Schuldner. Der Staat kann aber auch alle vermögenden Steuerzahler mit einer Vermögensabgabe belasten, mit der die Schuld verringert werden kann. Ein erzwungener Verzicht auf eine konkrete Kreditforderung und damit ein Zahlungsausfall können so vermieden werden.

Es scheint naheliegend, diesen Weg zu wählen, wenn es sich um Staatsschuld handelt, die sich vorwiegend im Besitz inländischer Steuerzahler befindet. Die Entschuldung über eine Vermögensabgabe schont die Kapitalmärkte und trifft diejenigen, die von den kreditfinanzierten Leistungen ihres Staates profitiert haben. Es ist, als würden die rückzahlbaren Kredite nachträglich in nicht rückzahlbare Steuern verwandelt.

Diese Art der Entschuldung ist aber politisch schwer durchzusetzen, denn die Kreditgeber werden alles tun, sich der Verwandlung ihrer

Forderungen in Steuern zu widersetzen. Der Widerstand reicht dann von der politischen Einflussnahme bis zur Flucht vor dem Zugriffsbereich des Staates. Die andere Art, der erzwungene Verzicht auf spezifische Forderungen, bietet sich an, wenn es sich um private Schuld handelt oder staatliche Schuld in Fremdwährung eingegangen wurde, die nun nicht mehr beschafft werden kann. Ein erzwungener Forderungsverzicht ruiniert jedoch den Ruf des Schuldners und kann ihm den Zugang zum Kapitalmarkt zur erneuten Verschuldung für lange Zeit verwehren.[123]

Alles in allem ist ein Verzicht der Gläubiger entweder politisch schwer durchzusetzen oder er hat fatale Folgen für die zukünftige Kreditwürdigkeit des Schuldners. Dies macht in den Augen der Politik die Entschuldung durch Monetisierung der Schuld wesentlich attraktiver. Allerdings ist der Weg dahin nicht einfach. Wie oben erwähnt, ist es nach Finanzkrisen schwierig, die private Geldschöpfung durch Kreditvergabe in Gang zu bringen.

Daher muss die Zentralbank das Außengeld so aggressiv erhöhen und durch den Staat unter die Leute bringen lassen, dass ein Überhang des Geldangebots über die Geldnachfrage entsteht. Dafür braucht es Zeit. Zunächst wird durch eine Politik der niedrigen Zinsen versucht, den privaten Geldschöpfungsprozess in Gang zu setzen. Wenn dann der Erfolg ausbleibt und der Ausstieg aus der expansiven Zinspolitik wegen der durch die niedrigen Zinsen erzeugten Überbewertung von Vermögenswerten nicht gelingt, muss sich der Staat Einfluss über die Zentralbank verschaffen. Erst nachdem die »fiskalische Dominanz« hergestellt ist, kann die Zentralbank zur aggressiven Geldschaffung übergehen.

Der Anstieg von Preisen, Löhnen und Einkommen macht den nominal fixierten Schuldendienst erträglicher. Wichtig ist, dass auch bei höherer Inflation der Schuldzins nicht ansteigt, da sonst der reale Wert der Schuld nicht sinkt und die Entschuldung weiterhin unmöglich bleibt. Wenn aber die Preise, Löhne und Einkommen mit einer Rate wachsen, die über dem nominalen Zins liegt, dann kann der Schuldendienst relativ zum Einkommen sogar zurückgehen. Vermögen wird dann nach und nach von den Gläubigern zu den Schuldnern umverteilt, ohne dass es zu Vermögensabgaben oder erzwungenem Forderungsverzicht kommen muss. Entschuldung und Wachstum scheinen dadurch gleichzeitig möglich zu sein.

Dies ist der Grund, warum einige Volkswirte einen durch die Politik erzwungenen negativen Realzins, finanzielle Repression genannt, als den Königsweg zur Entschuldung preisen.[124] Wie oben diskutiert, ist aber sehr fraglich, ob Zins und Inflation so präzise gesteuert werden können, dass dies funktioniert. Es ist gut möglich, dass der Prozess der Umwandlung von Forderungen in Geld und die sich dem anschließende geplante schleichende Geldentwertung aus dem Ruder laufen. Dann wird aus der Finanzkrise eine Geldkrise.

Szenarien für die Zukunft

Die Erzeugung von finanzieller Repression erfordert umfängliche staatliche Eingriffe und daher zumindest eine weitgehende Abkehr vom System der freien Marktwirtschaft. Damit über einen negativen Realzins reale Schulden und Forderungen abgebaut werden können, muss der Staat, oder in seinem Auftrag die Zentralbank, die nominalen Zinsen kontrollieren. Da administrativ festgelegte Zinsen heutzutage wohl nicht mehr durchsetzbar sind, muss die Zentralbank durch quantitative Interventionen die Zinsen auf den Kapitalmärkten steuern.

Gleichzeitig müsste der Staat durch gezielte Preiskontrollen verhindern, dass die Inflation durch eine Geldpolitik, die auf die Deckelung der Zinsen ausgerichtet ist, außer Kontrolle gerät. Dazu müssen nicht alle Preise staatlich administriert werden. Es reicht, wenn dies in Bereichen geschieht, wo durch Flaschenhälse im Angebot besonderer Druck entsteht.

Da Ausgaben für Unterkunft im Allgemeinen einen großen Posten in den Budgets der privaten Haushalte darstellen, bietet sich die staatliche Kontrolle von Mieten dafür an. Diese Kontrollen sind leicht zu implementieren und meist auch sehr populär. Wenn dies nicht ausreicht, kann die staatliche Preiskontrolle auf andere Bereiche wie zum Beispiel öffentliche Dienstleistungen oder den Energiesektor ausgedehnt werden. Diese und weitergehende staatliche Eingriffe lassen sich besonders gut politisch begründen, wenn sie im Namen des Umweltschutzes oder der »Nachhaltigkeit« erfolgen.

Abgerundet werden kann die Politik durch steuerliche Maßnahmen zur Umverteilung von Gläubigern zu Schuldnern. Dazu bieten sich Vermögensabgaben oder -steuern an. Finanzielle Repression und staatliche Preispolitik können so dem Zeitgeist entsprechend in eine ökosozialistische Politik eingebunden werden. Besonders in Deutschland, wo laut Umfragen individuelle Freiheit bei der Bevölkerung nicht sehr hoch im Kurs steht, ist seit einiger Zeit die Tendenz zu einem derartigen politischen Regime erkennbar. Die bereits vorhandenen Bausteine dafür sind Mietpreisbremsen, Subventionen für erneuerbare Energien, Mindestlöhne und eine effektivere Besteuerung von Vermögenseinkommen durch die Verschärfung der Strafen für Steuerhinterziehung. In der Zukunft zu erwarten sind ein Anstieg der Inflation, der mit selektiven staatlichen Preiskontrollen unter der Schwelle der öffentlichen Empörung gehalten wird, sowie Abgaben auf private Vermögen.

Offene Inflation entsteht dann, wenn Staat und Zentralbank die für finanzielle Repression notwendige Kontrolle über die Inflation verlieren. Entscheidend dabei ist, ob ein Ausbrechen der Erwartungen für zukünftige Inflation verhindert werden kann. Staatliche Preiskontrollen können offene Inflation unterdrücken und so bis zu einem gewissen Grad Inflationserwartungen eindämmen.

Steht jedoch bei staatlich fixierten Preisen der Nachfrage kein entsprechendes Angebot gegenüber, dann wird der Schwund der Kaufkraft des Geldes auch ohne starken Anstieg der offiziell berechneten Inflationsraten deutlich, und das Vertrauen in das Papiergeldsystem geht verloren. In beiden Fällen, bei offener wie bei unterdrückter Inflation, werden die in Geld ausgedrückten Forderungen der Gläubiger entwertet. Profiteure sind die Besitzer von Waren oder Vermögenswerten, deren Erwerb durch die Aufnahme von Schulden finanziert wurde.

Fazit

Wahrscheinlich werden wir in vielen Ländern eine Phase der finanziellen Repression erleben, die in eine zunehmend bürokratisch-sozialistische Wirtschaftspolitik eingebunden ist. In Deutschland dürften noch eine gehörige Prise an ökologisch begründetem Dirigismus sowie Einkommens- und Vermögensumverteilung dazukommen. Allerdings wird diese Politik zu einer Schwächung des Wachstums führen, das eine schnelle Entschuldung unmöglich macht. Zunehmende Ungeduld darüber könnte im Lauf der Zeit den Wechsel von unterdrückter zu offener Inflation erzwingen. Am Ende dieses Prozesses dürfte das Vertrauen in unser System des Papiergeldes dann schwer erschüttert sein.

Man muss kein dogmatischer Anhänger Hegel'scher Dialektik sein, um zu erwarten, dass ein neues Geldsystem Elemente des früheren Warengeldsystems mit denen des gescheiterten Papiergeldsystems verbinden wird. Wie das aussehen könnte, habe ich in Kapitel 6 ausgeführt. Dort habe ich auch diskutiert, wie sich eine Wandlung von Passiv- zu Aktivgeld evolutorisch vollziehen könnte. Dazu wäre es allerdings nötig, dass die durch das Passivgeldsystem drohende Gefahr erkannt und der Wandel eingeleitet wird, bevor es zur Geldkrise kommt.

Wir sollten uns darauf keine allzu großen Hoffnungen machen. Die Nutznießer des Passivgeldsystems, der Staat, die privaten Schuldner und die Banken, haben ein großes Interesse an seinem Fortbestand. Deshalb richtet sich die öffentliche Debatte nur auf Änderungen dieses Systems und blendet die Notwendigkeit des Systemwechsels aus.

Quintessenz

In diesem Buch haben wir zwei grundverschiedene Konzeptionen für Geld kennengelernt:

1. Geld als durch gesellschaftliche Konvention entstandenes physisches oder immaterielles Tauschmittel und
2. Geld als Finanztitel in Form eines staatlich geschaffenen oder staatlich lizenzierten, privaten, handelbaren Schuldscheins oder einer eigenkapitalähnlichen Verbindlichkeit der Zentralbank zur Finanzierung des Staates.

In der Geschichte unserer Kultur stehen der liberale englische Philosoph John Locke für die erste Konzeption und der Glücksspieler, Geldtheoretiker und Geldpolitiker John Law für die zweite.

Die Entscheidung für die eine oder andere Konzeption hat weitreichende Folgen nicht nur für die Geldordnung, sondern auch für unsere Wirtschaftsordnung und unser politisches System. Entscheiden wir uns für Geld als Finanztitel, so ergibt sich daraus eine Geldordnung, in welcher der Staat eine tragende Rolle als Emittent, Lizenzgeber für private Emittenten, Rückversicherer für private Emittenten in Liquiditäts- und Solvenzkrisen und aktiver Manager des Geldangebots spielt. Die übermächtige Stellung des Staats im Geldwesen führt zu einer entsprechenden Vormachtstellung in der Wirtschaft und im Gemeinwesen. Die Möglichkeit, Schuld mit Geld aus dem Nichts zu finanzieren, lädt zu privater und öffentlicher Verschuldung ein. Hohe Verschuldung wird durch Knappheit von Geld gefährlich.

Daher tendiert diese Geldordnung zur Ausweitung des Geldangebots und Monetisierung der Schuld durch die staatliche Zentralbank. Monetisierung ist wie ein »debt-equity-swap«: Ausstehende Schuld wird in Geld mit Eigenkapital ähnlichem Charakter verwandelt. Daraus entsteht Inflation. Eine Entwertung des Geldes kommt einer Erleichterung der

Schuldenlast gleich. Je höher die öffentliche und private Verschuldung ist, desto größer ist der politische Druck für eine solche Erleichterung.

Das Dilemma der Passivgeldordnung ist, dass die Verringerung der Schuldenlast durch Geldentwertung das Vertrauen in das Passivgeld schwinden lässt. Die Zentralbanken als staatlich beauftragte Verwalter des Passivgelds wandern daher einen Grat entlang, auf dessen einer Seite der Abgrund der Schuldendeflation und auf der anderen Seite der Absturz in den Verlust des Vertrauens in das von ihnen emittierte Passivgeld droht. Damit diese Gratwanderung gelingt, brauchen die Zentralbanken die Unterstützung ihrer Staaten, die in zunehmendem Maß die Wirtschaft kontrollieren und steuern.

Die staatliche Passivgeldordnung stellt ein besonderes Problem für die Europäische Währungsunion dar. Da der für diese Geldordnung notwendige Staat in der EWU nicht vorhanden ist, muss er durch einen Schattenstaat in Form von zwischenstaatlichen Abkommen ersetzt werden. Dieser Schattenstaat ist aufgrund seiner fehlenden demokratischen Legitimation unbeständig und kann daher kein verlässlicher Partner für die zur staatlichen Zentralbank gewordene EZB sein.

Durch die Garantie aller staatlichen Schuld durch die EZB ist die Schuldentragfähigkeit der EWU-Mitgliedsländer weit über die bestehende Schuldenlast angehoben und der bevorstehende Zusammenbruch der EWU zunächst abgewendet worden. Aber eine staatliche Zentralbank ohne Staat ist nicht in der Lage, Passivgeld auf Dauer stabil zu halten. Letztendlich wird die EZB zur Beute der Einzelstaaten, in deren Auftrag sie den Geldwert sichern soll. Die ökonomische Theorie der Tragödie der Allmende liefert die Blaupause für die Tragödie des Euro, worauf Philipp Bagus hingewiesen hat. Deshalb stimme ich Jesus Huerta de Soto zu, dass der Euro nur als Aktivgeld erhalten werden kann.

Entscheiden wir uns für Geld als Aktivgeld, so ist staatliche Rückendeckung unnötig und das Geldangebot unflexibel. Da Geld nicht mit dem Ziel vermehrt werden kann, Schulden tragfähig zu machen, sind der Verschuldung enge Grenzen gesetzt. Wer die Zahlungsunfähigkeit vermeiden will, kann nur Schulden aufnehmen, die er aus seinem laufenden

Einkommen bedienen kann. Dies gilt sowohl für staatliche als auch für private Schuldner.

Wenn aber die Verschuldung niedrig ist, dann ist auch das Risiko der Schuldendeflation gering und eine Erhöhung der Kaufkraft des Geldes, also Deflation der Konsumentenpreise, keine Bedrohung für das gesamte Geldsystem. Wir haben Geld, das nicht zur Finanzierung von Verbindlichkeiten geschaffen wird, Aktivgeld genannt. Aktivgeld ist idealerweise das Ergebnis gesellschaftlicher Konvention und die Aktivgeldordnung Teil der spontanen Ordnung, die sich mündige Bürger geben.

Da Aktivgeld staatsfern ist, wäre es besonders als Gemeinschaftsgeld in einer »demoikratisch« organisierten Europäischen Union geeignet. Seiner Natur als Produkt gesellschaftlicher Übereinkunft nach sollte sich Aktivgeld aus der Konkurrenz verschiedener Währungen entwickeln, wobei private und staatliche Anbieter am Wettbewerb teilnehmen können.

Auf Europa angewendet heißt dies, dass nationale Währungen mit staatlichen und privaten supranationalen Gemeinschaftswährungen konkurrieren könnten. Um den Währungswettbewerb in Gang zu setzen, müssten Staaten den Bürgern freistellen, in welcher Währung sie ihre Steuern bezahlen und Transfers empfangen wollen. Banken wären verpflichtet, Sichtguthaben in der jeweiligen Währung mit Reserven beim jeweiligen Emittenten zu decken und alle anderen Finanzierungsinstrumente in einer festgelegten Rangfolge an Verlusten zu beteiligen.

Eine neue Aktivgeldordnung könnte sich schrittweise aus der bestehenden Passivgeldordnung entwickeln, wenn Banken zunächst als Alternative zu Finanzinstrumenten mit Verlustbeteiligung eine sichere Einlage anböten, die durch Reserven bei der Zentralbank vollständig gedeckt ist. Ebenso könnte im Euroraum schrittweise Währungswettbewerb entstehen, wenn einzelne Staaten oder Staatengruppen ihre nationale Zentralbanken anwiesen, eigene Währungen als Alternativen zum Euro anzubieten, und diese als Zahlungsmittel akzeptierten. Private Anbieter von Internetwährungen könnten das Angebot ergänzen.

Doch dürfte der politische Wille, am Passivgeldsystem im Allgemeinen und an der Einheitswährung im Euroraum im Besonderen festzuhalten, einem kontinuierlichen Übergang zu einer Aktivgeldordnung und einem Währungswettbewerb im Euroraum entgegenstehen. Genährt wird dieser politische Wille von den Interessengruppen, die vom Passivgeldsystem und der Einheitswährung profitieren. Dies sind in erster Linie die privaten und öffentlichen Schuldner. In den angelsächsischen Ländern haben die Schuldner die Mehrheit der Wählerstimmen; im Euroraum haben die Schuldnerländer die Mehrheit der Stimmen in den europäischen Gremien.

Angesichts des politischen Widerstands gegen eine Aktivgeldordnung dürfte unsere Passivgeldordnung in der Zukunft um Instrumente der finanziellen Repression und staatlichen Umverteilung ergänzt werden. Wenn die unterdrückte Inflation nicht offen ausbricht und die Passivgeldordnung wegfegt wie John Laws Passivgeldsystem in Frankreich im frühen 18. Jahrhundert, dann steht am Ende dieser Entwicklung Schumpeters bürokratischer Sozialismus.

Doch müsste letztendlich die Demokratie abgeschafft werden, um den aufkommenden Widerstand gegen diese Wirtschaftsform wegen der durch sie verursachten Wachstums- und Beschäftigungsverluste zu unterdrücken. Wenn diese Verluste sichtbar werden, wäre die Chance wohl am größten, unsere Passivgeldordnung durch eine Aktivgeldordnung in Europa zu ersetzen. Diese Geldordnung stünde im Einklang mit den von John Locke aufgestellten Prinzipien einer liberalen Staatsordnung und dem politischen Modell eines demoikratisch organisierten, konföderalen Europas.

In diesem Buch habe ich versucht, zu zeigen, dass dies im Rahmen einer Evolution unseres bestehenden Systems möglich ist. Ob wir diesen Weg gehen oder uns gegen Veränderungen so lange sperren, bis unsere Geldordnung in einer großen Geldkrise zusammenbricht, wird davon abhängen, ob wir die Scheuklappen ablegen und endlich eine breite Diskussion über eine neue Ordnung unseres Geldwesens beginnen.

Anmerkungen und Quellen

1   *Denationalisation of Money*, 2nd edition, S. A. London 1977.

2   *Europas unvollendete Währung*, Wiley 2013, und *Die Ökonomen im Elfenbeinturm*, Mohr Siebeck 2014.

3   Adam Smith, *Der Wohlstand der Nationen*. München 1978, S. 17.

4   Smith (1978), S. 371.

5   David Graeber, *Debt – The first 5000 years*. New York 2011.

6   Graeber (2011), S. 29 (eigene Übersetzung).

7   Graeber (2011), S. 29 (eigene Übersetzung).

8   Felix Martin, *Money: The Unauthorized Biography*. Knopf 2013.

9   William Henry Furness, *The Island of Stone Money: UAP of the Carolines.* Philadelphia P. A. 1910.

10 Die Redewendung »etwas auf dem Kerbholz haben« zeigt, dass es diese Methode der Erfassung von Kredit und Schuld auch im deutschen Sprachraum gab.

11 Martin (2013), S. 26.

12 Smith (1978), S. 17.

13 Nach Stephan Balling ist ein wesentlicher Leitgedanke der Freiburger Schule: »Grundsätzliches Denken muss den Primat haben vor einem subjektiven fallbezogenen Rechtsempfinden, weshalb alle rechts- und wirtschaftspolitischen Entscheidungen an die Idee einer Wirtschaftsverfassung gekoppelt sein sollten.« Siehe Stephan Balling, *Sozialphilosophie und Geldpolitik*. Stuttgart 2013, S. 10.

14 Siehe Walter Eucken, *Die Grundlagen der Nationalökonomie*. Berlin 1989.

15 Michael Hudson, *The lost tradition of biblical debt cancellations*. CDL Press 1993.

16 Jesus Huerta de Soto, *Geld, Bankkredit und Konjunkturzyklen*. Lucius und Lucius, Stuttgart 2011, S. 9.

17 Eucken (1989), S. 122.

18 Siehe Benjamin Graham, *Storage and Stability*, McGraw-Hill Book Company, 1937, und für eine kritische Diskussion Rainer Gerding und Joachim Starbatty, *Zur Entnationalisierung des Geldes*, Walter Eucken Institut, Vorträge und Aufsätze Nr. 78, 1980, S. 41 ff.; Eucken sprach sich auch für die Verpflichtung der Banken zur 100-prozentigen Reservehaltung und damit für die Abschaffung des Kreditgeldsystems aus.

19 Der Begriff kommt vom lateinischen Wort fieri für »entstehen«. »Fiat« ist die Form der dritten Person Singular im Konjunktiv und heißt so viel wie »es möge entstehen«. Im Folgenden verwende ich dem heutigen Sprachgebrauch folgend gelegentlich auch »Papiergeld« als Synonym für »Fiat-Geld«.

20 Siehe »Geld muss rosten!« Interview mit Werner Onken zu Gesells 150. Geburtstag. *Die Zeit*, 17. März 2012.

21 Gesell sprach vom »Urzins« als dem Preis, den Schuldner Geldhaltern bezahlen müssen, damit sie sich von ihrem gehorteten Geld trennen. Dazu kämen

Zuschläge für das Risiko der Inflation und der Insolvenz des Schuldners. In einem Schwundgeldsystem würde der Urzins auf null sinken, da Hortung nun nicht mehr möglich ist. Gleichzeitig würden im Schwundgeld die Inflation wegfallen und die Kreditrisiken wegen stabilen Konjunkturverlaufs sinken, sodass die Risikoprämien ebenfalls auf null fallen würden. Gesell nahm an, dass es mehr Sparer als Unternehmer geben würde, sodass Letztere auch bei Nullzins keine Probleme hätten, Kredite zu erhalten. Warum aber in einem Schwundgeldsystem noch Geldersparnisse entstehen sollten, bleibt unklar.

22 Diese und die zwei folgenden Antworten stammen von Olivier Blanchard und Gerhard Illing, *Makroökonomie*. Pearson Studium, München 2006, S. 120.

23 Diese Antwort kommt von Anat Admati und Martin Hellwig, *Des Bankers neue Kleider*. München 2013, S. 92.

24 Wer das nicht glaubt, kann es leicht mithilfe eines Tabellenprogramms nachprüfen.

25 Die Verpflichtung zur Reservehaltung ist eine Besonderheit der EZB. Andere Zentralbanken, wie zum Beispiel die Bank von England, verzichten darauf.

26 Anders dagegen in einem für Schüler verfassten Buch der Bundesbank (*Geld und Geldpolitik*, Frankfurt 2012). Dort heißt es in Kapitel 3 (»Das Buchgeld«):»In der Regel gewährt die Geschäftsbank einem Kunden einen Kredit und schreibt ihm den entsprechenden Betrag auf dessen Konto als Sichteinlage gut.«

27 Die Idee, dass das Geld dann werthaltig ist, wenn die zu seiner Produktion vergebenen Kredite von guter Qualität sind, ging in die Geschichte der Geldtheorie unter dem Namen»Real-Bills-Doktrin«ein. Diese Doktrin wurde von den Verteidigern des Systems der teilgedeckten Reservehaltung (der sogenannten»Banking School«) gegen die Kritiker dieses System (der sogenannten»Currency School«) im 19. Jahrhundert in Großbritannien eingesetzt. Wir werden auf diese Debatte später zurückkommen.

28 Siehe auch *Geld und Geldpolitik* der Deutschen Bundesbank, Abschnitt»Buchgeldschöpfungsgewinn und Geldkreislauf«.

29 Die Grenzen der Schaffung von Einlagen wurden von James Tobin in einem viel beachteten Aufsatz schon 1963 diskutiert (»Commercial banks as creators of money«, Cowles Foundation Discussion Papers Nr. 159). Allerdings existierte zu dieser Zeit noch der an Gold gebundene Dollarstandard im Bretton-Woods-System.

30 Siehe dazu und für eine ausführliche Diskussion der Geldschöpfung auch Michael McLeay, Amar Radia und Ryland Thomas, Money creation in the modern economy, *Bank of England Quarterly Bulletin 2014* Q1.

31 In den USA soll der Eigenhandel der Banken vom anderen Geschäft getrennt werden (nach den sogenannten»Volcker Regel«), in Großbritannien soll das heimische Kreditgeschäft der Banken»eingezäunt«und so von Gefahren, die von außen drohen, geschützt werden (im sogenannten»Vickers Report« gefordert), und im Euroraum sollen die Handelsgeschäfte der Banken in eine eigene Einheit überführt und mit mehr Kapital unterlegt werden, sobald sie einen bestimmten Anteil am gesamten Geschäft der Bank übersteigen (im sogenannten»Liikanen Report« vorgeschlagen).

32 Siehe Irving Fisher, *100 % Money*. New York, Adelphi Company, 1935, und Kapitel 6.

33 Siehe Anat Admati und Martin Hellwig, *Des Bankers neue Kleider*. FinanzBuchVerlag, München 2013.

34 Dieses Schema der Bilanzanalyse wurde 1919 von dem amerikanischen Chemie-
konzern Dupon entwickelt.

35 Dies hörte ich aus dem Mund des obersten Risikomanagers der Münchener Rückversicherung bei einer Diskussion von Volkswirten nach der Katastrophe von Fu-
kushima im Jahr 2011.

36 Markowitz, H. M. (1952),»Portfolio Selection«, *The Journal of Finance* 7 (1)
(March), S. 77–91.

37 Eine eingehende Darstellung hierzu bietet Kevin Dowd, *Beyond Value at Risk*.
John Wiley & Sons 1998.

38 Für eine Geschichte der Messung von Wahrscheinlichkeit und Risiko siehe Peter
L. Bernstein, *Against the Gods: The Remarkable Story of Risk*. Wiley 1998. Zur
Verteilung von Finanzmarktpreisen siehe Benoit Mandelbrot und Richard L. Hud-
son, *The Misbehaviour of Markets: A Fractal View of Financial Turbulence*. Basic
Books 2006.

39 Quelle: Haver Analytics.

40 Verkauft eine normale Bank einen in ein Wertpapier transformierten (»sekuritisierten«) Kredit an eine Spezialbank, so hat die normale Bank im ersten Schritt einen Einlagenüberschuss und die Spezialbank ein Finanzierungsdefizit. Im zweiten
Schritt werden Überschuss und Defizit ausgeglichen, indem die normale Bank der
Spezialbank einen Kredit gewährt. Dabei können auch Zwischenhändler auftreten. Zum Beispiel kann ein Geldmarktfonds die überschüssigen Einlagen durch
die Ausgabe von Anteilen an die Einleger erwerben und an die Spezialbank weiter
verleihen.

41 Gigerenzer, Gerd. *Bauchentscheidungen. Die Intelligenz des Unbewussten und
die Macht der Intuition*. Bertelsmann, München 2007.

42 Roman Frydman und Michael D. Goldberg, *Jenseits rationaler Märkte*. Wiley,
Weinheim 2012, S. 263.

43 Siehe dazu zum Beispiel http://de.wikipedia.org/wiki/Jean_Bodin und http://
de.wikipedia.org/wiki/Quantit%C3%A4tstheorie#Geschichte (abgerufen am 21.
April 2014).

44 Der Trick des nach seinem Erfinder Charles Ponzi benannten Spiels ist, dass neue
Teilnehmer es früheren Teilnehmern erlauben, ihre Investitionen mit Gewinn zu
verkaufen. Dies wird durch eine Kredit- und Geldschöpfung der Banken aus dem
Nichts möglich.

45 Dies wird genauer beschrieben in: Raghuram Rajan, *Fault Lines: How Hidden
Fractures Still Threaten the World Economy*. Princeton University Press 2010.

46 Eine sehr anschauliche Darstellung dieser Episode gibt Michael Lewis, *The Big
Short: Inside the Doomsday Machine*. W. W. Norton & Company, 2011.

47 Siehe dazu Richard Koo, *Balance Sheet Recession: Japan's Struggle with Unchart-
ed Economies and Its Global Implications*. Wiley 2003. Koo kritisiert, dass die
japanische Regierung nicht noch energischer ihre Verschuldung erhöht hat, um
gegen die Deflation vorzugehen.

48 Siehe für ähnliche Beobachtungen Peter Bernholz, *Monetary Regimes and Inflation*. Edward Elger: Cheltenham, Northampton.

49 Die hier diskutierten Gleichgewichtsbedingungen für eine statische Wirtschaft
kann man auch auf eine wachsende Wirtschaft anwenden. Dort gilt nach der sogenannten Goldenen Regel der Akkumulation, dass im Wachstumsgleichgewicht der

Zins dem Grenzprodukt des Kapitals gleich ist, das wiederum der Wachstumsrate der Bevölkerung entspricht. Um die Zeitpräferenzen der Konsumenten unterzubringen, wird in der sogenannten modifizierten Goldenen Regel das Grenzprodukt des Kapitals der Summe aus Bevölkerungswachstum und Zeitpräferenz der Konsumenten gleichgesetzt. Dabei bleibt aber die Zeitpräferenzrate abstrakt, das heißt, sie gibt nur die Präferenz für gegenwärtigen relativ zu zukünftigem Konsum wieder, ohne konkrete Zeitachse.

50　J. M. Keynes, *The General Theory of Employment, Interest and Money*. Collected Writings, S. 116

51　Op. cit.

52　Später hat der Keynesianer James Tobin diese Idee in seine Investitionstheorie eingebaut. Nach Tobin kommt es zu neuen Investitionen, wenn die Produktionskosten für neue Anlagen unter dem Börsenwert bestehender Anlagen liegen. Tobin bezeichnete das Verhältnis von Produktionskosten neuer Anlagen zum Börsenwert bestehender Anlagen mit dem Buchstaben Q. Deshalb ist seine Theorie seither als »Tobin's Q« bekannt.

53　Carl Christian von Weizsäcker, »Der Vorsorge-Albtraum«, Wirtschaftsdienst 2013, S. 7–15.

54　Siehe http://www.denkwerkzukunft.de/.

55　Allerdings nicht absurd genug, um nicht doch Befürworter zu finden. So meint der Chefkommentator der *Financial Times*, Martin Wolf, dass Sparer keinen ökonomischen Nutzen mehr hätten und man sie deshalb mit billigem Geld plattmachen sollte (siehe »Wipe out rentier with cheap money«, in der *Financial Times* vom 6. Mai 2014).

56　Die Pacht für Land (Z) ergibt sich aus der Multiplikation von Landpreis (P) mit dem Zins (r). Folglich ist P = Z ÷ r. Wenn r Null wäre, dann ginge P gegen unendlich (siehe dazu Stefan Homburg, »Critical Remarks on Piketty's *Capital in the Twenty-first Century*«, Institute of Public Economies, Leibniz University of Hanover, Discussion Paper No. 530, April 2014.

57　Homburg (2014) und Thomas Piketty, *Capital in the Twenty-first Century*. Cambridge und London 2014.

58　Giles hat in Pikettys Berechnungen Fehler und fragwürdige Anpassungen der Originaldaten gefunden. Korrigiert man die Fehler und eliminiert man Pikettys Bereinigungen, so zeigen die Daten keineswegs die von Piketty behauptete klare Tendenz zu größerer Ungleichheit der Vermögensverteilung. Siehe Chris Giles, »Piketty did his sums wrong in bestseller that tapped into inequality zeitgeist«, *Financial Times* vom 24. Mai 2014.

59　Siehe Kapitel 4, »Die dunkle Seite der Geldvermehrung«.

60　Daniel Stelter weist darauf hin, dass Verschuldung einen erheblichen Beitrag zum Anstieg von Vermögen leistet. Da im Kreditgeldsystem die Möglichkeiten zur Verschuldung ungleich verteilt sind, trägt dieses System zur Ungleichheit in der Vermögensverteilung bei. Stelter findet daher, dass Piketty seinem Buch besser den Titel »Die Schulden im 21. Jahrhundert« gegeben hätte. Siehe Daniel Stelter, *Die Schulden im 21. Jahrhundert*. Frankfurter Allgemeine Buch, 2014.

61　Joseph Schumpeter, *Kapitalismus, Sozialismus und Demokratie*. Bern 1950.

62　Schumpeter (1950); S. 136, zitiert nach Stephan Balling, *Sozialphilosophie und Geldpolitik*. Stuttgart 2013.

63 Joseph Schumpeter, *Konjunkturzyklen.* Göttingen 2008, S. 119., zitiert nach Stephan Balling, *Sozialphilosophie und Geldpolitik.* Stuttgart 2013.

64 Schumpeter (Konjunkturzyklen), S. 679, zitiert nach Stephan Balling, Sozialphilosophie und Geldpolitik. Stuttgart 2013.

65 So finden die Autoren, dass es nach größeren Finanzkrisen im Schnitt zehn Jahre dauerte, bis das Bruttoinlandsprodukt das Niveau vor der Krise wieder erreicht hatte. Siehe Carmen Reinhart und Kenneth Rogoff, *This time is different.* Princeton 2009, S. 234.

66 Nach Reinhart und Rogoff stieg die Staatsverschuldung nach Finanzkrisen im Schnitt um 86 Prozent (a. a. O., S. 232).

67 Piketty (2014) und Giles (2014).

68 So schreibt er: »Kann der Sozialismus funktionieren? Selbstverständlich kann er das. Kein Zweifel ist darüber möglich, wenn wir einmal annehmen, dass erstens die erforderliche Stufe der industriellen Entwicklung erreicht ist und dass zweitens Übergangsprobleme gelöst werden können.« Schumpeter (*Kapitalimus*), S. 267, zitiert nach Stephan Balling, *Sozialphilosophie und Geldpolitik.* Stuttgart 2013.

69 Siehe Ludwig von Mises, *Human Action – Treatise on Economics.* Indianapolis 2007, Kapitel 26: »The Impossibility of Economic Calculation under Socialism«, S. 698 ff.

70 Für eine ausführliche und aktuelle Diskussion hierzu siehe Jesus Huerta de Soto, *Sozialismus, Wirtschaftsrechnung und unternehmerische Funktion.* Stuttgart 2013.

71 Nur zwei Jahre nach Schumpeter veröffentlichte Hayek seine Streitschrift gegen den Sozialismus, der er die Widmung voranstellte: »To the Socialists of all Parties«. Siehe Friedrich August von Hayek, *The Road to Serfdom.* The University of Chicago Press 1944.

72 Tatsächlich sind »neoliberale« Ökonomen wie Walter Eucken, die der sogenannten Freiburger Schule angehören, gegen das Laisser-faire der klassischen Ökonomie und befürworten einen starken Staat, der für funktionierende Märkte sorgt. Dass in der deutschen Öffentlichkeit klassische mit neoliberalen Positionen gleichgesetzt werden, ist bezeichnend für die mangelnde ökonomische Bildung vieler deutscher Politiker und Intellektueller. Bei der Festveranstaltung zum 60. Jubiläum des Walter-Eucken-Instituts sagte Bundespräsident Joachim Gauck am 16. Januar 2014 dazu: »Wer dies im Hinterkopf hat, kann es übrigens nur höchst merkwürdig finden, dass der Begriff ›neoliberal‹ heute so negativ besetzt ist. Schließlich wandten sich Eucken und seine Mitstreiter selbst als sogenannte Neoliberale genau gegen dieses reine Laisser-faire, das dem Neoliberalismus heute so häufig unterstellt wird. Ihnen hier im Saal erzähle ich damit nun gar nichts Neues. Aber in unseren öffentlichen Debatten wünsche ich mir schon mehr intellektuelle Redlichkeit, ein genaueres Hinschauen. Und damit wünsche ich mir auch etwas mehr historisches Bewusstsein und Anerkennung für das breite Spektrum des Liberalismus in unserem Land, das von Eucken und seiner Vorstellung von einem ordnenden Staat bis hin zu Friedrich August von Hayek reicht, der ›spontanen Ordnungen‹ mehr zutraute als dem Staat.«

73 Siehe dazu Felix Martin, *Money – The Unauthorised Biography.* London 2013.

74 Deutlich höher ist die Seigniorage bei der Ausgabe von Papiergeld, dessen Produktionskosten niedriger als die von Münzen sind. Seigniorage entsteht im Kreditgeldsystem, wenn die Kreditzinsen über den Einlagezinsen liegen. In diesem

Geldsystem ist die Seigniorage in der Geldproduktion am höchsten, und es profitieren sowohl private Banken als auch Zentralbanken davon.

75 Siehe dazu Felix Martin (op. cit.), S. 88.

76 Zur Zeit der Gründung der Bank von England waren sowohl Silber- als auch Goldmünzen akzeptierte Zahlungsmittel. Es galt also der sogenannte Bimetallstandard. Im Jahr 1717 wechselte das Land unfreiwillig zum Goldstandard, weil der berühmte Physiker Sir Isaac Newton, der zu dieser Zeit aufgrund seiner überragenden mathematischen Kenntnisse das Amt des »Master of the Mint« ausübte, sich verrechnete. Newton setzte den Nennwert der Silbermünzen irrtümlich unter dem in Gold ausgedrückten Marktpreis für Silber an. Damit lag der Materialwert der Silbermünzen über ihrem Nennwert, sodass es sich lohnte, sie aufzukaufen und einschmelzen zu lassen, um das Silber gegen Gold zu verkaufen.

77 Über ihn ist schon viel geschrieben worden. Eine besonders unterhaltsame Geschichte seines Lebens stammt von Charles Mackay (*Extraordinary Popular Delusions and the Madness of Crowds*. London 1841).

78 John Law, *Money and Trade Considered, with a Proposal for Supplying the Nation with Money*. Glasgow 1705.

79 Richard Cantillon, ein zeitgenössischer Ökonom, Finanzmann und Namensgeber des »Cantillon-Effekts« (der ungleichen Verteilung einer Erhöhung der Geldmenge), erkannte früh die Schwäche von Laws Geldsystem und spekulierte gegen die französische Währung. Durch deren Kollaps wurde er reich.

80 Trotz seines unrühmlichen Endes pries kein Geringerer als Schumpeter Law in seiner Geschichte der ökonomischen Analyse als einen der größten Geldtheoretiker aller Zeiten. Siehe Joseph Schumpeter, *History of Economic Analysis*. Oxford University Press 1954. Bagus und Marquart sehen in Law dagegen einen wesentlichen Wegbereiter der staatlichen Inflationspolitik. Siehe Philipp Bagus und Andreas Marquart, *Warum andere auf Ihre Kosten immer reicher werden*. München 2014.

81 Georg Friedrich Knapp, *Staatliche Theorie des Geldes*. München u. Leipzig 1905.

82 Für eine kritische Diskussion der »Modern Money Theory« siehe Joseph Huber, »Modern Money Theory and New Currency Theory – A comparative discussion, including an assessment of their relevance to monetary reform«, *Real-World Economics Review*, Nr. 66 (Januar 2014), S. 38–57.

83 Ich übernehme diesen Begriff von Huber (2014), um die heute lebenden »Österreicher« von den Begründern der Schule zu unterscheiden.

84 Siehe dazu Detlev Schlichter, *Paper Money Collapse*, 2. Auflage. Wiley 2014.

85 Für eine umfassende Analyse des Zusammenhangs zwischen fraktionaler Reservehaltung und ökonomischer Instabilität und ein Plädoyer für die Rückkehr zum Goldstandard siehe Jesus Huerta de Soto, *Geld, Bankkredit und Konjunkturzyklus*. Stuttgart 2011.

86 Zur gleichen Antwort auf diese Frage kommen Henning Klodt und Anna Hartmann, *Deflation und Konsumstau: Mikroökonomische Evidenz*. Kiel, Juli 2014.

87 Hayek, Friedrich A. (1976/2011). *Entnationalisierung des Geldes*, in: F. A. Hayek, *Entnationalisierung des Geldes*. Schriften zur Währungspolitik und Währungsordnung. Gesammelte Schriften in deutscher Sprache, Band A 3. Tübingen 2011, S. 129–254.

88 Von Hayek stellt sich damit an die Seite von Graham und Eucken, die eine Warenreservewährung wollten (siehe Kapitel 1).

89 Siehe Kapitel 3 und Frank Knight, *Memorandum on Banking Reform*, 1933.

90 Dagegen kann man einwenden, dass staatliches Passivgeld einen Anspruch auf die Leistungen künftiger Steuerzahler begründet. Verweigert der Staat dem Inhaber des Passivgelds diese Leistung, indem er es durch Inflationierung entwertet, so kommt das einem Zahlungsausfall gleich.

91 Jaromir Benes und Michael Kumhof, »The Chicago Plan Revisited«, IMF Working Paper WP/12/2012, August 2012.

92 Huber (2014) bemängelt bei der neochartalistischen Definition von Geld als staatlichem Finanzinstrument, dass dieses keinen Anspruch an den Staat auf die Begleichung einer realen Schuld begründet. Der Staat könne fällige Schuld ausschließlich mit neuem Geld begleichen. Wie wir oben gesehen haben, kommt dies aber einem Zahlungsausfall des Staates gleich.

93 Joseph Huber, *Monetäre Modernisierung. Zur Zukunft der Geldordnung: Vollgeld und Monetative.* Marburg 2013. In Großbritannien und in der Schweiz wird Hubers Konzept von der Initiative »Positive Money« bzw. »Vollgeldinitiative Schweiz« vorangetrieben (http://www.positivemoney.org/ bzw. http://www.vollgeld-initiative.ch/).

94 Timm Gudehus hat beschrieben, wie in diesem System die Gelddisposition der Geldnutzer optimiert werden kann und wie eine über die in diesem System eingebauten Stabilisierungsmechanismen hinausgehende antizyklische Geldpolitik technisch möglich ist (siehe Timm Gudehus, »Notwendigkeit, Regelung und Konsequenzen einer neuen Geldordnung«, in: *Zeitschrift für Wirtschaftspolitik*, 63(1), 2014, S. 74–106).

95 Siehe dazu insbesondere Thomas Mayer (nicht identisch mit dem Autor dieses Buchs), »Sieben Verfahren, Vollgeld in Umlauf zu bringen und zu verbuchen«, www.vollgeld.de, November 2013.

96 Diese weiterführenden Überlegungen zur Neuordnung des Banken- und Finanzwesens werden nicht von dem Verein der »Monetative« insgesamt vertreten, sondern stellen die persönlichen Meinungen der entsprechenden Autoren dar.

97 Helke Peukert, *Das Moneyfest – Ursachen und Lösungen der Finanzmarkt- und Staatsschuldenkrise.* Marburg 2013.

98 Der wesentliche Unterschied zum Chicago-Plan und zum Vollgeldsystem ist, dass hier Geld keine eigenkapitalähnliche Verpflichtung des Staates darstellt. Aktivgeld ist immaterielles Warengeld. Von den Vorstellungen der Neo-Austrians unterscheidet sich das Konzept dadurch, dass Aktivgeld nicht durch physisches Gold abgesichert ist.

99 Etwas komplizierter beschreiben Benes und Kumhof (2012) die Umstellung. In ihrem Modell gibt der Staat den Banken verbriefte Kredite, gegen die sie Reserven an Zentralbankgeld aufbauen. Dadurch kommt es zunächst zu einer Bilanzverlängerung bei den Banken: Auf der Passivseite der Bilanz stehen die Verbindlichkeiten an den Staat, auf der Aktivseite Forderungen der Banken in Form von Reservegeld. Rückfließendes Kreditgeld aus der Tilgung auslaufender Kredite wird nun dazu verwendet, die Verbindlichkeiten der Banken an den Staat abzubauen. Die Bankbilanz schrumpft wieder. Am Ende des Prozesses sind die Bankeinlagen auf der Passivseite der Bilanz durch die Reserven auf der Aktivseite gedeckt. Gleichzeitig sinkt die Nettoverschuldung des Staates, da nach Verrechnung der getilgten Bankkredite mit den Krediten des Staates an die Banken eine Forderung des Staates an die Banken übrig bleibt, die den Wert der ausstehenden Staatsschuld übersteigt. Da Benes und Kumhof dieses Verfahren nicht ausführlicher beschreiben, kann man nur vermuten, dass es im Wesentlichen dem zur Umstellung auf Vollgeld entspricht.

100 Siehe Timm Gudehus, »Geldordnung, Geldschöpfung und Staatsfinanzierung«, *Zeitschrift für Wirtschaftspolitik*, 62/2 (2013), S. 15.

101 Kritiker werden einwenden, dass damit die einmalige Chance zur Verringerung der Staatsschuld durch die Umwandlung des Geldsystems vergeben würde. Dagegen ist zu sagen, dass die Geldversorgung und die Staatsfinanzierung in einer Aktivgeldordnung strikt getrennt zu halten sind. Dem Staat bleibt es ja freigestellt, den Bürgern den Umstellungsgewinn durch eine einmalige Vermögensabgabe wieder abzunehmen. Dann ist zumindest klar erkennbar, dass sich der Staat des durch die Geldumstellung geschaffenen Kaufkraftgewinns der Bürger zur Entschuldung bemächtigt.

102 Detlev Schlichter, *Paper Money Collapse*, Second Edition, Chapter 10, Seite 9, Wiley 2014.

103 Jesus Huerta de Soto (2011 – *Geld, Bankkredit und Konjunktur*), S. 542.

104 Siehe *The Economist*, »The lure of shadow banking« und »Special report: International banking«, May 10–16, 2014.

105 Damit wäre von Mises »Regressionstheorem«, das die Rückführung von Geld auf eine zum Tauschmittel gewordene Ware fordert, auf Edelmetalle nicht mehr anwendbar. Deren Stelle haben elektronische Teilchen übernommen.

106 Wolfgang Schäuble, »Institutioneller Wandel und europäische Einigung«, *Frankfurter Allgemeine Zeitung* vom 12. Januar 2013.

107 »Nach diesen Grundsätzen dürfte der OMT-Beschluss – legt man seinen Wortlaut zugrunde – nicht vom Mandat der Europäischen Zentralbank gedeckt sein. Er stellt sich auf der Grundlage einer Gesamtschau der nach Auffassung des Bundesverfassungsgerichts maßgeblichen Abgrenzungskriterien nicht mehr als währungspolitische, sondern als überwiegend wirtschaftspolitische Maßnahme dar. Hierfür sprechen seine unmittelbare Zielsetzung (aa), seine Selektivität (bb), die Parallelität mit Hilfsprogrammen der Europäischen Finanzstabilisierungsfazilität beziehungsweise des Europäischen Stabilitätsmechanismus (cc) sowie das Risiko, deren Zielsetzung und Auflagen zu unterlaufen (dd). Der OMT-Beschluss dürfte sich daher auch nicht als Maßnahme zu Unterstützung der Wirtschaftspolitik der Union rechtfertigen lassen (ee). Vor diesem Hintergrund bestehen erhebliche Zweifel an seiner Gültigkeit.« (BVerfG, 2 BvR 2728/13 vom 14.01.2014, Absatz-Nr. (69).

108 »Der OMT-Beschluss wäre aus Sicht des Bundesverfassungsgerichts möglicherweise dann nicht zu beanstanden, wenn er im Lichte der Art. 119 und Art. 127 ff. AEUV sowie Art. 17 ff. ESZB-Satzung so ausgelegt oder in seiner Gültigkeit beschränkt würde, dass er die Konditionalität der Hilfsprogramme von Europäischer Finanzstabilisierungsfazilität und Europäischem Stabilitätsmechanismus nicht unterläuft (vgl. Rn. 72 f.; 77; 79 ff.) und einen die Wirtschaftspolitik in der Union nur unterstützenden Charakter hat (vgl. Rn. 68 ff.; 71; 79 ff.). Mit Blick auf Art. 123 AEUV setzte dies voraus, dass ein Schuldenschnitt ausgeschlossen werden muss (vgl. Rn. 86 f.), Staatsanleihen einzelner Mitgliedstaaten nicht in unbegrenzter Höhe angekauft werden (vgl. Rn. 81) und Eingriffe in die Preisbildung am Markt so weit wie möglich vermieden werden (vgl. Rn. 88 ff.). Erklärungen der Vertreter der Europäischen Zentralbank im verfassungsgerichtlichen Verfahren zu den Rahmenbedingungen beim Vollzug des OMT-Beschlusses (begrenztes Volumen eines möglichen Ankaufs von Staatsanleihen; keine Beteiligung an einem Schuldenschnitt; Einhaltung von zeitlichen Abständen zwischen der

Emission einer Staatsanleihe und ihrem Ankauf; kein Halten der Anleihen bis zur Fälligkeit) deuten darauf hin, dass eine solche unionsrechtskonforme Auslegung auch mit Sinn und Zweck des OMT-Beschlusses noch vereinbar sein dürfte.« (BVerfG, 2 BvR 2728/13 vom 14.01.2014, Absatz-Nr. (100)).

109 Philipp Bagus hat das Problem in Anlehnung an die ökonomische Theorie der »Tragödie der Allmende« die Tragödie des Euro genannt. Siehe Philipp Bagus, *The Tragedy of the Euro*. Auburn 2010.

110 BVerfG, 2 BvE 2/08 vom 30. Juni 2009, Absatz-Nr. 229

111 BVerfG, 2 BvE 2/08 vom 30. Juni 2009, Absatz-Nr. 231

112 Kalypso Nicolaidis definiert »demoicracy‹ as a Union of peoples, understood both as states and citizens, who govern together but not as one«, und sie findet »that the concept is best understood as a third way, distinct from both national and supranational versions of single demos polities«. Siehe Kalypso Nicolaidis, »European Demoicracy and its Crisis«, *Journal of Common Market Studies* 2012, S. 1.

113 Dies hat Jesus Huerta de Soto veranlasst, für den Euro auf der Basis des dem Goldstandard ähnlichen Konzepts von Maastricht Partei zu ergreifen. Siehe Jesus Huerta de Soto, »Die Verteidigung des Euro: ein österreichischer Ansatz«, in: Ordo-Jahrbuch 63 (2012).

114 Natürlich kann sie auch Geld vernichten, indem sie statt eine Gelddividende zu zahlen eine Geldabgabe erhebt.

115 Siehe Mayer (2013).

116 Tatsächlich fand der Auftakt zu dem Aktienmarktkrach von 1929 gegen Ende der Vorwoche statt, weshalb man auch vom Schwarzen Donnerstag (24.10.1929) oder Schwarzen Freitag (25.10.1929) spricht. Am Montag, dem 28. Oktober 1929, fiel dann der Dow Jones Industrial Index um 12,8 Prozent; am folgenden Dienstag um weitere 11,73 Prozent. Der Dow Jones ging in der Folgezeit mit wenigen Unterbrechungen bis in den November hinein weiter zurück.

117 Siehe zum Beispiel Michael Biggs und Thomas Mayer, »Bring Credit back into the monetary policy framework«, PEFM-Policy-Brief, Oxford University, August 2013.

118 Wie wir gesehen haben, kann die Zentralbank durch die »quantitative Lockerung« zwar die Einlagen der Nichtbanken bei den Banken erhöhen, aber sie kann nicht die Einleger direkt dazu veranlassen, das dort liegende Geld in Umlauf zu bringen. Stattdessen kann sie hoffen, dass der durch die Anleihekäufe gesunkene Kapitalmarktzins die Kreditnachfrage belebt, oder sie muss dem Staat die Anleihen direkt abkaufen, sodass dieser das neu geschaffene Geld in Umlauf bringen kann.

119 Siehe dazu auch Thomas Mayer, »Larry Summers' interest rate conundrum«, CEPS-High-Level-Brief, 16. Januar 2014.

120 Alvin Hansen, *Full Recovery or Stagnation?* New York 1938.

121 Reinhart und Rogoff (2011) und Kapitel 6.

122 Im Markt für Repo-Geschäfte werden Wertpapiere mit vertraglicher Vereinbarung zum Rückkauf verkauft. Der Zins ergibt sich aus Verkaufs- und Rückkaufspreis. Hat das Wertpapier einen negativen Zins, dann liegt der Rückkaufspreis unter dem Verkaufspreis. Der Verkäufer erhält also eine Prämie dafür, dass er sich Geld leiht.

123 Ein Beispiel, das dem widerspricht, ist Griechenland, das im April 2014 nur zwei Jahre nach der größten Umschuldung der jüngeren Geschichte mit Erfolg neues Geld am Markt aufnehmen konnte. Allerdings wäre die Rückkehr an den Markt wohl misslungen, wenn die Investoren nicht fest darauf vertrauen würden, dass im Falle weiterer Zahlungsprobleme Griechenlands die anderen EWU-Staaten oder die EZB einspringen.

124 Carmen Reinhardt und M. Belen Sbranca, »The Liquidation of Government Debt«, National Bureau of Economic Research Working Paper No. 16893, März 2011.

Über den Autor

Thomas Mayer ist Gründungsdirektor des Flossbach von Storch Research Institute mit Sitz in Köln. Zuvor war er Chefvolkswirt der Deutsche Bank Gruppe und Leiter der Deutsche Bank Research. Bevor er in die Privatwirtschaft wechselte, bekleidete er verschiedene Funktionen beim Internationalen Währungsfonds in Washington und beim Institut für Weltwirtschaft in Kiel.

Stichwortverzeichnis